"神话学文库"学术支持

上海交通大学文学人类学研究中心

上海交通大学神话学研究院

中国社会科学院比较文学研究中心

陕西师范大学人文社会科学高等研究院

上海市社会科学创新研究基地——中华创世神话研究

"十二五""十三五"国家重点图书出版规划项目
第五届、第八届中华优秀出版物奖获奖作品

神话学文库
叶舒宪主编

众神之战

印欧神话的社会编码

THE WAR OF THE GODS

[荷]加里奇·G.奥斯腾（Jarich G. Oosten）◎著

刘一静 葛 琳◎译

陕西师范大学出版总社

图书代号　SK23N1150

陕版出图字:25 - 2018 - 206

图书在版编目(CIP)数据

众神之战：印欧神话的社会编码／（荷）加里奇·G.奥斯腾著；刘一静，葛琳译. — 西安：陕西师范大学出版总社有限公司，2023.10
（神话学文库／叶舒宪主编）
ISBN 978 - 7 - 5695 - 3675 - 1

Ⅰ.①众… Ⅱ.①加… ②刘… ③葛… Ⅲ.①神话—研究 Ⅳ.①B932

中国国家版本馆 CIP 数据核字(2023)第 110721 号

众神之战：印欧神话的社会编码
ZHONG SHEN ZHI ZHAN：YIN-OU SHENHUA DE SHEHUI BIANMA

[荷] 加里奇·G.奥斯腾　著　刘一静　葛琳　译

出 版 人	刘东风
责任编辑	雷亚妮
责任校对	王文翠
出版发行	陕西师范大学出版总社
	（西安市长安南路 199 号　邮编 710062）
网　　址	http://www.snupg.com
印　　刷	中煤地西安地图制印有限公司
开　　本	720 mm×1020 mm　1/16
印　　张	14.75
插　　页	4
字　　数	161 千
版　　次	2023 年 10 月第 1 版
印　　次	2023 年 10 月第 1 次印刷
书　　号	ISBN 978 - 7 - 5695 - 3675 - 1
定　　价	88.00 元

读者购书、书店添货或发现印刷装订问题，请与本公司营销部联系、调换。
电话:(029)85307864　85303635　传真:(029)85303879

"神话学文库"总序

叶舒宪

  神话是文学和文化的源头，也是人类群体的梦。

  神话学是研究神话的新兴边缘学科，近一个世纪以来，获得了长足发展，并与哲学、文学、美学、民俗学、文化人类学、宗教学、心理学、精神分析、文化创意产业等领域形成了密切的互动关系。当代思想家中精研神话学知识的学者，如詹姆斯·乔治·弗雷泽、爱德华·泰勒、西格蒙德·弗洛伊德、卡尔·古斯塔夫·荣格、恩斯特·卡西尔、克劳德·列维－斯特劳斯、罗兰·巴特、约瑟夫·坎贝尔等，都对20世纪以来的世界人文学术产生了巨大影响，其研究著述给现代读者带来了深刻的启迪。

  进入21世纪，自然资源逐渐枯竭，环境危机日益加剧，人类生活和思想正面临前所未有的大转型。在全球知识精英寻求转变发展方式的探索中，对文化资本的认识和开发正在形成一种国际新潮流。作为文化资本的神话思维和神话题材，成为当今的学术研究和文化产业共同关注的热点。经过《指环王》《哈利·波特》《达·芬奇密码》《纳尼亚传奇》《阿凡达》等一系列新神话作品的"洗礼"，越来越多的当代作家、编剧和导演意识到神话原型的巨大文化号召力和影响力。我们从学术上给这一方兴未艾的创作潮流起名叫"新神话主义"，将其思想背景概括为全球"文化寻根运动"。目前，"新神话主义"和"文化寻根运动"已经成为当代生活中不可缺少的内容，影响到文学艺术、影视、动漫、网络游戏、主题公园、品牌策划、物语营销等各个方面。现代人终于重新发现：在前现代乃至原始时代所产生的神话，原来就是人类生存不可或缺的文化之根和精神本源，是人之所以为人的独特遗产。

可以预期的是，神话在未来社会中还将发挥日益明显的积极作用。大体上讲，在学术价值之外，神话有两大方面的社会作用：

一是让精神紧张、心灵困顿的现代人重新体验灵性的召唤和幻想飞扬的奇妙乐趣；二是为符号经济时代的到来提供深层的文化资本矿藏。

前一方面的作用，可由约瑟夫·坎贝尔一部书的名字精辟概括——"我们赖以生存的神话"（Myths to live by）；后一方面的作用，可以套用布迪厄的一个书名，称为"文化炼金术"。

在21世纪迎接神话复兴大潮，首先需要了解世界范围神话学的发展及优秀成果，参悟神话资源在新的知识经济浪潮中所起到的重要符号催化剂作用。在这方面，现行的教育体制和教学内容并没有提供及时的系统知识。本着建设和发展中国神话学的初衷，以及引进神话学著述，拓展中国神话研究视野和领域，传承学术精品，积累丰富的文化成果之目标，上海交通大学文学人类学研究中心、中国社会科学院比较文学研究中心、中国民间文艺家协会神话学专业委员会（简称"中国神话学会"）、中国比较文学学会，与陕西师范大学出版总社达成合作意向，共同编辑出版"神话学文库"。

本文库内容包括：译介国际著名神话学研究成果（包括修订再版者）；推出中国神话学研究的新成果。尤其注重具有跨学科视角的前沿性神话学探索，希望给过去一个世纪中大体局限在民间文学范畴的中国神话研究带来变革和拓展，鼓励将神话作为思想资源和文化的原型编码，促进研究格局的转变，即从寻找和界定"中国神话"，到重新认识和解读"神话中国"的学术范式转变。同时让文献记载之外的材料，如考古文物的图像叙事和民间活态神话传承等，发挥重要作用。

本文库的编辑出版得到编委会同人的鼎力协助，也得到上述机构的大力支持，谨在此鸣谢。

是为序。

前　　言

对印欧神话中社会准则的研究是莱顿大学文化人类学院所进行的认知结构人类学复杂研究项目的一部分。此书中的某些章节的初稿已经在学院系列出版物上发表过。

我在莱顿大学的同事对此书的出版做出了巨大的贡献。在此，我要特别感谢亚当·库柏教授，他曾仔细阅读了多个版本的手稿并提出了宝贵的意见；感谢罗伯·比克斯教授，他从语言学的角度对本书做了批判性的评论；感谢 P.E.约瑟林·德隆教授，他的观点常常很切题，并简明恰当。

另外，我还要感谢安克·阿麦斯、丽思贝丝·扎克、珂拉·琼斯玛和安斯·哈辛，是他们把手稿打印成文，并耐心地处理那些陌生的人名、字词以及对文本的不断修正。

最后，我要感谢我的妻子娜拉克。很多个夜晚，她都在阅读文本，和我讨论书中的观点。

目　　录

第一章　神话的结构分析

神话的本质

神话即故事，阐述世界是如何演变而来的。历史阐释现今，神话祖先的行为造就了人类现今的生存状态。神话的原型便是创世神话。

在斯堪的纳维亚神话中，世界起源于火与冰的相互作用中。北方的雾之国尼弗尔海姆（Niflheim）是雾与冰的界，南方的火之国穆斯佩尔斯海姆（Muspelheim）是火的世界。这两个世界被它们之间最大的峡谷——金恩加格（Ginnungagap）分隔开。一抹火花从火之国穆斯佩尔斯海姆溅入了雾之国尼弗尔海姆，冰块融化流进金恩加格峡谷，巨人始祖伊米尔（Ymir）从那块冰中诞生了。从他的左腋窝里长出了一男巨人和一女巨人，他双膝交配又生出一子。伊米尔由一只不知来自何方的奶牛奥杜姆拉（Audumla）喂养长大。在它喂养伊米尔之时，从冰中舔食出一名男子，他的名字叫布里（Buri）。布里之子博尔（Bor）同女巨人贝斯特拉（Bestla）结了婚。博尔的三个儿子奥丁（Odin）、威利（Vili）和维（Ve），杀死了伊米尔，并用伊米尔的身躯来创造世界，用他的骨头创造了山脉，用他的肉创造了土地，用他的血造出了水，用他的头颅造出了天空，用他的毛发造出了树木。[①] 由

---

① Snorri Sturluson, *Edda*, *Gylfaginning og Prosafortellingne av*：*Skáldskaparmál*, Utgitt av Anna Holtsmark og Jon Helgason, Kobenhavn/Olso/Stockholm, 1968.

此而见，世界发源于谋杀。

这个斯堪的纳维亚神话是常见的印欧主题的变体：世界创造之初来源于原始巨人的身躯。在印度神话中，同样地，世界来源于第一个人——普鲁沙（Purusa）之躯。[①] 在斯堪的纳维亚神话中，孩子是巨人进行自我交配的结果。印度神话中存在更多的违背习俗的伦理关系：乱伦。大梵天（Brahmā）和其女儿——大地媾和，生出了安吉罗塞（Angirases），即印度众神。[②]

我们可在有关希腊神话的《神谱》一书中看到这些主题的另一种有趣的变体。世界之初，只有卡俄斯（Chaos）独存，然后生出了大地女神盖亚（Gaia）和其他众神。盖亚生了个儿子叫乌拉诺斯（Ouranos），封他为天神，并和她地位相同。盖亚和天神乌拉诺斯交配，他们便成了众神的父母。其中最重要的便是十二泰坦巨神（Titans），他们地位高于众神并统治着世界。克洛诺斯（Kronos）是十二泰坦神中最强大的神，阉割并杀死了曾预言他也会有如此命运的父亲。尽管克洛诺斯为逃脱自己的命运吞食掉了所有的孩子，但他最终还是败在了妻子手下——妻子把一块石头藏在了襁褓中代替她最后一个儿子——宙斯（Zeus），并且把宙斯藏在了克里特岛上。宙斯长大成人后，强迫父亲吐出了所有吞掉的孩子。接着，他打败了十二泰坦巨神并夺走了对世界的统治权。[③] 由此可见，在希腊神话中，世界的开创同样经历着谋杀和乱伦。

虽然创世神话有时会涉及元物质间的相互作用，如火与冰，但它们的着重点还是落在了众人物的行为上，如神、巨人、人类及神化动物等。

① Wendy Doniger O'Flaherty ed. , *Hindu Myths*, Harmondsworth,1976,p. 270.
② Wendy Doniger O'Flaherty ed. , *Hindu Myths*, Harmondsworth,1976,p. 26.
③ Hesiod, *Theogony*, London/Cambridge(Mass.),1968,p. 116,p. 720.

各种存在之间的区分通常是不明显的。印度神话中的巨蛇弗栗多（Vṛtra），吞掉了世界上所有的水，是一个非常恐怖的怪兽，但同时，他被创世神陀湿多（Tvaṣṭṛ）的儿子和神因陀罗（Indra）同父异母的兄弟杀死了。[1] 在斯堪的纳维亚神话中，洛基（Loki）之子——巨狼芬里尔（Fenrir），被一根魔绳拴住，因为掌管人类贡品的护卫提尔（Tyr）做了伪证。[2] 神通常被认为是身份优于巨人，但从道德的角度来看，神的表现并不见得强于败在他们手下的巨人和怪兽。宙斯常常诱奸处女，然后抛弃她们。在斯达卡瑟神话中，奥丁常常背叛他最忠诚的手下。[3] 虽然人们通常认为神是睿智而勇敢的，但在神话中，他们常常是愚蠢而怯懦的。神话并没有在神与人之间设定一道鸿沟。相反地，神是非常通人性的，和人一样会有恐惧和激情，并同样历经生死。在斯堪的纳维亚神话中，大多数神会死于众神的黄昏，即世界将毁灭于一场大火。在印度神话中，神的毁灭与重生相随于时代的一次次交替。神具有的人性或许相悖于其他宗教领域中关于这些神的论述。但是神话是相对独立存在的。在所有宗教领域中，有关神的观点不需要完全一致。

神话是故事，它们不应该混淆于意识形态学、哲学或宗教学。神话并非要给世界一个系统的解读，而是以故事的形式阐述世界的起源和结构。当具体的意识形态、哲学和宗教系统主要围绕着过去的伟大文明发展之时，文字的或口述的神话盛行于各种文化之中。

---

① Wendy Doniger O'Flaherty, *The Origins of Evil in Hindu Mythology*, Berkeley, Los Angeles/London, 1980, p. 102.

② Snorri Sturluson, *Edda*, *Gylfaginning og Prosafortellingne av*: *Skáldskaparmál*, Utgitt av Anna Holtsmark og Jon Helgason, Kobenhavn/Olso/Stockholm, 1968.

③ J. Olrik and H. Reader eds., *Saxonis Gesta Darnorum*, 2 vols, Copenhagen: Levin & Munksgaard, 1931.

时间和历史

神话发生的时间总是"很久以前","甚至先于我的祖父的时代"。在那些久远的时光中，各种神奇的事情都有可能发生。人可以变成动物，动物也能像人一样，神与人类可以通婚，人也可以成为神。

在大多数文化中，人们还流传着关于过去似乎真实的故事。通常来说，讲述神话故事的人不会去严格划分神话和历史。尽管在现代，历史被定义为是对过去的确切叙述，神话是指由希腊人创造的虚构故事，但我们还是需要对这两者之间的区别做出更准确的阐述。同时，神话的历史价值已得到人们的谨慎认同：一方面表现为神话里直接包含着历史真相的元素；另一方面表现在神话为人类文化提供了众多洞见。同时，许多历史事件所承载的神话模式愈加鲜明。亚瑟（Arthur）在人们心中或许已成为一位历史人物，查理曼（Charlemagne）的历史重要性也毫无争议。然而，关于这些王者的史实却近乎都是神话。斯诺里·斯图鲁松（Snorri Sturluson，1179—1241）的《挪威王列传》和萨克索·格拉玛提库斯（Saxo Grammaticus）的《丹麦人的业绩》，像李维（Livy）的《罗马史》一样，这些书很大程度上将关于这些王者的神话故事提升到了历史文献层面上，然而，这些看法却遭受着来自政治方面的强烈偏见。

神话同时展现着具体的社会和政治偏好。冰岛的农民讲述萨迦的传奇故事，牧师宣扬民间传说，贵族谈论史诗，整个欧洲的农民阶级偏好童话。萨迦展现了农业家庭之间的纷争，民间传说揭示了基督殉教者的命运，史诗记载着大英雄和王者，童话讲述着精灵、侏儒和想要成为国王和王后的男孩女孩们。牧师会宣扬宗教思想和价值，贵族们的故事围绕英雄和战争，童话故事围绕食物和宝藏。尽管这些故事涵盖的问题不同，但它们的结构并非迥异。通常人们会在不同阶层的故事中发现惊人的相似点。

因为神话本身存在于历史背景下，随着历史的变迁，这些神话也会变化或消失，新的神话也会编入。然而，若新的神话想要具有一定的重要性，那么它们必须符合已有的神话模式。因此，神话结构的改变比单个神话的变化慢得多。

理 解 神 话

一般说来，口述的故事都可变通，但是一旦故事被写下来，变通性就消失了。同一个故事的不同版本通常能被接受，而且无较大争议。有人甚至认为一个好故事不应以相同的方式讲述两次。一位故事讲述者应对故事做出些许改变来证明自己的能力。没有完全正确或完全原创的版本。

但是故事讲述者不能随心所欲地更改故事。比方说在童话故事《小红帽》中，一个小女孩走入森林去采花，尽管她的妈妈不让她这样做。小女孩采的是哪种花并不重要，讲故事的人可以选择他认为合适的任何一种花。他也可以随意地去描述小女孩的衣着，只要记得她戴了一顶小红帽。狼的颜色也不重要，但讲故事的人不能把狼换成熊或巨人，或把外婆换成哥哥或姐姐。否则，听众会觉得他的故事讲错了，或者是在讲另外一个故事。

讲故事的人和听故事的人了解这个故事，并知道该如何去讲故事，但他们没有想过为什么要这样。故事的结构框架是由分析者决定的。

神话不是孤立的单位，它们是复杂的神话学的一部分。不同的神话共享着许多主题和特征，这些主题与特征在故事中都以不同方式反复出现。对于人们的这些想象，神话学用特征鲜明的主题和惯例构造了一块相对独立存在的领域，而且讲述者和听众可以不断再现出这些主题和惯例。

格林童话中有许多类似的模式：一位父亲有三个儿子，他派他们去完成一项特殊的任务。两个儿子失败了，第三个儿子成功了并赢得了一位公主的爱。他的两个哥哥背叛并离开了他，但他最终胜利并娶回了新娘。另一种常见的模式是一个女孩有个继母和一两个继姐妹。继母宠爱自己的女儿们，刁难继女，但这个女孩最终要么很富有，要么嫁给了王子，而继母的女儿们就没这么幸运了。

听众听故事时可以预想到这些模式。他们知道王子终将娶回自己的新娘，穷苦的姑娘也会嫁给王子。小孩子们会询问是否所有的结局都美好，因为他们还不熟悉这些模式。一个快乐的结局可以抵消最令人厌恶的细节。

听众可以用各种不同的方式来倾听故事。有时他们主要关注那些男女英雄，有时他们仅留意情节或一个特别的笑话。更多的还是根据具体情况而定，如听众的情绪、讲述者的水平等。不同的人有着不同的倾听方式。

听众倾听故事，他们不会寻求字里行间的意思或信息，因为他们对故事的理解取决于这个倾听过程。这个过程类似于倾听一曲音乐演奏的过程。听众伴随着音乐的演奏，欣赏着它的旋律和乐音等。尽管不同的演奏中，音乐保持着相同的结构，但由于演奏水平、听众情绪等差异，他们聆听音乐的方式也不同。一旦演奏停止，倾听过程结束，听众们没有必要马上展开讨论，反而更乐于保持一会儿安静，去回味刚才的倾听过程。

尽管只有当我们更全面地了解一种文化，才能弄懂神话本身的含义，但我们也不能把自认为正确的或错误的观点强加于听众的理解之上。因为他们是以完全不同的方式在理解故事的。一个神话的听众满足于凭直觉获取的快速理解，而分析家却是以不同的方式来感受这个神话的。别国文化中的故事对我们来说太古怪或难以理解，我们的故事对其他文化中的成员而言同样难以置信。美国人类学家劳拉·波赫南（Laura Bohannan）曾向一群非洲老人讲述哈姆雷特（Hamlet）的故事。他们认为这个故事非常怪异，哈姆雷特怎么能去攻击自己的亲叔叔呢？他可是像好人该做的那样照顾了自己兄长的遗孀啊！他们确信是劳拉搞错了，并建议她如何去把故事讲得更合理。①

尽管人类对其神话的评论是一种有价值的信息资源，但结构学家的有关论点并不在此。结构人类学家努力寻求的是什么构建了人们对神话的认知，即神话结构和人种现状结构之间的关系。但是当把研究结果和听众的想法做比较时，他若不能肯定或否定他的分析，他必须寻求其他方法来使得同行确信他阐述的正确性。他需要一种神话理论和一种分析方法。

神话和文化秩序

对于学习神话的学生而言，去假定那些神话创造者思想中具有潜意识结构，这是一个常见的却有风险的过程。通过展现这些结构，学生会获得开启神话之门的钥匙。但显而易见的风险是所谓的神话创造者的潜意识只是学生自己的主观臆造，仅能应和自己对神话的理解，并不一定与听众的认知方式相一致，听众更乐于从他们所熟知的东西来认识神话，而不是从那些他们不了解的概念开始。

听众理解他们的神话是因为他们能将其与自己文化背景下的生活阅历联系起来。这并不是说神话与传统观念完全相辅相成，而是，神话提供了一个概念基础。在这个基础上，人们根据可供选择的一些先

① L. Bohannan, "Miching Mallecho, that means witchcraft," in J. Middleton ed., *Magic Witchcraft and Curing*, Garden City, New York, 1967, pp. 43-54.

入之见展开自己的想法。同时，神话甚至可以解释其他民族迥异的风俗习惯。神话还讨论那些与基本社会规则相违背的事情，如乱伦和亲人之间的残杀。不论是在关于卡德摩斯（Kadmos）子孙的底比斯神话系列还是在关于珀罗普斯（Pelops）子孙的迈锡尼神话系列中，都存在父亲杀死儿子或女儿，兄弟相互残杀，儿子杀死父亲娶回母亲的情节。很明显，这些神话不是在反映人们的日常生活，而是在探讨针对传统观念所引发的问题。

人们赞同一个有序的社会生活应禁止乱伦，兄弟、父母和孩子之间应相互宽容理解。但同时，乱伦、子女残杀父母和手足残杀或许有一定的"存在价值"。比方说，乱伦可以防止把聘金给外人，手足相残可以利落地解决遗产或继位中的纠纷。家庭生活引起的各种复杂情感并非都符合传统的规定。日常生活或许不接受一些背离常规的事情，但神话可以。然而同时，神话会强调这些背离带来的恶果，但至少把其视为寻常物。

然而，有时神话背离或越界也许会带来许多好的结果。创世之初天地一片混沌，不仅是一种非常危险的状态，也是潜藏着极具创造性的状态。许多神话都在解释世界是如何从混沌中形成的，从无序中产生有序，从自然中产生文明。在神话自身结构中，这一点通常以看似自相矛盾的方式展现着：为了禁止一种行为而制定一种文化规则。这在创世神话中尤为明显。同血缘的亚当（Adam）和夏娃（Eve）之间的乱伦关系带来了正常的夫妻关系；该隐（Cain）谋害亲弟弟亚伯（Abel），从此确定了血亲复仇的制度；汉姆（Ham）对父亲诺亚（Noah）的无耻行为引发了社会等级制度的建立。[1]

---

① J. G. Oosten en D. S. Moyer, "De Mythische Omkering: een analyse van de sociale code van de scheppingsmyhen van Genesis 2.4b－11," in *Antropologische Verkenningen* 1.1, Utrecht, 1982.

神话以多种方式为现存的世界秩序提供了一种基本原理：从正面来看，神话阐述着这种秩序是如何由众神、文化英雄、祖先等建立的；从反面来看，神话叙述了变更的秩序和行为带来的严重后果。许多创世神话由乱伦或谋杀展开，因为它们要解释如何从无序中诞生有序。虽然它们不能从逻辑角度完满地解决问题，但是至少，它们已经将其在自身的结构中阐述得清清楚楚。

在本书中我从认知结构的角度来看待神话，解释与世界发展相关的认知问题，此外，神话具有心理功能、政治功能、社会功能等，但这些方面都是本书以外的视角维度。我所选择的这一角度是基于我对宗教及认知系统领域的兴趣，也源于我对结构分析方法的爱好。

方 法 探 疑

在结构分析中，我们以不同的方法来研究神话，但两种方法互为补充且相互关联。

第一种是对神话意义的探究。神话研究的目的或许在于探究其对读者的意义。在这种情况下，当读者理解神话之时，分析学家试图确定出神话结构和人种现状结构之间的关系。

第二种是对神话形式的探究。对神话综合体结构探究的目的也许在于寻找决定其形式的组织方法。分析学家试图判断出不同神话之间的关系，而且这些神话未必来自同一文化。

作为人类学中神话结构分析的奠基者列维－斯特劳斯（Lévi-Strauss），他成功地应用了这两种方法。他最著名的神话分析是对阿斯迪瓦尔神话的研究，这个神话在美国西北海岸的印第安人群中存在很多版本。列维－斯特劳斯证明了神话可以在不同层面上得到剖析（地理层面、宇宙层面、社会层面等），并且他将这些层面与之在社会文化秩序中的相应面相联系，以确定其意义。一些层面反映了人种现状，一些相悖于现状。最后，列维－斯特劳斯展示了神话如何解决茨母锡安人社会中存在的结构问题。种族之间不同的人种现状阐释着各自不同的神话。[1]

《神话学》这本书主要运用了第二种方法。列维－斯特劳斯展示的美洲印第安人的神话构成了神话结构的复杂模式。他认为这些结构关系必定植根在一种普遍的文化和历史源泉之上，但他没有去深究这个问题，因为他认为这是历史学家的问题，而不是结构人类学家的问题。《神话学》一书分析了南美洲、北美洲许多不同文化中的神话，却忽略了它们的人种背景。[2]

在《假面具的途径》（1975）一书中，列维－斯特劳斯综合运用了两种方法。他将面具和不同文化中的神话联系到了一起，分析其人种背景，并将结构关系与历史进程结合到了一起。这本书有力地反驳了那些认为结构关系和历史性进程无关的评论。

在其著名的《神话的结构研究》一文中，列维－斯特劳斯试图将神话的结构性探究发展为一种研究方法。[3] 他提出了一种方法来确定神话的构成单位，即神话素。这个方法引发了理论和方法上的许多问题，在其以后的著作中，这种研究方法似乎从未被使用过。在《神话学》一书中，他对数据运用了直觉和现象学的研究方法。事实上，我们必须承认我们无法从列维－斯特劳斯诸多论著包含的不同方法原理中重新构建出一个连贯一致的方法。[4] 事实上，文化人类学中不存在一种被普遍接受的结构分析法。同时，这是导致人类学家之间误解和

---

① C. Lévi-Strauss, *Anthropologie Structurale Deux*, Paris, 1973.

② C. Lévi-Strauss, *Le Cru et le Cuit*, Paris, 1964；C. Lévi-Strauss, *Du Miel aux Cendres*, Paris, 1966；C. Lévi-Strauss, *Lorigine des Manieres de Table*, Paris, 1968；C. Lévi-Strauss, *The Elementary Structures of Kinship*, Boston, 1969；C. Lévi-Strauss, *L'Homme Nu*, Paris, 1971.

③ C. Lévi-Strauss, *Anthropologie Structurale*, Paris, 1958.

④ A. De Ruyter, C. Lévi-Strauss, *een systeemanalyse van zijn antropologisch werk*, Utrecht, 1977.

混乱的原因。①

结构是结构人类学中的核心概念。结构人类学家在文化分析应建立在其结构上达成了共识，但他们在此概念的定义上却产生了分歧。奥佩茨（Oppitz）② 将这一概念应用中存在的多样性阐述得非常详尽。结构被定义为一种模式、一个综合体、一种模型、一个体系等。列维－斯特劳斯一直强调经验现实及其结构之间的区别。一种结构并不是一组文化数据的象征，而是一种规则的模式，决定着这些文化数据的次序。如同拉德克利夫－布朗（Radcliffe-Brown）认为的那样：一种社会结构不是社会关系构成的完全综合体（社会组织），而是由一些规则构成的社会关系综合体。既然列维－斯特劳斯的理论方法主要受结盟原则支配，那么这些规则常被认为包含着婚姻规则。③

在别处，列维－斯特劳斯没有将结构看作一种模型，而是一个受内聚力支配的体系。通过对联系众结构之间的转化和映射操作的研究，这种内聚力变得鲜明。④ 很明显，列维－斯特劳斯认为结构是模型，同时这些结构比神话的外在形式更加"真实"。因此，结构上升到了一种本体论的地位，并且无法与人类学家眼中的模型——结构的认识论地位和谐一致。

列维－斯特劳斯没有明确地区分参与者视点和分析者视点。⑤ 他认为，双方观点皆认为人类思维的普遍结构即客观具体的思想。⑥ 他似乎认为他对神话的分析揭示了人类思维的普遍结构，然而却发现人

---

① M. Freilich, *Myth, Method and Madness*, Current Anthropology, 16. 2. ,1975.

② M. Oppitz, *Notwendige Beziehungen*, Frankfurt, 1975,pp. 15-72.

③ C. Lévi-Strauss, *Le Cru et le Cuit*, Paris, 1964. pp. 305-306,p. 334.

④ C. Lévi-Strauss, *Anthropologie Structurale Deux*, Paris, 1973.

⑤ P. E. de Josselin de Jong, *Visie der Participanten op hun cultuur Bijdragen tot de ,Taal, Land-en Volkenkunde* 112. 2 ,1956.

⑥ C. Lévi-Strauss, *Le Cru et le Cuit*, Paris, 1964,p. 21.

类思维普遍结构的最终目的不应该是诱导分析者混淆其与听众的观点。同样地，我们必须清楚神话及其结构之间的区别，神话是听众的一个创造，而结构是分析者的一个构建。

我将从一个广义的角度上阐释结构这个概念，如任何一组元素一样，其相互关系非常明确并且构成了一个重要的整体。结构中的元素可由事物、关系、规则及其他结构等构成，而且结构的概念可以应用在不同的抽象层次上。结构或许由文化数据自身，以及排列这些数据的规则所构成。

一个神话可从不同层面上来分析：它的社会系统，它的宇宙系统，它的地理系统，等等。所有神话或神话学中的社会地位和关系构成了其社会规则，所有的地理位置和关系构建了其地理规则，诸如此类。分析家必须决定他将去探究哪一条规则，然后努力去探寻此规则是由哪一条结构性原则决定的。

一条规则中存在的地位和关系常常是由其参与者具体化的。他们会指出神话（社会规则）中最重要的人与物之间的关系，男女英雄行动的方向（地理规则），等等。随即，神话的重要性将由规则中的结构位置确立。

让我们以白雪公主和七个小矮人的故事为例。在结构人类学中，我们并不是要解释白雪公主象征着无辜、纯洁或普通大众女孩的形象，因此不应把自己的理解同那些参与者的理解混淆在一起。白雪公主这一要素在社会规则中的重要意义在于她继女的身份，如同其白色在色彩组织中有着重要意义一样，等等。在白雪公主这个童话中，继母、猎人、七个小矮人及王子等都是社会规则中的一部分。但这并非意味着他们应同时出现在同一结构中。我们可以单独列出一组童话来讨论继母、继女及女孩丈夫之间的关系，然后我们可以将白雪公主的故事看作是这一大主题下的变体，并探究故事中的三角关系是如何在这个童话中形成的。同时，我们也可以把此故事看作另一常见主题下的变体，即一个女孩在森林中走失，遇见了一群小矮人。那么，其他关系变得有意义并且依序排入结构。因此分析家的视角决定了从规则中挑选哪一个要素，但他应解释为什么选取这一独特的视角。

通常要想解释一个神话中的构成编码就需要将其与神话中的另一构成编码或另一神话中的相同编码或几种现状编码中的类似的构成编码相联系。然后，分析家构建结构，这些结构要么是编码之间各种关系的模型，要么是编码和人种现状之间的关系模型。决定优先选择哪一种构建方式不是一件容易的事，这取决于分析家的理论视角及材料本身。一本烹饪教材式的神话分析书是不可能写成的，因为人类学家常常需跟随自己的直觉。

结构不会机械地产生意义。既然它们是分析家的模型，那么它们的意义取决于分析家的理论框架。神话或神话学可以从不同角度得到阐释和构建，这取决于分析家的理论方法。我们不能认为神话学中仅存在一套正确的结构，而排除其他所有可能的结构。而且，对同一种结构不同人有不同解释。每个结构的价值最终由它的意义和分析家理论框架中解释的力度决定。

在《神话学》一书中，列维－斯特劳斯分析了美洲印第安人的神话，这种神话是非文字形式传承下来的。他的批评者们，如利克（Ricoeur）认为只有非文字传承的神话才是易受结构性分析影响的。他们认为拥有伟大文明的希腊、古代中东和埃及等国的神话所面临的问题都是结构性分析无法解决的。利克在神话分析中应用了非常不同的方法，我们只有期待他会得到与结构人类学家迥然不同的研究结果。他的方法引起了自己的方法论问题，在这里我们不做深究。然而，德蒂安（Detinne）在希腊神话研究中极其成功地运用了结构分析法。① 在对创世神话的分析中，我发现结构分析法是分析古代犹太人

---

① Marcel Detinne, *Les Jardins d'Adoins：La Mythologies des aromates en Grèce*, Paris, 1972.

神话的一个好方法。①

对伟大文明中神话学的研究确实引起了特殊的问题。文字资料通常是复杂的。来自不同地区和时代的口头传说或许对同一文字资源有一定帮助。编者们或许会将自身的观点加入故事。而且，我们通常难以查清这些文字资料究竟是和什么样的人种现状相联系的。这些问题常常不易解决，但是它们并不会影响结构分析法存在的可能性。

相对于新的文本可从旧的文本中汲取资料以保存神话，有时我们倾向于以不同文化源泉中的不同资料为基础，重新构建一个"最初的神话"。这种"最初的神话"如同一种分析工具，会具有启发性的价值，但仍保留有人们假定的构建模式。因此当这种神话被载入文本之时，我们不应把它和真正的神话混同。在本书中，我们所关注的不是这种"最初的神话"的重建，而是对于那些写入并被保存的文本中的神话的结构分析。

在此书中，我将会分析多个来自不同文化中的印欧神话，并探究这些分析所引起的方法论问题。这些神话是我们文化遗产中的一部分。我们熟知希腊和罗马神话，对斯堪的纳维亚和凯尔特（celtic）神话相对陌生。相较于非洲和美洲神话，我们更容易理解这些神话，因为它们涉及我们过去的文化，我们是其参与者。

我选择神话中的社会编码作为我的研究焦点。在印欧神话中，这条编码非常鲜明。众神、巨人及神话中动物等角色的社会关系通常非常明确，这种编码为研究众多的神话资料确定了一个不错的出发点。分析社会编码也将不断引发新的编码问题并在其他编码中讨论这些问题，但对这些编码的分析也只会停留在其揭示社会编码构成的层面上。

---

① D. S. Moyer and J. G. Oosten, *The Ambivalent Gardener: The animal and vegetable codes of Genesis*, 2.4 tot 9.29; *Bijdragen tot de Taal-*, *Land-en Volkenkunde*, 135.1, 1979.

第二章 作为人类文化学的印欧文化

引 言

使用印欧语的人是指在语言上有关联的一些民族，而不是指一个民族。印欧语系这个术语首先指的是从中亚和印度延伸到西欧的语族。印欧语被人们从欧洲传播到世界其他很多地方。不同地域和不同时期的印欧语来自同一渊源。

尽管语言和文化领域不是完全相关联的，但是它们有着非常密切的关系。印欧语言和文化的密切关系让我们得以谈论印欧文化，正如本维尼斯特（Benveniste）、杜梅兹勒（Dumézil）以及其他很多人调查显示的一样，例如，印欧语是其主要语言的地方的文化。这些文化不仅仅与同一语系的语言有关系，还共享相同的文化遗产。

考古学、历史学、语言学以及人类学的证据表明，印欧语言和文化有着相同的起源。它们都发源于公元前 3000 年的俄罗斯南部或西伯利亚。印欧文化里的常用词汇与考古学中描写的库尔干文化里的生活方式是一致的。那种文化方式存在于公元前 4000 年的哈萨克和吉尔吉斯的草原上。这种文化经常被认为是原始印欧文化，英文简称为 PIE。[①]

---

① P. Friedrich，"Proto-Indo-European Kinship," in *Ethnology 5*，1966，pp. 1-38；Scott-C. Littleton，*The New Comparative Mythology*，Berkeley，Los Angeles/London，1973，pp. 23-30.

人们对原始印欧文化所知甚少。原始印欧民族极可能是半游牧民族，他们的生计主要包括小范围的农业和畜牧业；他们的社会结构可能是父系关系占主导，同时拥有父系、母系两种形式的组织模式，因为这一特点在所有后期的印欧文化中都有体现；他们的社会有明确的阶级分层，可能包括牧师、战士、农民或者牧人等。杜梅兹勒认为这些便是印欧语社会的特征。

我们不知道这种文化的统一程度有多高，我们也没有充足的资料重建原始印欧文化的原型。这种文化可能在公元前 4000 年已经开始分化成许多同一模式的不同变体。

公元前 3000 年，这些人开始从他们的家乡——西伯利亚南部逐渐向其他地方分散。而移民的原因并不为人所知，可能是人口压力，可能是地球气候的恶化，也可能是想要寻求更好的土地资源。但是，在欧亚历史上，西伯利亚一直是移民的源头之一。游牧民族和半游牧民族（匈奴人、蒙古人、突厥人等）侵占了更多的西部和南部人口稠密的农业区，并且征服了当地土著。这些移民不一定包括很多人，很有可能是由一些贵族和他们的随员组成的小团体，进行袭击和征服活动。因为他们骑术精湛，在军事上比对手有优势，这保证了他们在战争中有极大的灵活性。印欧人在袭击和战争中大规模使用了战车。

印欧文化的传播不一定意味着它的原始居民也发生了同样的迁徙。尽管，移民在印欧文化与语言的传播过程中起了至关重要的作用，但是其他因素同样促进了这一过程的发展，如贸易交易。很多情况下，小部分印欧人会形成一个统治阶级，他们的地位远远高于土著，这导致了土著逐渐接受了统治阶级的语言及文化。因此，我们不能直接将民族和文化等同起来。

公元前 3000 年到公元前 2000 年，印欧人抵达中国、印度、伊朗、中东各国和欧洲各国。随着延伸到欧亚大陆，他们开始接触到更多其他的语言和文化群体。复杂的文化交流过程促进了印度、波斯、安纳托利亚、希腊等国家和地区文明的巨大发展。在其他一些地方，印欧文化很少接触到其他文化传统。所以，相对于希腊和印度宗教来说，古老的斯堪的纳维亚宗教受到其他文化的影响要少些。这一点也不足为怪，因为印度和希腊的印欧人遇到了大量的土著，而古老的斯堪的纳维亚移民的一些地方人口要稀疏得多。

印度、希腊等地的文明保留了很多原始印欧文化遗产的特征，但是其他很多文化传统也对它们的发展起到了促进作用。在文化交流过程中，印欧侵略者和土著居民的区别渐渐失去了意义。最后，这种区别完全消失了。取而代之的是其他一些区别，比如希腊人和希腊的异族人，又或者是印度的再生族和非再生族的区别。在印度，只有前三个社会阶级的人有权利重生。

欧洲信奉基督教，中东和印度部分地区则信仰伊斯兰教，土生土长的印度人从吠陀教转而信奉印度教。古老的印欧宗教几乎都消失了。但是印欧模式依旧存在于很多文化的不同方面：在社会组织上，在政治组织上，在史诗和长篇英雄故事中，等等。即便欧洲人对基督教的解释，也比大多数人所意识到的更多受到我们文化遗产的影响。然而基督教三位一体的观念表达的不是古老的犹太传统，而是印欧宗教的一个众所周知的特征。

很多印欧文化经历了发展、繁荣和灭亡的过程。它们其中一些几乎全部被遗忘了，例如赫梯文化，之后又被考古学家重新发现。其他印欧文化对其后人有深远的影响。在一些情况下，在相继的文化中存在很多的延续。这让人们很难分辨哪里是一种文化的开始，哪里是另一种文化的结束。因此，希腊文化传播到罗马，而罗马文化又被侵占了罗马帝国的德国人全盘接收。

文化这一概念可以用于不同的概念层次，也可以有不同的表现方式。我们可以认为雅典文化和斯巴达文化都是希腊文化模式的变体，我们也可以认为希腊文化是普通印欧文化模式的一种变体，但是我们很难说它们是一种印欧文化。总体来说，当文化从其参与者的角度来看包含一个连贯的实体时，我们指的是一种文化。学者们经常可以从不同的概念层次来想象文化上的衔接。雅典区分了斯巴达文化和雅典文化，但是与此同时他们深刻意识到了与波斯文化相比，希腊文化是一个连贯的实体。一种印欧文化的理念对他们而言没有任何意义。

我们认为印欧文化不是单一的实体，而是一个文化群。这些文化之间由形式复杂的相同点和不同点相互联系着，它们组成了人类文化学的一个研究领域。这个概念是 J. P. B. 约瑟林·德隆（J. P. B. de Josselin de Jong）发展起来的，后来 P. E. 约瑟林·德隆（P. E. de Josselin de Jong）又对此进行了理论上的修正。不过，J. P. B. 约瑟林·德隆主要关注的是人类文化学上不同文化之间结构上的相同之处，而 P. E. 约瑟林·德隆将重点放在了相关联的文化之间差异的重要性上。在人类文化学研究领域，不同的文化被看作是由转化联系在一起的变体。①

人类文化学研究是一个分析概念。人类学家可以借此研究不同文化之间的关系。我们不能仅仅从结构上定义它。不同文化之间结构上的关联应该与它们的历史和生活方式等相联系。就印欧文化来说，它们共同的起源解释了为什么不同文化之间存在着诸多的结构关联。因此，我将以印欧社会、政治和宗教组织的整体框架为形式进行研究，以此来分析不同文化下的印欧神话学。

---

① P. E. de Josselin de Jong, "The Concept of the Field of Ethnological Study," in J. Fox ed., *The Flow of Life*, Harvard University Press, 1980.

印欧社会的社会结构

在印欧社会中，家庭是最重要的社会单位，一般由年纪最长的男性成员领导，核心家庭成员有时候还加上别的亲戚。这种情况非常常见，尽管汉弗莱斯（Humphreys）曾经争辩，在希腊社会，家庭的重要性已减少很多。但是，以壁炉为中心的家，在印欧的象征性叙事中组成了一个世界的缩影。

继承权和遗产通常是父系制的，尽管利西亚人的名字来自他们的母亲并认为他们是按照母系制繁衍的。但是希罗多德（Herodotus）认为这是一个例外并且很奇特①，也许在印欧文化之前，本土文化传统对西亚文化的影响可以解释这一点。当时，母亲这边的亲戚一直都很重要，其中最重要的是母亲的兄弟。一些作家坚信文化不是母系制就是父系制的这种人类学观念是过时的。他们试图用早期的母系氏族或者表兄妹通婚的事实来重新说明对母系亲属关系的认识。事实上，在20世纪早期，人们已经认识到，所有的家族制度都认同父系和母系的血缘关系，只是在具体划分亲属关系的形式上有差异。

很多作家认为，印欧社会最先开始由异族通婚的父系群体如家族和部落组成。在希腊和罗马，除父系氏族家庭之外还有更广泛的其他群体。希腊人用基因族群（genos）区分族群、氏族和种族，罗马人用宗族元老院和部落区分彼此。这些类别通常被认为是同心的，或许更有包容性的是以氏族血统家庭为中心的一些群体。

本维尼斯特将这些类别解释为家族、氏族和部落。家族这个术语源自高地苏格兰社会，指的是拥有同样源于父名的姓或名的一群人。在文化人类学上，一个家族通常被认为是异族结婚的单位。

---

① Herodotus, *Histories*, Harmondsworth, London, 1972, p. 173.

但是在苏格兰，情况又不一样。不仅如此，同族结婚也是家族的规矩。汉弗莱斯指出，没有证据说明在印欧群体的异族通婚有规则可循。印度氏族是唯一后来发展成为异族通婚的群体。这个过程与异族通婚群体中的土地制度和社会等级制度的发展有关系。

基因族群好像是一个比宗族（gens）大些的单位。[①] 汉弗莱斯认为这个组织是专门针对贵族而言的。罗马的宗族同样被认为是专门针对贵族的。平民可能从一开始就没有比父系家族更大的单位。他们跟从贵族的组织形式（参照印度的刹帝利和吠舍跟随印度种姓的体系）。[②] 基因种族和宗族都包含很多的家庭，但是我们不确定是否有一些规则决定这些社会单位的家庭数量。在古雅典，三十个基因种族组成一个氏族，三个氏族组成一个宗族。在罗马，十个氏族组成一个元老院，而三个元老院组成一个部落。

人们不清楚家族、氏族和部落（本维尼斯特的术语）的重要性。神话学对这些体系构成不是很重视。而其重要性可能会体现在城邦政治或管理体系中，将部落划分为三个组成单位的做法似乎已经过时了。但是，部落之间的分界线也十分模糊。可能任何三个氏族可以组成一个部落，或者任意一个部落可以理想地分为三个氏族。也许一开始，氏族就由军事组织或者礼节上的兄弟关系组成。但是对于这个问题我们一直无从确定。

伊丽莎白·培根（Elizabeth Bacon）对将印欧社会机械地划分为这些具体群体产生了质疑。她从部分的血统关系或者奥波克（源于蒙古社会的一个术语）出发解释了印欧社会。[③] 在那种社会，一个人与另一个人通过追溯到共同的祖先来确定相互之间的关系。这种方法对

---

① S. C. Humphreys, *Anthropology and the Greeks*, London, 1978.

② A. L. Basham, *The Wonder That was India*, New York, 1959, p.54.

③ E. E. Bacon, *Obok*, *A Study of Social Structure in Eurasia*, New York, 1958.

于内部灵活性大的印欧社会来说更公平合理。然而，我们很难想象印欧社会是通过血统关系来组建社会体系的。尽管认为父系制度是长久而可贵的这一观念在贵族中普遍存在，但这并不能让人们更深入地理解父系制度。皇室王朝一般都与一个神圣的祖先联系在一起。宗谱是用来建立联系的，但是按规矩家庭不是按血统关系组织的。[①]

相对于印度和希腊法律规范而言，在中世纪的挪威法下，邻近的父系亲属组成了一些更小的团体。[②] 极有可能在过去，父系群体得到更深层次的认同，因此比后期构成了更多的父系亲属。在中世纪挪威法里，关系近的父系亲属会卷入遗产和赔偿金这些事情。但这不意味着在其他方面他们组建了执行单位。家庭是最重要的执行单位。这主要集中在一户户人家上。有时候，和父系亲属相比，母系亲属或者姻亲是更值得信赖的同盟。冰岛的萨迦（尤指古代挪威和冰岛讲述冒险经历和英雄事迹的长篇故事）给出了指导性的例子来说明不同亲属间的关系是如何逐渐演变为前所未有的政治同盟的。

除了弱化父系亲属血脉纵深发展的倾向外，我们还发现把父系和母系亲属平等化的倾向。一开始，这种区别十分明显[③]，但是后来日渐丧失了它的重要性。这在罗马和斯堪的纳维亚法律文本中表现得十分清楚，而且最终形成了现代西方社会的亲属关系体系，即父系亲属和母系亲属在术语上和社会上的差异变得很小。

没有必要去猜想固定的共同的父系群体是否曾经存在过。印欧亲

---

① Adam Kuper, *Lineage Theory: A Critical Retrospect*, *Annual Review of Anthropology*, Vol. 11, 1982, pp. 71-95.

② T. A. Vestergaard, *The System of Kinship in Early Norwegian Law*, Paper for the symposium on social anthropology and medieval studies, Alberg, May, 1981.

③ T. A. Vestergaard, *The System of Kinship in Early Norwegian Law*, Paper for the symposium on social anthropology and medieval studies, Alberg, May, 1981; H. H. Meinhard, "The Patrilineal Principle in Early Teutonic Kinship," in J. H. M. Beattie and P. G. Lienliardt eds., *Studies in Social Anthropology*, Oxford, 1975; C. Lévi-Strauss, *The Elementary Structures of Kinship*, Boston, 1969.

属关系一直看似是个比较灵活的框架，它给予个人很大空间，依照个人目的和兴趣去选择和开发特定的关系。当我们思考印欧神话学的社会构成时，发现神话与共同群体之间的关系无关，而与构成规则之间的关系息息相关，无论在神话中还是人种现状中这些规则的实施决定了参与者之间的交流。

没有明确法律规定要与某一类女性结婚，一般而言都倾向于与同阶级或较高阶级的女性结婚。在民间故事中，比如说一个穷小子娶了一位公主，或者一个贫穷的女孩嫁给了一个王子，经常反映的就是夫妻之间地位的差异。婚姻双方要交换礼物。有的情况下是女孩带着嫁妆出嫁，有的情况下是新郎一方给新娘的父母下聘礼。可能是新娘社会地位低于新郎，因此她得带着嫁妆出嫁；又或者是新郎社会地位低于新娘，他就要付聘礼给新娘一方。

所有的社会都一样，婚姻很少是纯粹的个人安排，通常会涉及双方的家庭成员。还可能是为了巩固政治和经济上的同盟关系。当然这一点的考虑对有权有势的人来说尤为重要。

社会阶层和政治秩序

印欧社会是有阶级分层的。据杜梅兹勒所言，印欧社会的三种社会功能决定了它的社会分层：第一个功能是维持宗教法力和司法秩序；第二个功能与体魄相关联；第三个功能是提供粮食生计，维持物质生活富裕，让土地肥沃多产和家禽牲畜兴旺苗壮，以及一些相关的事情。[1]

---

① Scott-C. Littleton, *The New Comparative Mythology*, Berkeley, Los Angeles/London, 1973; Scott-C. Littleton, "Poseidon as a reflex of the Indo-European Source of the WatersGod," in *The Journal of Indo-European Studies*, Vol. I, No. 4, 1973; G. Dumézil, *Les dieux des Indo-Europeens*, Paris, 1952.

在杜梅兹勒看来，这三种社会功能组成了印欧社会的三个部分。这体现在牧师、战士和农民或者牧民这三个阶级的分层上。典型地将社会分为三个阶级的例子可以在古印度的种姓制度中看出来。排前三的种姓分别为：①婆罗门，或者牧师；②刹帝利（Ksatriyas），或者战士；③吠舍（Vaiśyas），或者农民、牧民。

首陀罗（Sūudras）最开始只包括三个阶级之外的人，但是随后组成了一个包含不同种姓的第四个阶级。

此外，三个分层的制度还体现在中世纪西欧的三个阶层上：教士、贵族和平民。杜梅兹勒认为这些功能还体现在印欧万神殿的结构上。据他所言：第一个功能一般体现在两个神上，其中一个神代表行政和主权功能的神奇和神秘方面，另外一个神则代表这个功能常规和司法的方面；第二个功能由一个神代表；第三种功能由两个神掌握，通常是两兄弟。

杜梅兹勒给我们提供了这种模式的一些例证。在古老的吠陀教，密特拉（Mitra）代表第一种功能的常规方面，伐楼拿（Varuṇa）代表黑暗和神秘的一面。因陀罗代表战斗的功能，而双马童（Aśvins）或者那娑底耶（Nāsatyas）则代表其他一种功能。在斯堪的纳维亚宗教中，提尔代表第一种功能的常规一面，奥丁则代表其神秘的一面。托尔（Thor）代表第二功能，华纳神（Vanir）尼约尔德（Njord）和弗雷尔（Freyr）这一对父子代表第三种功能。杜梅兹勒对于他提供的模式给出了很多例子（索罗亚斯德教、罗马教等），但是很多情况下，他所讨论的神的相关信息很少，所以他的解释很难接受检验。[1]

杜梅兹勒模式的吸引力很大程度在于他在印欧文化的宗教和社会

---

① G. Dumézil, *Les dieux des Indo-Europeens*, Paris, 1952, pp. 5-39.

构成之间建立了一个明显的对称。然而如果仔细观察，这种对称却不存在了。

在印欧文化中，世俗和宗教职权之间的区别相当大（在杜梅兹勒所说的第一种功能中两者是在一起的）。尽管祭司对世界有名义上的统治权，但是有效的管理和主权却取决于国王。国王属于战士阶级的贵族。宗教和世俗权力的对立是古印度政治哲学的中心主题之一。它决定着中世纪欧洲的国王和教皇的关系，因为两者在授权权力上有很大的分歧。

然而，统治世界的是至高无上的神而不是祭司。我们无法找到很多可以称作祭司的至高之神，但是那些可以被叫作牧师的全权之神，比如火神阿耆尼（Agni）又被称作祭奠主官（hotṛ），在吠陀教是祭祀的祭司但不是至高之神。正如人类祭司一样，暗含的意思是人神之间的媒介物。至高之神、战神和繁殖神在万神殿并没有形成单独的类别。因陀罗、奥丁、宙斯全都是至高之神和战神。因陀罗用雷雨作为武器，而宙斯的武器是"雷霆"，奥丁的武器是神矛"贡格尼尔（Gungnir）"。重要的战神比如因陀罗、玛尔斯（Mars）和托尔同时是繁殖神。杜梅兹勒划分的繁殖神，比如双马童和华纳神，尼约尔德和弗雷尔，与王位制度也相关。

显然，印欧众神的划分很复杂。他们不能简单地归为某一种功能，因此很难明确按照三个部分来划分他们。所以，宗教构成和社会构成的相互关系很难得以维持。宗教秩序的构成也无法印证杜梅兹勒将印欧社会划分为基本的三部分的理论。

此外，在很多情况下很难证明社会的构成由三部分组成。本维尼斯特试图证明在希腊和意大利存在三分制，但是他的结论却是建立在薄弱的数据上的。在希腊，一般有四种分类（牧师、战士、农民和技工）。但是他关于意大利的结论仅仅基于一篇文章。① 凯尔特人应该知道三分制（儒生、骑士阶级和老百姓）②，但是在德国人中并不能这样推论。

存在三分制的社会组织中，三个社会阶层之间的关系是不尽相同的。前两种功能通常由关系密切的精英实现，而第三种功能却由平民大众来实现。在《爱达罗氏梵书》中，吠舍被称作"给别人献贡品，被别人所依附生存，被意志所压迫"。③ 起初婆罗门和刹帝利的地位貌似平等，但是婆罗门在发展的阶级体系中渐渐地取得了最高的位置。在中世纪欧洲，社会的阶级分层体现在教堂上。处于领头的牧师［主教（bishops）和修道院院长（abbots）等］一般属于贵族，然而底层的牧师则是平民。尽管牧师形成了一个自治的阶级（比如印度的婆罗门），但是还依靠着其他的阶级。因为不像印度的婆罗门，牧师是禁止结婚和生育的。

尽管在印欧的一些社会中可以找到三分制，但是在大多数的文化中存在着复杂而不同的社会阶层。最重要的差别在于自由人和奴隶之间，这一区别在法则里有明确的规定。如果一个人是战俘或者他不能还清债务，自由人可以变成奴隶，奴隶基本不受法律保护。平民之间也有很多的区别：奴隶和自由人之间，地主和无土地的人，世代拥有土地的人和刚刚买了土地的人，等等。在古拉事务法中，区分了很多社会阶层。④

---

① E. Benveniste, *Le vocabulaire des institutions indo-europeennes* 1-2, Les editions de minuit, 1969, pp. 288-292.

② N. Chadwick, *The Celts*, Harmondsworth, 1978, p. 112.

③ A. L. Basham, *The Wonder that was India*, New York, 1959, p. 142.

④ T. A. Vestergaard, *Social Structure of the Medieval North*, Institut for forhistorisk, arkoeologi, Middelalder-arkoeologi, ethnografi og socialanthropologi, Moesgard Arhus University, Maj, 1979, pp. 16-28.

一般情况下，贵族和平民是有区别的。有时候这种区别很清楚，比如罗马社会（贵族大户和平民）、印度社会（刹帝利和吠舍）。有时候这种区别却很模糊。在德国人中，我们发现身份从平民到贵族是逐渐过渡的。在希腊和罗马发展中的城邦国家，贵族的特权很快被涌现的商人和技工代替。甚至在中世纪欧洲，贵族被称为是代表一个封闭的领地，不同的阶级之间存在很多的社会流动。

传统上贵族是负责军事和政治事务的，但是最高权力是由国王执行的。国王是贵族的成员之一，是万众之首，在其成员中处于首位。

王位制度在印欧社会显然是很古老的。有很多词指代国王，例如印度的 Skt. *rāja*，罗马的 *rex* 和凯尔特人说的-*rix*，它们全部来自一个共同的词源 *reg-*。本维尼斯特把单词 *reg-* 和哥特（Goth）联系起来，*raihts*（权利）参照了德语的 *Recht*。他总结出最开始是国王决定神殿、城镇和国家的边境的。判定对错也是国王的权力。本维尼斯特还总结，最开始国王可能是牧师而不是军事或者政治首领。[1] 这个词源是希勒（Sihler）证明的。希勒将词源 *reg-* 和希腊语言 *arego*（帮助）、*aregos*（帮助人的人）联系起来，这似乎更合理一些。

宇宙秩序和王位制度有密切的关系。印度叙事诗《摩诃婆罗多》中班度五子的首领和国王是坚战（Yudhiṣṭhira），是古印度圣僧达摩（Dharma）转世，也是宇宙和世界道德秩序的守护者。很多皇家王朝声称自己的祖先是神。在斯堪的纳维亚，人们认为皇室王朝是地位最高的神奥丁的后代。在罗马，人们认为罗穆洛（Romulus）和瑞摩斯（Remus）是战神玛尔斯的儿子。人们一般认为盎格鲁－撒克逊国王是主神沃登（Woden）的后代。[2] 约尔丹斯（Jordanes）告知我们哥特人

---

① E. Benveniste, *Le vocabulaire des institutions indo-europeennes* 1-2, Les editions de minuit, 1969, pp. 9-15.

② W. A. Chanley, *The cult of kingship in Anglo-Saxon England*, Berkeley, 1970, p. 115.

把他们的国王当作神。《挪威王列传》中写道，国王多马尔迪（Domaldi）在饥荒时期牺牲了，这也许是个神话故事，但是它表达了一个意思，那就是国王与国家富饶有密切关系。

尽管国王的实际权力非常有限，但王权复杂的意识形态一直存在着。我们发现了爱尔兰的一个传统认知：在康诺特（Connaught）、阿尔斯特（Ulster）、伦斯特（Leinster）和明斯特（Munster）有四个王国，而权力最高的国王被认为应该居住在国家中部的塔拉。[①] 这些国王在神话中扮演着重要的角色，但是塔拉似乎不太可能成为任何真正重要的政治中心。

在印度，即使是小国王有时候也以伟大的国王或者世界的统治者自居，此外，他试图用马祭来提高自己的声望。在这个仪式当中，马可以去它想去的任何地方，而且它所横穿的地方会被国王占为自己的领地。马的象征在王位思想中起到很大的作用。一般情况，人们认为皇家王朝是双神的后代，而双神又是与马有关系的。这些双神，像印度的双马童，希腊的狄奥斯库里（Dioskuroi），以及盎格鲁－撒克逊神话中的亨吉斯特（Hengist）和霍萨（Horsa），等等，在生死的象征上起到了重要的作用。他们可能像双马童一样是神医，或者和狄奥斯库里一样分配生死。当他们成为皇室王朝的创建者的时候，一般只有一个人可以活着并且成为国王［参见罗马神话中的罗穆洛和瑞摩斯、尤瑟（Uther）和彭德拉根（Pendragon）以及盎格鲁－撒克逊神话中的亨吉斯特和霍萨］。这个象征暗示了国王是生死之间的媒介。法兰西国王贡特拉姆（Guntram）的治愈天赋直接表达了这一思想。[②] 因此，印欧王位有很多神的特征。[③]

---

① Aiwyn Rees and Brinley Rees, *Celtic Heritage*, London, 1976, pp. 118-172.

② Gregory of Tours, *The History of the Franks*, Harmondsworth, 1977, pp. 509-510.

③ D. A. Binchy, *Celtic and Anglo-Saxon Kingship*, Oxford, 1970; W. A. Chanley, *The cult of kingship in Anglo-Saxon England*, Berkeley, 1970.

印欧国王有神的内涵这一事实并不能让他们成为牧师。坚战可能是达摩转世，但他仍然是一个刹帝利。国王是宇宙秩序的守护者，同时他们是主要的军事首领。

尽管国王可能是人民议会的守护者，但是他们的实际执法能力却是有限的。在封建时代的爱尔兰和西欧各国，当国王的王位逐渐巩固的时候，他们有那样的特权。执法的权力最开始属于人民议会，而人民议会行使推选国王的权力并且限制国王的权利。议会成员通常从精英贵族或拥有土地的自由人中征集。在印欧社会，议会最高权力和国王最高权力一直存在潜在的矛盾。在印度，君主制逐渐取代了共和制。在罗马，最开始共和政体占了优势，王位制被废除，后来共和制让位给独裁统治。在希腊，民主和专制的思想互相斗争。在西欧，起初王位制度获得胜利。朝代更迭取代了选举制，人民议会失去了它的大部分作用。由于国王和平民联合起来抵制贵族，因此至高无上的君主制体系得到保障。后来，平民逐渐从君主那里得到权力，直到最终，君主变成象征性的人物。

最开始国王的政治权利受到限制。国家的概念是后来发展的，而国王依赖于贵族、亲属和随从等的忠诚。《伊利亚特》给出了一个有益的例子。迈锡尼的国王阿伽门农（Agamemon）是远征特洛伊的首领，但他却不能强迫阿喀琉斯（Achilles）参加特洛伊战争。《伊利亚特》里的大多数英雄都称作国王，其实可能是小小的酋长。当政治权力都集中在迈锡尼的时候，政治组织可能包括一个国王之间的松散的同盟。他们承认迈锡尼的国王为他们名义上的大君主，事实上他们是相互独立的。

第一批被罗马人描述为国王的德国首领，其实根本不是国家的首领。像马罗波杜斯（Maroboduus，马科曼尼人的首领）和阿里奥维斯图斯（Ariovistus，苏维族的首领），显然不是国家的首领。正如阿米尼乌斯（Arminius，切鲁西的首领）和克劳狄奇维斯·乌利斯（Claudius Civilis，巴达维亚的首领）一样，他们是短暂居住在一起但不久又分散的联盟的首领。切鲁西部落和巴特维安斯作为政治实体消失了，但是被其他的联盟继承。我们发现公元 1 世纪的部落（如卡蒂人、乔基人、切鲁西部落等）和公元四五世纪大迁移时期其他的一些日耳曼部落，如哥特人、法兰克人、阿勒曼尼人，他们不是因为灭绝而消失，而是融入了新的政治结构。

在大迁移的过程中，国家的形成一般是建立在国王和他的随从的基础之上。塔西佗（Tacitus）告诉我们德国人从贵族中挑选国王而从勇士中挑选公爵。很多研究者发现了这两个词对立的最初意义。

在德国，很多词表示国王。国王这一词来源于古德语词 kunja 和 kin，意思是君王的后代或者首领。[①] 哥特术语 thiudans 在词源上与古印欧指代人的词相关，另外一个表示国王的词是古德语词 thruhtin，与哥特词 drauhtinassu 相关，意思是"军事服务"。[②]

所有这些表示国王的专有词汇都与表示亲属的、人的和军事服务的词相关，而且它们没有表明国王的宗教功能。"首领"或"公爵"一词与古德语词 herizoga 呼应，意思是军队的领导者。

国王和公爵这两个官职之间的关系并不清晰。霍夫勒（Höfler）区分了与神圣的人民议会（国王的官职）相关的行为王权和与军事功能（公爵的官职）相关的随从王权。施莱辛格争论道，国王也有军事功能，而且是与整个民族相关的战争的军事领袖。而公爵只是在具体

① J. De Vries, *Etymologisch Woordenboek*, Utrecht/Antwerpen, 1964, p. 120；W. A. Chanley, *The cult of kingship in Anglo-Saxon England*, Berkeley, 1970, p. 21；G. Schütte, *Our Forefathers* (*I*, *II*), Cambridge University Press, 1933, p. 203.

② G. Schütte, *Our Forefathers* (*I*, *II*), Cambridge University Press, 1933, p. 205；W. Schlesinger, "Über Germanisches Heerköningtum," in T. Mayer ed., *Das Koningstum, seine geistigen und rechtlichen Grundlagen*, Konstanz, 1954, p. 130.

军事战争中发挥有限意义的领导者。

这点很难确认。在大迁移的忙乱时期，建立了很多日耳曼王国，两种王权的区别消失了。国王成了日耳曼王国的统治者，而公爵在西欧封建组织中变成重要的军事政治官员。

日耳曼国王的权力建立在他们的随从的基础之上。在日耳曼社会，每个贵族都有供他使用的随从：亲属、养子、释放的奴隶等。如果一个人在军事战役中取得胜利，他会吸引很多有权的人加入他的随行队伍。维京人的首领就是这样做的。在爱尔兰，随行是很重要的组织①，而且在中世纪史诗中发挥了主要作用［查理曼和他的十二个骑士，亚瑟和他的圆桌骑士，芬恩（Finn）和他的勇士团，等等］。在斯堪的纳维亚宗教，奥丁和精英恩赫嘉尔（Einherjar），即战死在战场上的士兵，都与随行制度密切相关。霍夫勒认为，军队中随行制度的重要性日益明显，由此产生了大量移民。在斯堪的纳维亚万神殿，这些移民很大程度上造成了奥丁继承提尔成为至高无上的神。②

在大迁移过程中，随行人员组成了军队的核心。他们来自很多的部落，法兰克人、哥特人、阿勒曼尼人等。这些民族的身份取决于他们的政治中心。如果政治和军事中心被消灭了，民族也就解散了。东部的哥特人和汪达尔人被拜占庭人打败后民族几乎全部消失。拜占庭没有实行种族灭绝，但是一旦政治和军事中心被摧毁，民族也就消失了，尽管人民没有消失。

日耳曼国王大部分是勇士之王。他们的王国不是从领土上定义的，即使没有任何纷争边界也会发生很大的变化。因此，法兰西人把整个法国南部输给了西哥特人，然后在几百年以后重新夺回。

---

① Aiwyn Rees and Brinley Rees, *Celtic Heritage*, London, 1976, p. 62.

② Otto Hofler, "Das Sakralcharakter des germanischen Konigstums," in T. Mayer ed., *Das Konigstum, seine geistigen und rechtlichen Grundlagen*, Konstanz, 1954.

意大利、法国、西班牙等国家被征服的人们不在乎哪个国王统治他们的国家。日耳曼王国不是领地单位，也不是部落单位。它们是建立在王位制基础上的军事和政治单位。一个国家，只有当边界稳定并且征服者和被征服者开始融合的时候才可能得到发展。军事随行变成封建贵族，但是在他们的故事中①，他们仍然认为自己是军事随行。这些故事很少关注已经变成他们日常生活中心的土地权益问题。

很难确定日耳曼王位制的发展能在多大程度上代表印欧王位制的一般发展过程。在其他的文化中能看到很多相似的特点（随行制度的重要性，国王和他的重要英雄之间的紧张状态，等等）。在其他印欧文化中，国家的形成过程可能会沿袭相似的形式，但是这需要更深层次的研究。

我们已经详细讨论了国王、随行人员和贵族的关系。因为有很多神话和史诗都涉及他们。下面我们要讨论万神殿的组织结构。它不是由政治领域的原则规定的，而是由印欧的家族体系构成。

印 欧 众 神

万神殿这一词，最先是指供奉所有神灵的寺庙，后来变成指代宗教中所有神灵的集合术语。人们认为很多神灵居住在万神殿。

对神的概念，参与者一般没有一个总的术语。很多印欧语言中存在着一些源于"deiwos"这个词（与神相似）的神灵。最开始，这个词似乎是指一类特殊的神灵。另外一个词"aplsura"指的是另一类神灵，而且在不同印欧文化中存在更多类别的神灵。因此，斯堪的纳维亚人将他们的神看作统治者、希望者、神明者等，这些词都有各自的内涵。他们可以区别不同类型的神，比如阿萨神族（Aesir）和华纳神

---

① *Charlemagne et Arthur ou Le roi imaginaire*，Paris：Librairie Honore Champion，1992.

族，但是他们没有一个总的术语来概括所有的神。神和其他生灵的分界线一般很模糊。斯堪的纳维亚神洛基和艾格尔（Aegir）好像既是神又是巨人。希腊神宙斯，是克洛诺斯的儿子，他是神，但是他父亲是巨人。普罗米修斯（Prometheus）是宙斯的堂兄，亲属关系打破了不同类别的边界。在历史的进程中，神可以转化成巨人或者恶魔，其他的生灵也可以转化成神。在印欧神话学的环境中，神和其他生灵之间严格的分界线好像很不真实。因此，万神殿包括一个民族神话学中呈现的所有神和超自然的生灵如众神、魔鬼、巨人和自然诸女神等，这一说法是合理的。

人们不再接受把众神看作自然力量太阳、月亮和雨等的拟人化的观点。众神按其功能被划分。因此，太阳神主宰太阳的能量，战神管理战争，等等。众神的功能一般由与他们相关的神话和仪式决定。杜梅兹勒创造了研究万神殿的一个传统方法。众神的功能不是他们的本质决定的，而是他们的功能决定了他们的本质。因此万神殿不再是神的集合名词，而是指有不同功能的复杂结构。他用三分制理论解释了万神殿的组织结构。尽管众神的名称有变动，不同的神会相继出现，但万神殿的结构会保持不变。全权之神、战神和生育之神一直存在。将万神殿看作一个复杂结构体的概念，对印欧宗教的人类学研究有重要的意义。尽管杜梅兹勒关于万神殿的基本原则是三分制的理论不被接受，但他关于万神殿是一个复杂结构的想法是合理的。

很多神同时具有多种功能，在杜梅兹勒的分类中，这一点成了主要问题。我们知道全权之神一般是战神，战神又是生育神（参照因陀罗、玛尔斯、托尔等）。而生育神一般又与王位相关（双马童、华纳神等）。每个神都有一个独特的功能，因此可以按照他们的功能进行分类。这显然是个冒险的过程。我们不得不制定区分主要功能和次要功能的原则，而综合功能一般才是最重要的。全权之神是战神，这告诉了我们印欧文化中主权的本质。这些神因为能战胜他们的敌人而得到权力。然而，事实上很多战神同时是生育神，这告诉我们印欧宗教里生育和战争、生与死的内在关系。我们不能因为知道这些神是战神而忽视他们的生产力。值得注意的是，很多女神，比如斯堪的纳维亚神话中的弗蕾娅（Fregia）和凯尔特神话中的摩里岗（Morrigan）是战争女神，也是生育女神。然而，妇女并没有被列入杜梅兹勒的三分制基本原则，因此，这里并没有告诉我们印度宗教中男女对立的本质。

杜梅兹勒的基本原则在定义神的交叉功能时比较模糊，但生育与王权之间的关系对于我们理解印欧国王的神圣意义，以及他们与土地肥力的关系，都是非常重要的。

简而言之，杜梅兹勒的三分制将印欧万神殿的复杂结构简化了。最好用可以展示众神多方面的功能的方法划分众神，而不是主观地说明它复杂的结构和功能。

参与者自己不是以功能来划分万神殿的众神，而是以他们之间的亲属关系划分。印欧神话在这一方面很清楚。详细的家谱和神话故事解释了众神之间的亲属关系，虽然这些关系在不同的资料上显示的不总是完全一样。正如在《神谱》中，宙斯被认为是克洛诺斯最小的儿子，但是在《伊利亚特》中，宙斯被认为是克洛诺斯最大的儿子。尽管如此，我们以亲属关系开始可以发现决定万神殿组织的规则和它在不同资料中的变化。这种方法的优势是吸收了参与者使用的分类。

印欧万神殿一般都由与天空之神相关的父神掌管。帝奥斯－皮塔尔（Dyaus Pitar，吠陀梵语）和朱庇特（Jupiter，罗马语）的意思都是天空。天父宙斯管理希腊的众神，而奥丁神则管理斯堪的纳维亚万神殿。这些神首先是父神而不是国王。他们不管理国家而是管理众神。其他的众神不是父神管理的目标，但是这些不驯服的亲戚们受制于父神的智慧。

父神的权威时常遭到挑战，有时候至高之神面临着公开的叛乱。奥丁被其他的神流放期间，他的弟弟威利和维霸占了他的位子，抢了他的妻子。宙斯曾经被其他的神用天然兽皮皮带绑起来，直到忒提斯（Thetis）带领上百个武装的巨人才将他从脚镣中解救出来，免受更多屈辱。这个暴怒的天父严厉地惩罚了主要罪犯。波塞冬（Poseidon）和阿波罗（Apollo）为特洛伊国王当了七年的仆人并出力为其修建城墙。赫拉（Hera）的一只手腕被锁上黄金手链，一只脚踝被铁砧绑住，吊在天空中。① 因此，众神叛乱为特洛伊战争做了铺垫。

最高神是伟大的战士。他们使用神铁匠给他们铸造的神器。因此，宙斯和因陀罗使用霹雳，奥丁使用神矛战斗，等等。尽管其他的神也存在，全权之神们一般在力量和技巧上是胜一筹的。他们在与神话恶魔的战斗中以及与祖先的激烈战斗中证实了自己的力量。因陀罗杀死了狡猾的巨蛇弗栗多和他的父亲创世神陀湿多。奥丁和他的兄弟们杀死了巨人伊米尔，卢格（Lug）用神吊索杀死了他的祖父巴洛尔（Balor），宙斯杀死了他的父亲克洛诺斯，等等。父神经常杀死自己的父亲然后霸占了他们的地位。

父神都很聪明，他们知道世界的命运。奥丁为智慧失去了一只眼睛，他知道世界的结局；宙斯掌握着决定世界命运的天平，他与多多娜神谕有关系；卢格是爱尔兰神中最聪明的一个。父神拥有赐予智慧和永生的圣水。但是他们尽管聪明，也可能被瞒骗。因此，双马童从他母亲的兄弟因陀罗那里偷走了长生水的秘密，普罗米修斯从天堂夺

---

① *The Iliad of Homer*, Houghton, Mifflin & Co., Riverside Press, 1905, pp. 18-22.

取了宙斯不想让人类得到的火种。

父神通常在两性关系上非常活跃，他们与很多的女神和凡世的女子发生过关系。宙斯和奥丁在这方面臭名昭著。父神的儿子们会成为伟大的英雄，比如希腊神话中的赫拉克勒斯（Heracles）、爱尔兰神话中的库丘林（Cú Chulainn）和印度神话中的阿朱那（Arjuna），但是父神从来不会生育威胁他地位的孩子。因此，当宙斯听说泰坦女神墨提斯（Metis）会给他生一个打败他的儿子的时候，他吃掉了她，所以没有儿子出世，但是宙斯的脑袋中却诞生了一个女神，她比阿瑞斯（Ares）更胜一筹，她便是希腊战神帕拉斯·雅典娜（Pallas Athena）[①]。

父神代表印欧社会的男性品德，尤其是勇猛、智慧和富饶。但是他们也有坏的方面。他们不值得信任，有时候他们背叛自己的支持者（参照奥丁神话）。他们经常用阴险的手段戏弄他们的对手［参照布列斯（Bres）和卢格神话］或者极其残忍地惩罚他们（参照宙斯和普罗米修斯）。

在很多印欧宗教中，不同的父神统治不同的时期，而且他们代表了父神不同的方面。伐楼拿是法术大师，在他之后的因陀罗，是一个本性善良且直率的战神。奥丁和卢格很狡猾，而且擅长法术。但是他们的敌人尤楚·欧拉提那［Eochu Ollathair，众神之父达格达（Dagda），又称善神，因大胃口而广为人知——译者注］和托尔很像因陀罗，食量惊人。这两种类型的神的对立好像是印欧宗教的一个显著特征。

父神通常与合法妻子结婚。这些妻子经常被描述为具有婚姻神圣价值观的忠实配偶。但是我们经常发现这些女神其他方面的事情。弗丽格（Frigg）欺骗奥丁因为她渴望黄金，而赫拉背叛了宙斯。

---

① Apollodorus, *The Library 1 and 2*, Cambridge（Mass.）/London, 1976.

父神在统治世界的三神中起领导作用。在吠陀教，我们能找到很多的三神，像密特拉、伐楼拿和因陀罗或者因陀罗、阿耆尼和瓦由（Vāyu）。因陀罗是战神也是喝了苏摩的神，阿耆尼是火神也是祭祀牧师，两神形成了强烈的对比。像阿耆尼把苏摩盛在空芦苇一样，因陀罗将火放在空芦苇中。在圣传一个重要的神话中提到，阿耆尼从众神那里逃脱后藏在水里，因为他害怕担任众神授予他的吠陀教牧师这一职位。然后众神授予了他没有年龄限制的寿命，还给了他一些贡品。这个神话暗示阿耆尼最开始不属于神，而像人类一样寿命是有限的，而且没有贡品。① 《摩诃婆罗多》中写道，因陀罗试图谋杀阿耆尼的儿子室犍陀（Skanda），但是失败了。② 众神之间的敌对在很多其他印度神话中非常明显。在印度教，三神大梵天、毗湿奴（Viṣṇu）和湿婆（Śiva）得到了发展。大梵天是一个很抽象的人物，但是毗湿奴和湿婆是敌人，他们争夺世界最高领导的位置。

在希腊神话中，克洛诺斯的儿子们废除了他之后，花了很多精力划分世界。宙斯变成了天空之神，波塞冬变成海神，哈得斯（Hades）是阴间的统领。在很多情况下，失去之前重要地位的神会成为海神。因此，在印度教中伐楼拿最后成了海神。而在希腊教中，泰坦女神忒提斯变成涅瑞伊德斯（Nereid），一个女海神。宙斯和普罗米修斯之间的敌对在《伊利亚特》中很清楚，宙斯强迫他的兄弟停止对特洛伊战争的干预。③

在斯堪的纳维亚神话中，奥丁和他的兄弟威利和维联合杀死了伊

① K. F. Geldner, *Der Rig-Veda: aus dem Sanskrit ins Deutsche Übersetzt*, Vol. 4, Cambridge (Mass.), 1951-1957, Harmondsworth, 1981.

② *The Mahabharata*, transl. and ed. by J. A. B. van Buitenen, Chicago and London, Vol. I, 1950, Vol. II, 1975.

③ *The Iliad of Homer*, Houghton, Mifflin & Co., Riverside Press, 1905, pp. 168-218.

米尔，之后奥丁的兄弟一度霸占了他的权力。另外一个重要的三神是奥丁、托尔和弗雷尔。日耳曼主教不莱梅的亚当在乌普萨拉寺庙中见到了这三神的雕像。[①] 奥丁和托尔在很多方面是对手。奥丁被认为是贵族的神，他在万神殿的最高地位的权势可能是最近才有的。托尔被认为是贫民的神，他拥有很多其他印欧教中专属全权之神的特征（拥有霹雳，喝了大量的圣水，等等）。尽管提尔一般被认为是奥丁的前辈，但托尔同样是这一位置合适的候选者。在斯堪的纳维亚神话还能找到很多其他的重要的三神。大多数创世神话中存在三神。

在爱尔兰神话中，卢格、战神奥格玛（Ogma）和伟大的达格达（Dagda）组成三神。奥格玛和卢格之间的敌对很严重。两个神的家庭之间存在着复杂的矛盾循环。最后卢格被达格达的后代杀死了，众神的管理权移交给了达格达。

因此，父神本身以及他最重要的对手一般都存在于三神之中。他们之间的敌对在很多时候还表现在两神支持者的关系上。一些人崇拜毗湿奴，另一些人崇拜湿婆。据维安（Vian）所言，宙斯和普罗米修斯之间的敌对可能与一个历史冲突有关系[②]，奥丁和托尔的支持者属于不同的社会阶层。在一些情况下，三神的成员是兄弟，在其他一些情况下他们是敌人，通常他们既是兄弟又是敌人。因此，三神的结构同时表现了平等、等级和竞争的概念。

最重要的神被划分为父神的兄弟，次重要的神被划分为父神的儿子。父子关系清楚地显示了众神之间的等级关系。斯诺里·斯图鲁松

① J. De Vries, *Altgermanische Religionsgeschichte I und II*, Berlin, I, 1956, II, 1970, p. 386.

② F. Vian, "Les religions de la Crete Minoenne et de la Grece Acheenne," in *Histoire des Religions I*, *Encyclopedie de la Pleiade*, Paris, 1970; F. Vian, "La religion Grecque a lepoque archaique et classique," in *Histoire des Religions I*, *Encyclopedie de la Pleiade*, Paris, 1970, p. 501.

一直认为奥丁是万神殿最高的神，因此他认为托尔是奥丁的儿子。在希腊教中很多重要的神被认为是宙斯的儿子［阿波罗、赫菲斯托斯（Hephaistos）、赫尔墨斯（Hermes）、狄奥尼索斯（Dionysos）等］。同样地，这些划分原则也适用于女神，因此希腊宗教中最重要的女神被认为是姐妹［赫拉、得墨忒尔（Demeter）和赫斯提亚（Hestia），或者是宙斯的女儿们，如阿耳忒弥斯（Artemis）和雅典娜］。

万神殿通常由不同的神构成，而这些神的阶级不尽相同。阿修罗（Asuras）最开始是印度宗教伟大的神，他们逐渐被提婆（Devas）取代，最终变成恶魔和众神的敌人。在波斯教，过程是不相同的，提婆变成了恶魔而阿修罗仍然是神。印度的双马童和斯堪的纳维亚神话中的华纳神，没有其他神的权力。神话的解释关系到他们怎样对其他的神发动战争，最后得到他们的平等对待。

女神代表了复杂的女性价值。她们与母亲身份和婚姻相关，同样与贞洁或滥交相关。她们经常表现出明显的婚姻特点。弗蕾娅接受了一半战死的战士，而奥丁接受了另一半战士。在特洛伊战争中，雅典娜打败了阿瑞斯。不同的联系是可能的。在希腊宗教中，阿耳忒弥斯和雅典娜与狩猎、战争和贞洁联系在一起，得墨忒尔和赫拉与婚姻相关，而阿佛洛狄忒（Aphrodite）与富饶和滥交联系在一起。在斯堪的纳维亚和爱尔兰宗教中，弗蕾娅和摩里岗都与战争和滥交相关。

最重要的神都会被大量次重要的神包围着，比如仙女、精灵、巨人和矮人等。他们其中的一些神在仪式和神话上都很重要，但是另外一些只是个称呼。在《吠陀经》（Vedas）、赫西俄德（Hesiod）《神谱》和其他一些资料中仅有称呼的神貌似只是一些抽象概念的拟人化。但是我们必须仔细解释这些。贡达（Gonda）认为印度创世神陀湿多是技艺的拟人化，但是这一想法不被人们接受，因为陀湿多是一个创造神，他在很多神话中起了重要作用。[1]

印欧宗教存在这样一种倾向，把神与自然力量、思想和抽象概念联系起来，这些神往往超越了他们所代表的事物。在斯堪的纳维亚神话中，圣水是用一个叫克瓦西尔（Kvasia）的人的血做成的。这个名字指一种酒精水，它试着把蜂蜜酒和克瓦西尔等同起来。但是克瓦西尔和蜂蜜酒并不一样，他只有死了才能变成蜂蜜酒。克瓦西尔和蜂蜜酒之间存在生死的对立。

印欧宗教的万神殿不是一个封闭的系统。新的神可以被引进，旧的神可以被除名。在希腊和罗马宗教中，很多亚洲男神和女神在希腊文化时期融入了万神殿。有时候人也可以成为神，比如赫拉克勒斯或者罗穆洛。另一方面，我们倾向于把神看作人。因此，斯图鲁松在《挪威王列传》中说众神是斯堪的纳维亚人的祖先。在《爱尔兰之书》中，具有神奇法力的人们代表了众神。晚些的文学资料中记载，在爱尔兰神话中，众神变成了帝后、仙女或者精灵族，住在阴间。杜梅兹勒认为罗马人将他们的神话变成了历史，这一假说可能是正确的。

万神殿也住着一些可怕的恶魔，这些恶魔通常起源于神。在斯堪的纳维亚神话中，洛基是很多恶魔的父亲。他们其中的一些是众神的敌人，比如说巨狼芬里尔和米德加尔德之蟒（Jormungand）。另外一些都是众神忠实的仆人，比如八腿神马斯莱普尼尔（Sleipnir）就是奥丁的战马。认为恶魔是异类，象征着混乱与无序，而众神是法律和秩序的代表，这很容易，但其实并没有那么简单。根据印度神话里对狡猾的巨蛇弗栗多被杀事件的描述，巨蛇弗栗多被因陀罗杀死，因陀罗的行为曾在《吠陀经》里得到了很多称赞。但是弗栗多和因陀罗都是

---

[1] I. Gonda, *Die Religionen Indiens I und II*, Stuttgart, 1960-1963, p. 127.

创造神陀湿多的儿子，弗栗多是婆罗门，而因陀罗是刹帝利。在传统印度宗教中，杀死婆罗门是最大的罪恶，因陀罗因为杀死了婆罗门必须接受惩罚。[①]

在斯堪的纳维亚和希腊宗教中，巨人是众神的祖先，他们可能是更早时期的神。在希腊宗教中，泰坦神，如太阳神许珀里翁（Hyperion）逐渐被赫利俄斯（Helios）等新的神代替。泰坦女神如瑞亚（Rhea）、忒弥斯（Themis）和忒提斯尽管在后来的神话中作用逐渐减少，但是她们仍然保留着自己的地位。

因此，万神殿不断变化，但是很难定义变化的本质。尽管神话中众神的历史给了我们一些启示，但是这不意味着告知了我们万神殿的历史发展。一般来讲，我们需要从宗教的其他领域获得更多信息才能重建万神殿的历史。

不是所有重要的神都在神话中起到重要作用。在印欧神话中，我们发现神话的标准一般与众神的主宰相关：他杀死他的父亲，偷了圣水，用霹雳打败了他的敌人，等等。尽管伐楼拿在因陀罗之前成了万神殿的主宰，但他并没有在神话中起到重大作用。然而他的继承者却是神话中杀死弗栗多的伟大英雄，是偷圣水的人，等等。可能不仅仅是伐楼拿的地位，还有关于他的神话，都被因陀罗霸占了。毗湿奴在因陀罗之前出现，但是他并没有霸占因陀罗在神话中的地位，尽管在因陀罗的伟大事迹中毗湿奴的重要性在逐渐增加。在斯堪的纳维亚神话中，偷蜂蜜酒的人是奥丁，尽管蜂蜜酒神话中还有另一个重要事件，即提尔和托尔夺得了酿造蜂蜜酒的大锅。因此这三位神在这个神话交替当中具有重要作用。

一些神在神话中起到重要作用，然而我们在宗教的其他领域却找

---

① Wendy Doniger O'Flaherty ed., *Hindu Myths*, Harmondsworth, 1976, pp. 74-90.

不到他们的印记。另外一些神可能在宗教的实施过程中起到重大作用，但是在神话中却无关紧要。斯堪的纳维亚神巴尔德（Balder）是关于死亡的起源的神话中的中心人物，但是我们却找不到他在宗教施行上的重要信息，这不禁让人怀疑他是否只是一个神话人物。乌尔（Ull）可能是斯堪的纳维亚宗教中重要的神，因为很多地方有他的名字，但是他在神话中没有起到任何作用。[①]

印欧万神殿包括竞争的宗派和个人，他们管理着乱伦、谋杀和战争。探索这些战争的本质对我们理解印欧万神殿的组成有重要作用，接下来让我们把重心转向本书的中心主题：众神之战。

[①] J. De Vries, *Altgermanische Religionsgeschichte I und II*, Berlin, I, 1956, II, 1970, pp. 157-163.

第三章　斯堪的纳维亚神话中的众神之战

引　言

印欧众神总是处于各类战事之中。神话时代有战争，现在有战争，未来战争还会存在下去。在印度神话里，自提婆从阿修罗手中抢走圣水后，他们之间的战事就没有消停过。在波斯神话里，提婆和阿修罗一直斗到世界末日，结果以阿修罗的胜利、提婆的失败而告终。在希腊神话中，十二位泰坦巨人最终被众神打败，但是他们中的一些还是继续保留了神的身份。而众神只能在一个人类赫拉克勒斯的帮助下才能击败那些巨人。在斯堪的纳维亚神话里，众神杀死了第一个巨人，继而又对其后代挑起战火，他们最后在拉格纳罗克决战，这次战事也标志着世界的毁灭与再生。

在神话时代，斯堪的纳维亚诸神中的阿萨众神、华纳众神一直处于战争状态，但最后通过签订条约讲和并团结起来了。关于这个故事的种种在印度神话中提婆和阿斯维斯的神秘战争中有迹可循。在这两场战事中，两派都不愿意接纳对方，但是最终结果却是被迫接受彼此。

在爱尔兰神话中，众神被描绘成人类，他们在征服爱尔兰的神话中彼此交战。在这些战斗中战死的许多神〔如努阿杜（Nuadu）、奥格玛、玛查（Macha）等〕在凯尔特人的宗教中备受尊崇。

凯尔特神话标志着从神的时代到人类时代的过渡，在印欧神话中这种类似的过渡也是很普遍的现象。在斯堪的纳维亚和罗马神话故事中，关于神的传说转变成了一种杜撰历史。众神之间的战争不仅是神之间的战争，而且是人类之间的战争。在印度《摩诃婆罗多》中，主要有两个对立的派系：班度族（Pandavas）和俱卢族（Kauravas），他们是印度主神们的孩子。正如《伊利亚特》里希腊的神一样，众神也都只偏向和支持自己的孩子们。在希腊神话里，甚至有些神还亲自积极投身战斗。在罗马神话中，罗马人和萨宾人（Sabines）之间的战争也是众神之间复杂战争的一种表现。当众神之间为了争夺无上权利，为了独占土地或者某种神奇物品时，都会开战。他们从来不愿一起分享，除非到万不得已的时候。他们还会靠互相欺瞒和哄骗来达到目的，必要时候不惜发动战争来铲除异己。

在现存的斯堪的纳维亚神话中，这些战争性质的描述都被丰富了许多。在改信基督教之前，丹麦、瑞典、挪威和冰岛的众民族都信奉斯堪的纳维亚宗教。这些民族在文化方面存在很大的差异，但是要具体说出来龙去脉却又不是那么容易，因为我们关于斯堪的纳维亚宗教最重要的文学资料就来自冰岛，结果就造成了我们对冰岛宗教的了解超过了对斯堪的纳维亚宗教的认识。

关于众神和英雄的诗集《埃达》（Edda）是目前最重要的一个依据，这本诗集是在 13 世纪创作于冰岛。另一个重要的线索就是由冰岛一个著名的历史学家斯诺里·斯图鲁松编写的《散文埃达》（Prose Edda）。他还有一本著作《挪威王列传》，讲述了古斯堪的纳维亚地区国王的故事。这三本著作正包含了斯堪的纳维亚神话里众神之间战争的一些最重要的转换体现形式。研究丹麦神话有本重要的著作是《丹麦人的业绩》，是 13 世纪初期一位名叫萨克索·格拉玛提库斯的传教士编写的，主要讲述了丹麦国王的历史。它还讲述了许多有趣的冰岛神话变体，其中最重要的一些将会在本书中加以论述。

冰岛起源的斯堪的纳维亚众神

神统治着世界。而这些神分化为两股势力，即阿萨众神和华纳众神。阿萨神族中奥丁和托尔是最重要的两个神。奥丁是父神也是众神之神。他和他的两个兄弟威利和维共同杀死了原始巨人，并创造了世界，只是他的两个兄弟在神话里不是很有作为。奥丁很有智慧，并且擅长巫术，他总被和战争及死亡联系起来。当他把他的神矛贡格尼尔投向敌人时，敌人都会闻风丧胆，落荒而逃。他带领着一帮被称为恩赫嘉尔的英灵战士，这些战士在拉格纳罗克决战时助了他一臂之力。奥丁娶了女神弗丽格，并且有很多神都是他的儿子。

托尔在战争中的表现也很卓越，在和巨人的战斗中杀死了很多敌人，是众神之中的佼佼者。奥丁狡猾，诡计多端，而托尔却更喜欢光明正大的战争。他的武器就是会产生雷电的姆约尔尼尔（Mjollnir）神锤（雷神锤——译者注）。托尔很喜欢蜂蜜酒，他总是被和繁衍力联系在一起。他的铁锤被看成生育力的象征而出现在婚礼仪式上。托尔被称为"贫民之神"，而奥丁却是"贵族之神"。托尔的妻子就是西芙（Sif）女神。

提尔应该是过去阿萨神中很重要的一员，他很有可能是奥丁之前的众神之主。他的名字 Tyr［源自提瓦兹（Tiwaz）］被证明有着古老的起源，因为它起源于古印欧词 deiwos，意为"发光的""天堂的"，这可以在与神有关的很多词中找到。当提尔把手伸到巨狼芬里尔的嘴里以示诚意时，芬里尔咬掉了其右手。众神都很害怕这只狼的神力，两次企图拿绳索缚之，都被它挣脱了。第三次，他们拿来了一条魔绳，看起来又细又不结实。狼根本就不相信那些神，最终他只允许提尔将手伸到其嘴里，才甘心被捆住。但是当狼发现自己不得动弹时，就咬掉了提尔的右手①，这也可能是导致提尔丧失众神之主地位的原因。在爱尔兰神话里，努阿杜是达纳神族（Tuatha De Danann）神之主，他在第一次摩伊图拉（Mag Tured）战争中失去了手，不得不放弃国王的身份。提尔在从他父亲巨人海米尔（Hymir）那里夺取蜂蜜酒神锅的那段神话中发挥了作用。

洛基很狡猾，但他在创造神器上起了一定的作用，比方说雷神之锤、贡格尼尔神矛、德劳普尼尔（Draupnir）金戒等。他也帮助寻觅被巨人夺走的神物，如托尔的神锤，伊顿（Idun）的金苹果。但是，他也害死了奥丁的儿子巴尔德，并且最终成为众神之敌。因此，他被锁在岩石上，遭受毒蛇毒液的折磨，在拉格纳罗克决战中，他逃离枷锁，带领一伙众神之敌投入决战。最后，他为海姆达尔（Heimdal）所杀，海姆达尔是守护连接天地阿斯加尔德（Asgard）和米德加尔德（Midgard）的比弗罗斯特（Bifrost）虹桥的守卫神。海姆达尔的任务就是在决战最后的杀戮开始时，用他巨大的号角通知众神。奥丁之子巴尔德在一次重要的关于死亡起源的神话中被他的兄弟霍德尔（Hoder）杀死，而这次凶杀案的罪魁祸首就是洛基。之后霍德尔被奥丁的另一个儿子瓦利（Vali）为复仇而杀死了，瓦利也因为这件神圣的使命而受到尊敬。奥丁的儿子们巴尔德、霍德尔、维达尔（Vidar）和瓦利，以及托尔的儿子玛格尼（Magni）和莫迪（Modi）被期望来统治拉格纳罗克决战后从废墟中兴起的新世界。

罗杜尔（Lodur）、霍尼尔（Hoenir）和米米尔（Mimir）在一些神话里还曾起过一定的作用。罗杜尔可能是洛基的另一个名字，霍尼尔可能是聪慧之神，而米米尔则可能是记忆和智慧之神。阿萨神中还

① Snorri Sturluson, *Edda*, *Gylfaginning og Prosafortellingne av*：*Skáldskaparmál*, Utgitt av Anna Holtsmark og Jon Helgason, Kobenhavn/Olso/Stockholm, 1968.

有乌尔、福尔塞提（Forseti）和诗神布拉吉（Bragi）。布拉吉的妻子是伊顿女神，青春苹果的守护神。只是这些神大都不为人所知。

华纳神族最重要的神是尼约尔德及他的孩子们弗雷尔和弗蕾娅。这两个孩子的出世是尼约尔德和他妹妹乱伦的结果。弗雷尔和妹妹弗蕾娅也有过乱伦的关系。斯诺里·斯图鲁松曾清楚地表明华纳神族允许与自己的姐妹结婚，然而阿萨神族却严厉禁止这一行为。尼约尔德和弗雷尔都娶了巨人的女儿为妻子，尼约尔德娶的是巨人夏基（Thiazi）的女儿斯卡迪（Skadi），而弗雷尔则娶了巨人吉米尔（Gymir）之女盖尔德（Gerd）为妻。这两段婚姻均在神话中有过重要描述。所有的华纳众神都和财富、丰饶、王族相联系；弗蕾娅与巫术、战争密切相关，阵亡勇士的亡灵有一半由她接纳，另一半归属奥丁。相传是弗蕾娅将赛德巫术（seidr）传到阿萨神族的，因此，在《洛基的争论》中洛基指责她和所有的阿萨神都有过性关系。

阿萨神族和华纳神族在战后成了一个整体，共同居住在阿斯加尔德，然而在拉格纳罗克决战时，尼约尔德和弗雷尔又回到华纳海姆（Vanaheim，华纳诸神的家乡）。

巨人们都住在乌特加尔德（Utgard），那是远离众神控制的米德加尔德和阿斯加尔德有序世界之外的另一个世界。德·瑞斯（De Vries）认为他们是世界的原始居民，并且是众神的祖先。[①] 奥丁是女巨人贝斯特拉的儿子，提尔是巨人海米尔的儿子，而洛基则是巨人法布提（Farbauti）的儿子。海姆达尔（Heimdal）是由有时候变成神有时候又变成巨人的艾格尔的九个女儿所生的儿子［见《海米尔之歌》（*Hymiskvida*）］。可见，事实上神和巨人是没有严格界限的。洛基属于阿萨神族，但他仍和巨人们有紧密联系，在乌特加尔德他还有一个替

---

① J. De Vries, *Altgermanische Religionsgeschichte I und II*, Berlin, I,1956,II,1970,p. 242.

身洛基，是巨人国的一个明君。① 米米尔也是一个巨人。女巨人斯卡迪和盖尔德也被接纳为神。这里巨人和神的关系就类似于希腊神话中泰坦巨人和神祇之间的关系。泰坦巨人被神打败了，但是他们中的一些还是保留了神的身份（如许珀里翁、忒提斯等）。德·瑞斯关于巨人是众神先辈的说法似乎对阿萨神族来说很能站稳脚跟，但是对华纳神族来说却是无凭无据的。而我们根本无从得知华纳神族来源于哪里。

斯堪的纳维亚神话里的另一族是矮人族，他们是很重要、很优秀的工匠。他们被认为是住在山里，大多数神器都是出自他们之手。另外还有其他神族（比如各种精灵族）存在，但是因为他们在神话中不是重要角色，在这儿我们就不再讲述他们的故事了。另外较重要的角色是几个残忍的怪物，如在拉格纳罗克决战中杀死奥丁的芬里尔巨狼和身体首尾相接可绕世界一周的米德加尔德之蟒，都被认为是洛基的后代。后者在战役中被托尔杀死，而托尔在战斗中沾染了毒液，与米德加尔德之蟒同归于尽。

以下是众神之战中的一些主人公。在斯堪的纳维亚神话里，那些战争本身就可以分为三类：①众神和巨人之战；② 阿萨神族与华纳神族之战；③ 拉格纳罗克决战。

众神和巨人之战

自从奥丁和他的兄弟杀死了巨人伊米尔，并用伊米尔的身体创造了世界之后，众神和巨人就一直处于战事之中。所有的巨人都溺死在伊米尔的血泊中，除了贝尔格尔米尔（Bergelmir）和他的妻子，他们

---

① Snorri Sturluson, *Edda*, *Gylfaginning og Prosafortellingne av*: *Skáldskaparmál*, Utgitt av Anna Holtsmark og Jon Helgason, Kobenhavn/Olso/Stockholm, 1968.

也因此成了后世所有巨人的祖先。

众神和巨人有着紧密的关系，阿萨众神与之有血缘关系，而华纳众神也与之有着密切关系。阿萨众神向巨人族开战了，而华纳众神和巨人族的关系却没有那样紧张。

奥丁、威利和维是博尔和博尔索恩（Bolthorn）的女儿女巨人贝斯特拉的儿子。因为所有的巨人都是伊米尔的后代，而奥丁和他的兄弟正好杀死了他们的祖先。祖先被杀是印欧神话中反复出现的主题，如在爱尔兰神话中巴洛尔为卢格所杀，在罗马神话中阿穆利乌斯（Amlius）为罗穆洛和瑞摩斯所杀，在印度神话中刚沙王（Kaṃsa）为黑天（Kṛṣṇa）所杀，等等。但是这也不是伊米尔和他的儿子博尔的唯一联系。博尔的父亲布里是被喂养伊米尔的神牛奥杜姆拉从冰上舔出来的，因此奥杜姆拉是伊米尔和布里的母亲，即一个是她养大的但不是亲生的，而另一个是亲生的但不是她养大的。似乎伊米尔和布里的关系可以用兄弟来描述。那样的话，这个神话就是印欧创世神话主题的一个缩小版（一个人被他哥哥的孙子杀死了）。[①]

阿萨神族里有些神的母亲是巨人的后代（如奥丁、海姆达尔），还有些神的父亲是巨人的后代（如提尔、洛基），还有可能父母双方都是巨人的后代，这正如希腊众神都是泰坦巨人的后代一样。阿萨诸神向他们的祖先宣战，并且总是胜利。许多神话讲的都是巨人的神器如何被众神夺走，或者就是巨人得到这些神器也不会一直占有它们。巨人们的女儿会被众神勾引，接着她们就会丢掉神器，最后被杀死。

奥丁从巨人手中抢走了神圣的蜂蜜酒，他还勾引了看守蜂蜜酒的巨人苏通（Suttung）的女儿昆洛德（Gunnlod），并从她那儿获得了三

---

① B. Lincoln, *Priests*, *Warriors and Cattle*, Berkeley, Los Angeles/ London, 1981.

口圣水。接着奥丁喝掉全部圣水，把自己变成了一只鹰，逃到阿斯加尔德。巨人在盛怒之下追捕他，但是反被众神杀死。[1]

煮蜂蜜酒的大锅是托尔和提尔从巨人海米尔手中抢回来的。海米尔和其他巨人都被托尔杀死了，因此，提尔也成了杀死父亲的帮凶。

斯里姆（Thrym）曾经一度抢走了托尔的神锤，并且扬言除非得到女神弗蕾娅，让她做自己的妻子，否则是不会归还神锤的。海姆达尔建议托尔变成弗蕾娅，在洛基的陪同下，他到达了巨人国，夺回了神锤，并用它杀死了所有的巨人。[2]

青春苹果和伊顿女神都曾经被洛基献给了巨人夏基，但是众神命洛基再把他们给夺回来，巨人在追捕洛基的时候，被众神杀死了。[3]

《散文埃达》中有这样相关的描述，说曾经有一次一个巨人提出帮助阿萨神族修筑坚固的阿斯加尔德，条件就是要娶弗蕾娅、太阳以及月亮为妻。众神听从洛基的建议答应了，但是给修建日期定下了一个期限。然而就在巨人胜利在望的时候，洛基变成了一只母马勾引了巨人工作要用的种马，因此巨人没有如期完工，被托尔给杀死了。[4]

由此，巨人们要么就是失去自己的神物，要么就是不能守住抢来的神物，并且会被众神杀死。巨人一直努力想得到弗蕾娅做妻子，但

① Snorri Sturluson, *Edda*, *Gylfaginning og Prosafortellingne av*: *Skáldskaparmál*, Utgitt av Anna Holtsmark og Jon Helgason, Kobenhavn/Olso/Stockholm, 1968.

② U. Dronke, *The Poetic Edda*, Oxtord: Clarendon Press, 1969.

③ Snorri Sturluson, *Edda*, *Gylfaginning og Prosafortellingne av*: *Skáldskaparmál*, Utgitt av Anna Holtsmark og Jon Helgason, Kobenhavn/Olso/Stockholm, 1968.

④ Snorri Sturluson, *Edda*, *Gylfaginning og Prosafortellingne av*: *Skáldskaparmál*, Utgitt av Anna Holtsmark og Jon Helgason, Kobenhavn/Olso/Stockholm, 1968.

是又一次次地失败。与此同时，他们的女儿总是被阿萨神族勾引，但却没有成就一桩婚事。昆洛德被奥丁勾引并抢走了蜂蜜酒，另一个女巨人琳德（Rind）也被奥丁勾引或者可以说是强奸了，为的就是生出能为巴尔德之死复仇的瓦利。尽管有时候巨人的女儿们会更喜欢阿萨众神，然而她们大多还是嫁给了华纳神族。

当巨人夏基被众神杀死之后，他的女儿斯卡迪来到阿斯加尔德为父亲报仇。众神答应，作为补偿，她可以从他们中任意挑选一位做丈夫。当她选择时，候选者们只露出了他们的脚。斯卡迪想嫁给巴尔德，然后她就选了一双自认为属于巴尔德的最漂亮的脚，但结果那却是尼约尔德的双脚。于是斯卡迪约定如果众神可以让她发笑的话，她就嫁给尼约尔德。这时，洛基在他的睾丸上系了根红绳，在另一头连着山羊的胡须，接着他就拉那根绳子，做各种鬼脸，斯卡迪看到后忍不住哈哈大笑。但是，这场婚姻却不是很幸福，尼约尔德想住在海边，而斯卡迪却想居住在大山里面。最后作为补偿，奥丁将夏基的眼睛置于空中作为星星。[①]

弗雷尔看见吉米尔之女盖尔德走进他父亲房子的那一瞬间就爱上了她。弗雷尔派他的仆人斯基尔尼尔（Skirnir）去找盖尔德，并且给了斯基尔尼尔可以自动战斗的神剑和能穿过环绕盖尔德居所处浓浓火焰的神马。斯基尔尼尔到了盖尔德那里，杀死了盖尔德的哥哥，可能是因为其想阻止斯基尔尼尔进来。[②] 尽管斯基尔尼尔给了盖尔德十一个金苹果、一枚德劳普尼尔金戒，但是盖尔德还是拒绝了他。接着斯基尔尼尔威胁盖尔德，如果不答应弗雷尔的爱慕，就要用这神剑砍掉她的

---

① Snorri Sturluson, *Edda*, *Gylfaginning og Prosafortellingne av*：*Skáldskaparmál*, Utgitt av Anna Holtsmark og Jon Helgason, Kobenhavn/Olso/Stockholm, 1968.

② Snorri Sturluson, *Edda*, *Gylfaginning og Prosafortellingne av*：*Skáldskaparmál*, Utgitt av Anna Holtsmark og Jon Helgason, Kobenhavn/Olso/Stockholm, 1968.

头，也会同样杀死她的父亲。尽管如此，盖尔德还是拒绝接受弗雷尔做她的丈夫。最后，斯基尔尼尔又用一根有魔法的树枝威胁说要把她送到赫尔（Hel）冥府，让她永远不得生育后代，盖尔德终于让步了。最后，弗雷尔和盖尔德结了婚，但是从那个时候开始，弗雷尔就失去了他那把神奇的宝剑。

因此华纳神族里有两个神娶了女巨人为妻。一个很明显和赔偿有关，如为了补偿斯卡迪的丧父之痛而让她和一个神结了婚；另一个也和补偿有关，因为弗雷尔的仆人杀死了盖尔德的哥哥。当然这两个例子有一个共同点就是女巨人的亲属被杀害了。在第一个事件里，奥丁通过将夏基的眼睛置于空中作为星星来补偿；而在第二个事件中，弗雷尔将自己的剑付出作为补偿，当然，他也给了女巨人一些金银珠宝。[①] 华纳神族和巨人的关系就是婚姻和杀戮赔偿关系，尽管在这两个事件中，巨人被杀了，但是他们均不是被华纳神族杀害的——斯基尔尼尔就不是华纳神族的神。

阿萨众神是巨人的后代，他们与巨人的女儿联姻就有乱伦意味了。但是华纳神族就可以随意娶巨人的女儿们。因此，阿萨众神和华纳神族因为和巨人女儿的姻亲关系而彼此联系，一方是娘家，一方是婆家。但是在这些战争神话中，我们没有发现女人之间的交换，而仅仅只有男人之间的人质交换。

阿萨神族与华纳神族之战

阿萨神族与华纳神族之战的主要描述可以在北欧预言诗《渥尔斯帕》（*The Voluspá*）、《斯卡尔德斯卡帕耳姆勒》（*The Skáldskaparmál*）和《鹰铃萨迦》（*The Ynglingasaga*）中找到。

---

① Niedner Lokasenna,*Zeitschrift für Deutsches Altertum und Deutsche Literatur*,1892.

根据《渥尔斯帕》的说法，一个既叫古尔维格（Gullveig）又叫金色之饮（Golddrunk）的女人为阿萨众神所杀。她被火烧了三次，继而三次重生，她会魔法和腐蚀人的思想。[①] 德·瑞斯说她还会诱惑众神去做一些不合法的性行为。[②] 法国比较神话学家杜梅兹勒认为她是华纳神族派去诱惑阿萨神族的[③]，神话的结局也证明她可能真的是华纳神族派去的。她可能还与给阿萨众神带去赛德（seidr）巫术的弗蕾娅有关联。由古尔维格的三次重生可联想到希腊女神雅典娜的名字，正如女战神弗蕾娅一样，雅典娜在对抗泰坦巨人和其他巨人的战役中发挥了很重要的作用。

众神犯下的罪孽都会受到惩罚，主要问题是阿萨众神是否愿意接纳华纳众神，并且是否愿意与其共享众神所拥有的一切，但是阿萨众神拒绝接受。尽管奥丁还把自己的神矛掷向华纳神族挑起战事，但华纳众神与其旗鼓相当，因此他们共同入住坚固的阿斯加尔德仙境。[④] 其他的资料会将这个故事讲得更为详细。

根据《斯卡尔德斯卡帕耳姆勒》中的叙述，两个神族之间达成了和平协议，并且举行了一个正式的仪式，即所有的神都向一个容器里吐口水。从这些口水中诞生了克瓦西尔，他象征着智慧（他的名字是一种酒的名称）。结果他却被两个侏儒杀了，侏儒用克瓦西尔的血做成了神圣的蜂蜜酒，并告诉众神说他是被自己的智慧憋死的。后来侏儒们又被迫把蜂蜜酒作为补偿让给巨人苏通，因为他们杀了他的父母。尽管苏通不顾一切地守护着蜂蜜酒，不允许任何人碰，但最后还

① Benedikz et al., *Voluspá Durham* [etc.]: #Department of English Language and Medieval Literature, Elvet Riverside, New Elvet, Durham DH13JT#, 1978.

② J. De Vries, *Altgermanische Religionsgeschichte I und II*, Berlin, I, 1956, II, 1970, p. 217.

③ G. Dumézil, *Les dieux des Germains*, Paris, 1959, p. 33.

④ Benedikz et al., *Voluspá Durham* [etc.]: #Department of English Language and Medieval Literature, Elvet Riverside, New Elvet, Durham DH13JT#, 1978.

是被奥丁抢走了。最后，蜂蜜酒就变成了众神所有，因此他们也就吃掉了他们联盟的产物。①

另一个关于阿萨神族和华纳神族联盟条约的版本可以在《鹰铃萨迦》中找到。阿萨众神和华纳众神达成了和平协议，并且互相交换了人质。华纳众神的领袖尼约尔德与弗蕾娅和他们认为是阿萨神族里的主要神霍尼尔和米米尔做了交换。克瓦西尔也被华纳众神送到了阿萨众神那儿。霍尼尔从来都不会自己做决定，要么咨询米米尔的意见，要么就是自己不置可否让别人做决定。因此华纳众神认为他们被阿萨众神欺骗了，于是他们就砍掉了米米尔的头，并把他还给了奥丁，奥丁把他留在身边，向他咨询一些私密的事情，因此他从米米尔的智慧那里受益很多。米米尔在词源里指的是记忆，他还总是和智慧相关。《渥尔斯帕》中还讲到奥丁用他的一只眼睛换得了米米尔的智慧。在创世神话中，霍尼尔是给人类"思想""感觉"的神。德·瑞斯认为霍尼尔和米米尔是互为补充的一对儿：霍尼尔是沉默的那个，而米米尔总是发言的那个。② 霍尼尔向米米尔咨询就好比思想和才智需要咨询智慧和记忆一般。

和平条约的第一个版本解释了智慧的起源，即最初是集结于克瓦西尔身上的，接着就是在蜂蜜酒之中。第二个版本说是华纳神族弄丢了智慧。尽管他们开始得到了拥有智慧的米米尔，但是他们却把他杀害了，还把他的首级送还给了奥丁，结果华纳神族自作聪明，成了人质交换失败的一方。在这两个版本里面，智慧最终都被阿萨众神拥有。

阿萨神族和华纳神族最后变成了一个整体，他们的联盟也一直持

① Snorri Sturluson, *Edda*, *Gylfaginning og Prosafortellingne av*: *Skáldskaparmál*, Utgitt av Anna Holtsmark og Jon Helgason, Kobenhavn/Olso/Stockholm, 1968.

② J. De Vries, *Altgermanische Religionsgeschichte I und II*, Berlin, I, 1956, II, 1970, p. 270.

续到拉格纳罗克决战之时。那时候华纳神族又回到了华纳海姆。尽管华纳神族最初是胜利者，并且赢得了战争，但是在交换人质方面却是失败的。弗雷尔、弗蕾娅和尼约尔德均被阿萨众神接受了，于是华纳神族就失去了成为一个出色部落的栋梁之材。

假若我们分析一下阿萨神族和华纳神族之间的联盟关系，就会发现他们的关系是不对等的。华纳神族娶了巨人做妻子，但是他们既没有将自己的女神嫁给阿萨神，也没有将她们嫁给巨人们做妻子。弗蕾娅有一个神秘的丈夫叫奥德（Od），一些学者认为奥德就是奥丁[1]，然而关于这个神几乎没有任何描述。通常都认为弗丽格才是奥丁的妻子。根据《渥尔斯帕》的记载，奥丁的妻子曾经一度被送给了巨人，但是没有缔结婚姻。尽管巨人们都想娶弗蕾娅，但是他们似乎对阿萨神族的女神都不感兴趣。甚至就算女神伊顿被巨人夏基抓走以后，他们之间还是没有产生婚姻。古尔维格引出了一个很有趣的问题，她所起的作用就类似于塔尔佩娅（Tarpeia）在罗马神话中所起的作用。[2]

李维说罗马人和萨宾人之间的战争是因罗马人掳走了萨宾人的女儿，于是萨宾人包围了罗马城。塔尔佩娅是罗马卫城指挥官的女儿，她想得到萨宾人手腕上戴着的金手镯，于是就将罗马的要塞出卖给萨宾人以交换他们手上戴的金手镯。结果萨宾人进入罗马城，非但没有给她一直渴望得到的金手镯，反而用他们手上拿的盾杀死了她。这场战争一直持续到罗马人娶了萨宾人做妻子，她们站出来要求她们的丈夫、兄弟以及父亲们和平相处。后来这两队人马联合起来了，由罗马皇帝罗穆洛和萨宾国王提图斯·塔提图斯（Titus Tatius）一起来统治

---

[1] J. De Vries, *Altgermanische Religionsgeschichte I und II*, Berlin, I, 1956, II, 1970, p. 87.

[2] G. Dumézil, "Tarpeia: cinq essais de philologie comparative indo-europenne," in *Collection 'Les Mythes Romains'*, Vol. 3, Paris, 1947.

和管理两国人民。①

罗马战争和斯堪的纳维亚众神之战的相似之处是显著的：

A. 罗马人娶了萨宾人做妻子，萨宾人将女儿嫁给罗马人

A. 阿萨神族将女神嫁给华纳神族为妻，华纳神祇娶了阿萨女神为妻

B. 萨宾人没有娶一个渴望金子却最终为此丧命的罗马女人为妻

B. 阿萨神祇没有娶一个叫金色之饮的华纳神族送来的女人，并把她杀死

C. 两个部落最后结盟了

C. 两个部落最后结盟了

在两个神话中，娶妻的一方和嫁女儿的一方是不对等的。嫁女儿的一方并不接受娶他们女儿一方的女孩儿为妻。相反，他们还将对方杀害。在这两组神话中，娶妻一方和嫁女儿一方之间的颠倒关系导致了一个很有趣的问题。在罗马神话里，娶妻一方拥有国会要塞，而在斯堪的纳维亚神话中，嫁女儿的一方占据了阿斯加尔德要塞。在两个故事中，他们的敌人都在开始的时候攻入了要塞，但是从长远来看，居住在要塞的居民们最后都是胜利方。

在罗马神话中，胜利是属于娶妻一方的，他们和罗马的延续有关：他们需要妻子和孩子。这里强调的是生命的延续。而在斯堪的纳维亚神话里，胜利是属于嫁女儿一方的。战争的结果就是创造了文明之果：智慧存在于蜂蜜酒之中。娶妻一方和嫁女儿一方之间的对比就是自然和文明的对比。

罗马人和萨宾女子结了婚，有了后代，因此保证了罗马的繁衍。尽管阿萨神族和华纳神族在战争神话中没有交换妇女，但是他们仍然有后

① Livy, *Books I and II*, Cambridge(Mass.)/London, 1976.

代，只是后代是从吐到同一个容器里的口水变成的。这两个神族之间的交换不是女人而是男人，他们通过向同一个容器里吐口水做了一下象征性的交配，结果也创造出了文明之果。这不是出生的结果，而是死亡的产物，因为蜂蜜酒是用克瓦西尔的血酿成的。

阿萨神族不允许和他们的姐妹们结婚，然而华纳神族却可以。阿萨神族内部的关系不是以乱伦，而是以手足相残为显著特征的，兄弟之间相残在巴尔德和霍德尔的那段神话里有清晰描述。

斯诺里在《欺骗古鲁菲》里有更多的描述。奥丁的儿子巴尔德曾经做了一个预示他死亡的梦。他通知了众神，为此他们召开了会议。巴尔德的母亲弗丽格从所有事物那里得到不会伤害她儿子的誓言，但是她却忽视了槲寄生，因为她认为它太弱小了。当时众神都确信巴尔德不会有任何危险，并以用各种武器来攻击他为乐，但没有任何一个武器伤害到巴尔德。这使得洛基很生气。他假扮成一个女人到弗丽格那里打探到只有槲寄生没有宣誓。于是洛基就带了一支槲寄生给了巴尔德的瞎眼兄弟霍德尔，并鼓励他把这个扔向他的兄弟。霍德尔照做了，但是就在他将槲寄生扔向他兄弟的时候，槲寄生变成了武器杀死了巴尔德。众神都很沮丧，于是奥丁就派赫尔摩德（Hermod）骑上八腿神马斯莱普尼尔到赫尔冥府去带回巴尔德。与此同时，众神在安排巴尔德的葬礼。奥丁将德劳普尼尔金戒置于火葬柴堆上。巴尔德的妻子娜娜（Nanna）也因心碎而死，然后被放到火葬柴堆上。此后每隔八个晚上就会有八枚同样的戒指从德劳普尼尔金戒中掉下来。

赫尔答应了赫尔摩德的请求，但是有一个条件就是所有的神都要为巴尔德哭丧。巴尔德给了赫尔摩德德劳普尼尔金戒和一些其他的礼物，接着赫尔摩德就带着这个消息返回了阳间。当众神都在为巴尔德哭泣时，只有女巨人索克（Thökk）没有流下一滴眼泪，但是那足以让巴尔德永远留在冥府——斯诺里附注索克就是洛基。奥丁又生了个儿子叫瓦利，他将杀死霍德尔给巴尔德报仇，这又是一起新的兄弟相残的事件，并可能将是一个无限循环的开始。①

现在我们大致总结一下巨人族、阿萨众神和华纳众神的关系特征。它们可以用下列一个简单的图示来描述：

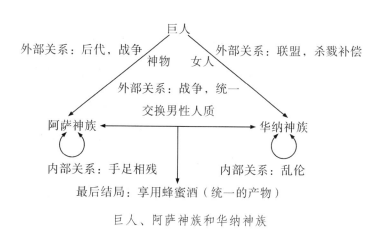

巨人、阿萨神族和华纳神族

这个图示不是从某一个神话中得来的，而是从整个冰岛神话中得来的。它描述的是斯堪的纳维亚神话里最主要的众神之间的基本关系结构。阿萨神族得到神器，并杀了巨人，而华纳神族得到女人，并且没有直接参与到杀戮中去。阿萨神族和巨人的关系不是互惠的，而华纳众神和巨人的关系却是互惠的。

这个图示还显示出阿萨神族是和战争及手足相残联系在一起的，而华纳神族则是和联盟及乱伦联系在一起的，这在斯堪的纳维亚神话中是刚好相对的。这一点可以在关于巴尔德的一些神话故事中得到确认。

因为萨克索·格拉玛提库斯关于这个神话有更加详尽的说明，所以我在这里就最相关的几点做一下陈述。霍斯诺斯（Hotherus）是霍

---

① Snorri Sturluson, *Edda*, *Gylfaginning og Prosafortellingne av*: *Skáldskaparmál*, Utgitt av Anna Holtsmark og Jon Helgason, Kobenhavn/Olso/Stockholm, 1968.

斯布诺德（Hothbrod）国王的儿子，在他父亲被杀以后，成了国王吉瓦诺斯（Gevarus）的养子。他爱上了自己的义姐娜娜，娜娜也同意了他的求爱。奥辛纳斯（Othinus，奥丁）的儿子巴尔德诺斯（Balderus）因为看见了娜娜洗澡，于是也爱上了她，但是却遭到了她的拒绝。

霍斯诺斯被描述成一个英雄的形象。在斯诺里笔下，巴尔德所有的优点都被萨克索赋予了霍斯诺斯（如智慧、能言善辩等），他甚至还有一枚守护财富的神戒和一把神剑，并用它杀死了巴尔德诺斯。据称，巴尔德诺斯是无懈可击的，他曾经冒险去过一个看起来像冥界的遥远国度。他们之间打了好多场仗，并且出现很多不同的结果。最后霍斯诺斯取得胜利，娶了娜娜，并用那把神奇的宝剑杀死了巴尔德诺斯。①

巴尔德和霍德尔可以说是印欧神话世界中双神在斯堪的纳维亚神话里的一个变体。通常都是一个是人类，而另一个是神〔如希腊神话里的卡斯托尔（Kastor）和波吕丢刻斯（Polydeukes）〕或者是变成了神（如罗马神话里的罗穆洛和瑞摩斯）。斯诺里的版本保留了兄弟的概念，而撒克逊的版本却是一对双胞胎，一个是人类，而另一个是神。一般说来，这两兄弟的生命只能够一个人活下去，因此有一个必须得死。他们可以一起分享生与死（卡斯托尔和波吕丢刻斯就是如此），或者其中一个杀掉另一个，从而成为唯一的神（如罗穆洛就杀掉了瑞摩斯），又或者是两个都先死掉，最后再一起复生（如拉格纳罗克决战后的巴尔德和霍德尔），等等。其他类似双神的故事变体有：印度神话中的双马童，盎格鲁-撒克逊神话中的亨吉斯特和霍萨，以

① Saxo Grammaticus, *History of the Danes*, transl. by Peter Fisher, Cambridge, 1979, pp. 69-75.

及尤瑟和彭德拉根。

尽管在萨克索的版本里巴尔德被霍德尔杀害这一中心主题被保留下来了，但是其他的一切似乎都有所变化。霍斯诺斯不是巴尔德的兄弟，而是娜娜的一个义兄。娜娜没有嫁给巴尔德，而是嫁给了霍斯诺斯。在斯诺里神话版本里属于巴尔德的一切美德和神物（如神戒）现在都是属于霍斯诺斯的，等等。手足相残的神话转变成了联盟的神话因此就意味着关于许多重要人物将要有另一种说法了。

在我们看完关于巴尔德的第三个神话版本，即《斯基尔尼尔之歌》这一版本所描述的盖尔德和弗雷尔的婚姻后，这些不同的版本之间的关系变得就愈加突出了。弗雷尔在看见盖尔德的那一刻就迷恋上了她，许多作者也都强调过巴尔德诺斯和弗雷尔在这一点上的相似性。弗雷尔派出了一名代表，并给他提供自己的神马和神剑，这就像奥丁派赫尔摩德作为代表去赫尔冥界营救巴尔德一样。在关于巴尔德的神话中，其本人没有重生，但是那枚神戒却安然返回，并且重新拥有了一次更强有力的生命。在《斯基尔尼尔之歌》里，斯基尔尼尔奉上了金苹果和德劳普尼尔金戒。尽管最初遭到了拒绝，但是根据《洛基的争论》的叙述我们可以推断出最终这些神物还是被接受了，并且这个女神来到了弗雷尔的身边。在关于巴尔德的神话里，他被一根神奇树枝变成的武器杀死并被送往赫尔冥界。而在《斯基尔尼尔之歌》中，盖尔德也是受到一根神奇的树枝的威胁，说是如果她拒绝这场求婚，她就会被送到赫尔冥界并诅咒她永远不得生育。[1] 派去赫尔冥界的任务失败了，因为尽管神戒回来了，但是巴尔德却没有被带回。而派去找盖尔德的任务却是成功的，尽管神戒

---

① Gro Steinsland, *Pagan myth in confrontation with Christianity: Skírnismál and Genesis*, Scripta Instituti Donneriani Aboensis, 1990, pp. 27-34.

和神剑没有回来，但是盖尔德却成了弗雷尔的妻子。甚至在《斯基尔尼尔之歌》中，兄弟关系也有所体现，因为盖尔德的哥哥是被弗雷尔派出的代表杀死的。[①]

这三则神话以不同的方式展现了兄弟关系和联盟关系问题。通过兄弟关系和联盟关系联系起来的一些最重要的主人公之间的关系可以用下图加以展示：

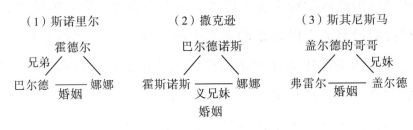

关于巴尔德神话的三种变体

所有的图示都是关于一对夫妻和另一个试图阻止甚至是破坏这场婚姻的男人。站在男性的角度，有一个兄弟被杀（1），一个情敌被杀（2），一个姻亲关系的兄长被杀（3）。从女性的角度看，有一个丈夫被杀（1），一个求婚爱慕者被杀（2），一个哥哥被杀（3）。

在第一个图示中，紧接着巴尔德死的是娜娜，最后霍德尔也被瓦利杀害。所有的主人公都是同一个部落里的成员（阿萨神族），神话讲的就是这个神族的自我毁灭。

在第二个图示中，先是巴尔德诺斯被杀，接着就是奥丁的儿子巴沃（Bo）杀死了霍斯诺斯，但是因为霍斯诺斯有个儿子，所以他的血脉就被保留了下来。巴尔德诺斯是属于另一个神族的（他是一个半神），而娜娜和霍斯诺斯不仅是人类而且是义兄妹关系。因此，他们

① Gro Steinsland, *Pagan Myth in Confrontation with Christianity*: *Skírnismál and Genesis*, Scripta Instituti Donneriani Aboensis, 1990.

的婚姻以及他们的义兄妹关系一般都是成功的。尽管男方的血脉留下了，但是霍斯诺斯还是得死，因为他要遭受血亲的报应。

在最后一个图示中，先是盖尔德的哥哥死了，接着她的父亲被杀了。因此盖尔德的男性亲属关系就被完全摧毁了，但是她的婚姻似乎是成功的。在这个故事中，我们没有发现任何复仇的迹象。一定程度上也仅仅只有第三个图示表明两个神族之间通过婚姻达成了真正的联盟。

第二个图示表明，从一方男性血脉的摧毁到与另一方男性血脉达成联盟关系并杀害其男性同胞的转变。斯诺里在《鹰铃萨迦》中主要关注王族男性血脉的内部问题，而萨克索在丹麦史诗《丹麦人的业绩》的第一章中主要关注的却是联盟问题。

联盟和战争、婚姻和死亡的对立同样体现在关于巴尔德的神话和关于尼约尔德和斯卡迪的婚姻神话的关系中。斯卡迪想嫁给巴尔德，但是却错选了尼约尔德。众神使她发笑的处境和在巴尔德神话中的众神都得为巴尔德哭泣这样一个要求是直接对立的。哭和笑尽管是两种相反的情绪，但是情绪的宣泄本身就是生活的一种体现，而如果拒绝情绪就可以被认为是一种对生活的否定。婚姻是两个不同团体建立一种社会关系进而来创造新生命的方式。

在华纳神族婚姻的两种神话里，用一个华纳神来替换巴尔德就暗示着一种死亡向新生的转变。神话的主题从死亡转向婚姻，尽管众神在巴尔德神话中是失败的，然而在华纳神话中他们却获得了成功。在斯堪的纳维亚神话中，对死亡的回应不是从死亡中逃脱而是婚姻。这样一个思想在神话结构中有很清晰的表现。巴尔德害怕死亡，结果反倒死了，盖尔德不害怕死亡而害怕不能生育，因此她结婚了。

阿萨神族是和战争相联系的（对外，对抗他们的祖先；对内，手足相残），而华纳神族是和联盟相联系的（对外，和巨人联盟；对内，兄弟姐妹们联合）。手足相残和乱伦是先于拉格纳罗克而产生的①，斯堪的纳维亚神话也很清楚地表明这些事情是众神自己所为。

拉格纳罗克决战

"拉格纳罗克"这个词的意思是众神之功勋。另一个词——拉格纳罗克尔的意思是诸神的黄昏，并且这已经成为形容世界之毁灭的一个最重要短语。② 关于这场战争更加详细的描述可以在《渥尔斯帕》和《欺骗古鲁菲》这两本书中找到，其他故事中也有所涉及。

在世界末日这一天，所有的社会纽带和物质关系都将被摧毁。连接世界各部分的世界之树——名叫伊格德拉西尔（Ygdrasil）的巨白蜡树，将会在那一天倒下；连接着阿斯加尔德和米德加尔德的比弗罗斯特桥将会被摧毁；妖魔鬼怪也将挣脱开他们的镣铐枷锁；巨狼芬里尔和守卫通往赫尔地狱入口的嘉尔姆（Garm）狼，还有洛基将会逃出来，攻击众神；北方的巨人们和南方的穆斯佩尔斯人（Muspelsons）都将卷入这次战争；奥丁将会被巨狼芬里尔杀死，但是维达尔将会为父亲报仇，杀了巨狼芬里尔；托尔杀了米德加尔德之蟒，但是最后也死于其足以致命的毒液——就在他杀死巨蟒前行了仅仅九步之后就倒地身亡了；弗雷尔与苏特（Surt）决斗，火魔和穆斯佩尔斯人的领袖决斗，提尔与嘉尔姆决斗，还有洛基与海姆达尔决斗，他们在决斗中都被对方杀死了。最后穆斯佩尔斯人将会烧毁整个世界，巨龙尼德霍格（Nidhogg）将会叼走那些尸体。然后一个新生的世界将会诞生，这个新世界将由阿萨众神的子孙们统治着（巴尔德和霍德尔讲和了，奥丁的儿子们维达尔和瓦利，托尔的儿子们玛格尼和莫迪），众旧神

---

① Benedikz et al. , *Voluspá Durham* ［etc.］：#Department of English Language and Medieval Literature,Elvet Riverside, New Elvet, Durham DH1 3JT#,1978.

② A. T. van Holten, *De dood van de Goden*, Groningen, 1977,pp. 19-22.

中仅有霍尼尔在《渥尔斯帕》中有所提及。

在拉格纳罗克决战中旧世界毁灭了。众神以及他们的敌人两败俱伤，死了。然而很重要的一点就是众神没有和他们的老敌人——巨人们开战。尽管巨人们参加了这次战斗，但是他们却不再发挥主要作用。在拉格纳罗克决战中，那些妖怪和火魔们成了众神的主要敌人，阿萨神族主要与洛基以及他的子孙米德加尔德之蟒、巨狼芬里尔战斗。对嘉尔姆的了解不是很多，可能是芬里尔的双胞胎。弗雷尔与苏特决斗，很可能是因为他与洛基及其子孙没有过争执。

尽管与怪物战斗的重要性很难评价，但是雷神杀死巨蛇和巨龙的故事在印欧神话中还是一个很著名的主题，它通常出现在神话般的过去，所以很久以前就有因陀罗杀死了巨蛇弗栗多。伊万诺夫（Ivanov）和托普洛夫（Toporov）曾经认为巨蛇并不是怪物，而是掌控水力以及雷电的神，因此猎杀蛇最初可能是犯罪的行为。关于这种说法还可以在因陀罗杀死他的同父异母的兄弟弗栗多后，罪过降临到他头上这一事件中找到依据。伊万诺夫和托普洛夫强调了蛇对宇宙的重要作用，而且很有力地证明了其与世界之树之间的联系。[1]

在拉格纳罗克决战中，狼也发挥了重要作用。有一只狼吞食了太阳和月亮，并且奥丁和提尔都是被狼杀死的。最初的狼可能也是一个比较正面的神话角色。克雷奇马尔（Kretschmar）解释说有一种说法在美洲、亚洲和欧洲广泛流传，即认为狗或者狼是最初的祖先，并且是地下世界的守护者。在斯堪的纳维亚神话和希腊神话中嘉尔姆和刻耳柏洛斯（Kerberos）是地下世界的守护者。传说中罗穆洛和瑞摩斯，

---

① V. Ivanov et V. Toporov, "Le Mythe Indo-Europeen du dieu de l'orage poursuivant le serpent: Reconstruction du schema," in Jean Pouillon et Pierre Maranda eds., *Echanges et communications Melanges offerts a Claude Levi-Strauss a l'occasion de son 60eme anniversairereunis*, The Hague/Paris, 1970, pp. 120-121.

以及吕西亚人（Lycians）都起源于狼。有一点可能很重要，那就是在拉格纳罗克决战以前蛇和狼都没有开罪于神。巨狼芬里尔被众神用一条有魔力的绳子捆住，那也是因为众神害怕它，而不是因为芬里尔得罪了神才遭受如此待遇的。尽管这些都还只是猜测，但是还是需要做更多的研究来评价这些怪物们的最初作用，而这里我们将仅限于讨论这些怪物们在拉格纳罗克决战中的重要性。

一般认为米德加尔德之蟒和巨狼芬里尔是洛基的儿子，赫尔是他的女儿，他们都是和众神对立的。在拉格纳罗克这场决战中，洛基似乎是众神对立者的领袖。

洛基的重要性引起了很多研究者的注意。德·瑞斯和杜梅兹勒都对这个黑暗而又复杂的角色有过深入研究。为什么洛基从一个神变成了众神的敌人？为什么他被锁在岩石上？斯诺里的解释是因为他杀死了巴尔德而受到惩罚。洛基试图逃避众神的复仇，变成一条鳟鱼藏在一个瀑布里。他试着猜想众神会怎样设法抓他，就发明了一张渔网。当众神接近他的藏身之处时，他迅速烧掉网并跳进溪流。克瓦西尔看见了燃烧后余烬上网的图案，马上明白了它的用途。于是众神编织了一张网，抓住了洛基。洛基的儿子纳尔菲（Narfi）和瓦利也被抓住了。阿萨神族将瓦利变成一只狼，让它把自己的兄弟纳尔菲撕成了碎片。众神用纳尔菲的肠子做成绳子把洛基绑起来，接着在洛基的头顶上方放了一条毒蛇，这样它的毒汁就会正好滴在他的脸上。洛基的妻子西吉恩（Sigyn）用一个脸盆来保护她丈夫的脸，但是每次她不得不把脸盆里的毒液倒掉时，毒蛇嘴里的毒汁就会滴到洛基脸上，令他饱受折磨，痛苦不堪，他的抽搐使得大地为之颤抖。这也被认为是地震产生的原因。[1]

---

① Snorri Sturluson, *Edda*, *Gylfaginning og Prosafortellingne av*: *Skáldskaparmál*, Utgitt av Anna Holtsmark og Jon Helgason, Kobenhavn/Olso/Stockholm, 1968.

洛基的命运使我们联想到了创造人类的普罗米修斯，他是伊阿佩托特（Iapetos）的儿子。他在献祭的习俗上捉弄了宙斯，让宙斯在两个袋子中做出选择，一个装满肉但表面却用祭祀动物的胃覆盖着，另外一个里面装满骨头但表面却用最肥的那块肉覆盖着。宙斯选择了装满骨头的袋子，这样祭祀动物的肉就留给了人类。宙斯勃然大怒，想报复他，就保留了火种没有给人类，这样人类就只能吃生肉了。普罗米修斯偷了火种，由此违抗了宙斯，父神为了惩罚普罗米修斯就把他锁在了一块岩石之上。每个白天，他的肝脏会被老鹰啄食，晚上又会自动愈合。最后，普罗米修斯被宙斯的儿子赫拉克勒斯营救。[1] 普罗米修斯是宙斯父亲的表兄弟，是阿特拉斯（Atals）和墨诺提俄斯（Menoetios）这两位巨人的兄弟，而这两位巨人在战争中选择了站在克洛诺斯一边反对众神。由此可见，普罗米修斯与献祭、人类火种的起源有关。另外一个关于火神和宙斯仇恨的事例可以在宙斯和赫菲斯托斯的关系中找到佐证。赫菲斯托斯被愤怒的父神从奥林匹斯山上扔了下去，成了个瘸子。

在印欧神话中，掌控献祭、火种和光亮的神往往都地位显赫。在印度神话中，掌管火种的阿耆尼将自己藏在水中，使之不同于因陀罗领导下的其他众神。他成为祭奠主官，因此便与火和献祭有关，他是人类和众神的中介。在《摩诃婆罗多》神话中，一个主要事件就是班度族兄弟中的长兄卡纳（Karṇa）和太阳神之子苏利耶（Sūrya）以及班度族最伟大的英雄，即因陀罗的儿子——战争及雷电之神阿朱那（Arjuna）之间的斗争。

在凯尔特神话中，卢格也是太阳和光之神。他的名字可能就是光亮的意思（如希腊语白色的意思）。他是凯尔特众神之首尤楚·欧拉

---

① H. J. Rose, *A Handbook of Greek Mythology*, London, 1978.

提那最强的对手，尤楚·欧拉提那也被称为伟大的达格达。他们之间的敌对关系还延伸到了子孙后代。

火神都是很聪明的，他们的智慧甚至是超过众神之父的。洛基在斯堪的纳维亚神话里就有着相似的地位。他的名字与 logi 一词有关，即"火"的意思。在《欺骗古鲁菲》中，有一场比赛他输给了一个名叫罗技（Logi）的人。两个人都尽量吃得最多，但是在最后，罗技连骨头和木盘都吃掉了，为此而赢得了那次比赛。[①]

洛基在另外一个可能讲述厨艺起源的神话中也发挥着重要作用。有一次，奥丁、洛基和霍尼尔想烤一头公牛，但每次当他们扒开火的时候，公牛都还没有烤熟。这时，树上来了一只老鹰，老鹰说，如果众神肯分一块肉给他，他就敢答应他们的肉马上就可以烤好。三位神同意了，当肉一烤好，老鹰就飞了下来，拿走了牛的两条大腿和肩。洛基非常生气，将一支木棒插进了老鹰的翅膀。但老鹰还是飞走了，也带走了洛基，因为洛基还握着那支木棒。那只老鹰实际上是巨人夏基，他答应可以释放洛基，除非洛基答应为他带来女神伊顿和她的青春苹果。洛基同意了，并最终遵守了约定。我们也已经知道众神迫使洛基将女神及其青春苹果带到阿斯加尔德，而追捕他的夏基最后还是被杀害了，他的女儿斯卡迪因此得到了众神的补偿。[②]

很明显夏基控制了食物的准备工作，但是现在呢？他到底是食神还是时间的掌控者呢？还是两者都是？众神可以烹煮食物，但是却以交换最好部分的肉为代价。当洛基不愿失去他那部分肉时，就

---

① Snorri Sturluson, *Edda*, *Gylfaginning og Prosafortellingne av*：*Skáldskaparmál*, Utgitt av Anna Holtsmark og Jon Helgason, Kobenhavn/Olso/Stockholm, 1968.

② Helgi Pjeturss, *Skáldskaparmál*, Àrgangur 1919, 2. Tölublað, p. 93.

不得不用女神伊顿和青春苹果作为交换。这次交换就意味着夏基控制了时间。众神舍弃了永恒的时间，不允许烹饪的过程结束，换来的是时间的流逝，这意味着食物可以煮熟，但也意味着所有的生物都会衰老。时间永恒似乎与青春苹果不相容，一个意味着长生不老，而另一个意味着时间的流逝。尽管这交换似乎是合乎逻辑的，但是众神在这场交易中是最大的受益者。他们获得了时间的流逝，使得他们能结束他们想结束的事情，然后就通过青春苹果逃避开因果。在神话中食物的准备工作经常是衡量时间的一个重要标准〔如在《吉尔伽美什》（*Gilgamesh*）史诗中面包的烘烤〕。

因此洛基似乎是与火，也可能是与厨艺有关联的。在拉格纳罗克决战中，世界被烧毁了，这也可能意味着洛基与火之间关系的结束。

奥丁和托尔，都是印欧神话中具备众神之父特征的神，也是洛基的主要敌人。关于众神之父和火神或光神之间的这种古老冲突的重要性还不是很清楚。这可能是因为火神或光神的某些权力被众神之父剥夺了，而他们之间的斗争很可能也与雷神、雨神以及火神之间的结构对立有关。

卡纳和阿朱那是兄弟关系，普罗米修斯和宙斯也是叔侄关系。根据《洛基的争论》中的描述，洛基和奥丁也是同母异父兄弟，尽管如此他们之间的敌对情绪仍然很强。莫林纳（Molenaar）指出洛基使得奥丁的儿子自相残杀，而阿萨众神也使得洛基的两个儿子瓦利和纳尔菲互相残杀。[1] 在拉格纳罗克决战中，洛基的儿子芬里尔杀死了奥丁，而芬里尔后又被奥丁的儿子维达尔杀死。洛基的另外一个儿子米德加尔德之蟒杀死托尔，而托尔就是《洛基的争论》中将洛基从艾格尔宴会中赶走的神。因此洛基的主要敌人都是为自己的儿子所杀。奥丁的

---

① H. A. Molenaar, *De sterfelijke god*, ICA Publication No. 44, Leiden,1981.

母亲是个女巨人，而洛基的父亲也是一位巨人。奥丁父亲和洛基母亲的地位不得而知。可能众神之间的敌对冲突源于父方和母方之间的血缘关系，这在莫林纳作品中有所提及。[①]

我们已经知道奥丁可能一方面在母系血统方面和伊米尔有关系，另一方面通过伊米尔和布里的兄弟关系也可看出他们之间的关系。通过各种因素的综合分析还可以推算出奥丁和洛基之间的关系。奥丁的母亲是巨人，他是巨人的后代，而洛基的父亲也是巨人。与此同时，他们俩又是结拜兄弟，这两位神之间的关系似乎是伊米尔和布里血亲关系的又一翻版，伊米尔和布里天然的血缘关系被否定，母亲的至亲被杀，结果世界被创造出来。当奥丁和洛基之间的血缘关系被否定，这就意味着整个世界的毁灭。

因此奥丁和洛基之间的战争是内部斗争，这意味着巨人后代的自我毁灭，这个结果又是宇宙的毁灭，一个新世界将会诞生，而这个世界会被阿萨众神的后代们统治。在阿萨众神向他们的父亲和兄弟们以及先辈伊米尔发动战争时，阿萨众神的儿子们也在战争中替他们的父亲报了仇。巴尔德和霍德尔妥协和好了，新神掌管新世界是作为他们父亲的合法继承人，而不是篡位。我们没有听说华纳众神相关的事情，霍尼尔曾被提到过一次，但是总的结论还是阿萨众神将会被他们的儿子们继承。

斯堪的纳维亚神话里的三场伟大的战争都是亲属之间的战争。而斯堪的纳维亚神话中的众神之战被认为就是印欧神话里两个主题的又一变体，即同盟之间的战争［如《罗摩衍那》、《伊利亚特》、罗马人和萨宾人、达纳神族和弗魔族（Fomorians）等］和兄弟之间的战争［《摩诃婆罗多》、《七帅攻城》、罗马人反对阿尔巴·罗根斯（Alba Longans）人、

---

① H. A. Molenaar, *De sterfelijke god*, ICA Publication No. 44, Leiden, 1981.

达纳神族反对弗伯格族（Firbolg）等]。另外，父亲和母亲后三代间的斗争也可以在其他的神话系列中找到痕迹（罗马王族、爱尔兰的凯尔特神话系列等）。下一章会涉及很多这样的战争和冲突，但是首先我们必须探讨这些战争中的一个争夺点，那就是神圣蜂蜜酒独一无二的所有权。

第四章　蜂蜜酒神话系列

引　言

起初，神圣的蜂蜜酒是一种由谷物和蜂蜜制成的酒精饮料，之后其他含酒精的饮料逐渐取代了它，比如印度的苏摩、希腊和意大利的葡萄酒。但在有关这些圣水的神话系列中，蜂蜜的象征性依然占有重要地位。出于方便，我们在此把所有圣水都称为"蜂蜜酒"。

一系列复杂的神话解释了蜂蜜酒的起源，并叙述了它是如何变成众神独享的圣水的过程。蜂蜜酒是与长生和智慧相关的。印度神话强调长生不死，而斯堪的纳维亚神话则侧重于智慧。通常这两者都在蜂蜜酒神话系列中占有一定分量。有时众神也拥有某种神圣的食物，这种食物与长生不老和永葆青春有关（例如斯堪的纳维亚神话中伊顿的苹果以及希腊神话中的仙露）。而在最主要的神话故事中，重点总会放在蜂蜜酒以及盛蜂蜜酒的大锅上。在这一章节中，我们对印度及斯堪的纳维亚神话系列中有关蜂蜜酒的故事进行探讨，内容将从蜂蜜酒的社会背景以及各种争夺、分享形式开始，之后进入守护它的蛇和争夺它的鸟之间的对立的讨论。

长　生　宴

1924 年，杜梅兹勒出版了《长生宴》，对有关蜂蜜酒的神话做了出色的分析。为了重新建构这一神话系列的基本模式，他从有关长生之酒起源的神话《仙露》开始探讨。《摩诃婆罗多》中提到了神圣的长生之酒。这部写于公元前 200 年至公元 200 年之间的伟大史诗包含了很多古代印度的神话。毗湿奴和湿婆在这个时期开始主导印度众神，而且这两位神在《摩诃婆罗多》中的"甘露"神话起源中占据重要地位。

那罗衍那（Nārayana，毗湿奴）曾建议梵天，提婆（神灵们）、阿修罗、檀那婆（Dānavas，魔鬼们）要搅拌整个大海，才能得到长生之酒。于是支撑世界的巨蟒阿南多（Ananda）将曼陀罗山（Mandara）连根拔起。接着，众神请求海神允许他们搅拌大海。与此同时，他们获得了龟王的协助，龟王为他们支撑起了用来搅拌海水的工具。众神以曼陀罗大山作为搅海棒，以巨蟒婆修奇（Vāsjuki）作为搅海绳来搅拌海水。在搅动大海的过程中，许多海中的生灵被夺去了生命，由于山体过热，山上的树木也都燃烧起来。因此，因陀罗唤来雨水，扑灭了大火。树木的汁液注入大海，变成了长生之酒的精华。同时，海水变成了乳汁，之后又变成净化后的黄油。

当众神感到疲惫时，毗湿奴赐予他们力量，以便继续搅拌。许多珍贵的宝贝浮出了海面：月亮、酒之女神、神马等。就在神灵们继续搅拌大海时，海中浮出一种能够摧毁整个宇宙的毒药。湿婆吞了它，将它留在自己的喉咙里。从那以后，他的喉咙就变成了蓝色。终于，长生之酒浮出了水面，它被装在一个白色容器里，由檀槃陀哩（Dhanvantari）托出海面。

阿修罗和檀那婆企图占有长生之酒，毗湿奴就将自己变成一位妙龄美女接近他们，他们把酒给了她，与她分享。然而毗湿奴不允许除神灵之外的人拥有这酒。当檀那婆罗睺混进众神中企图得到长生之酒时，太阳和月亮向毗湿奴发出了警报。于是就在罗睺喝了酒，还没来得及咽下时，毗湿奴用飞盘割下了檀那婆的头颅。罗睺的身体倒地而死，但他的头颅却得以永生。从那以后，这头颅便不停地追逐太阳和月亮，以此作为对它们报信的报复。

接着，众神与敌人间的大战便打响了，最后以众神的全面胜利而告终。阿修罗和檀那婆被打败了，因陀罗就把长生之酒交付给毗湿奴保管。[1]杜梅兹勒把这一系列神话分为四个阶段：①准备（众神召开会议、夺取大锅以及搅拌仙露）；②众神中的恶魔（一个混入众神宴会的魔鬼，随后他因此受到了惩罚）；③假新娘（一个魔鬼偷走了仙露，然后神灵假扮成一位迷人女子将其夺回）；④恶魔的毁灭。[2]

这就是杜梅兹勒的观点。他认为这四个阶段在大部分印欧神话中都存在，虽然它们不一定以相同的次序出现，也不一定出现在同一神话中。在印度的长生之酒神话系列中，第三阶段先于第二阶段出现，而在斯堪的纳维亚神话中，这四个阶段分散在几个神话里：①准备（托尔和提尔取得了装蜂蜜酒的大锅——《海米尔之歌》）；②众神中的恶魔（洛基溜进了众神的宴会并受到了他们的惩罚——《洛基的争论》）；③假新娘（托尔）的神锤被盗，于是他伪装成女神弗蕾娅［杜梅兹勒假设将神锤替换为蜂蜜酒——《斯里姆之歌》（*Thrymskvida*）］；④屠杀恶魔（托尔杀死了斯里姆和巨人们——《斯里姆之歌》）。[3]

但这种对斯堪的纳维亚神话的解读存在许多问题。一些与蜂蜜酒神话系列相关的传说并没有得以解释（例如，蜂蜜酒起源于阿萨神族与华纳神族之间的协定，以及奥丁从巨人苏通手中夺得蜂蜜酒）。关于将神锤替换为蜂蜜酒的猜想也是难以令人信服的。伊万诺夫和托普洛夫论证，在印欧神话中，雷神之锤被盗是个非常古老的话题，但要

① Wendy Doniger O'Flaherty ed. , *Hindu Myths*, Harmondsworth,1976,pp. 273-280.

② G. Dumézil, *Le festin d'immortalite*,Paris, 1924,pp. 24-25.

③ G. Dumézil, *Le festin d'immortalite*,Paris, 1924,p. 293.

把这与蜂蜜酒被盗这一更早期的神话相联系并将其替换，显然是不可能的。

杜梅兹勒认为有关蜂蜜酒的传说在大部分印欧神话中都存在。毫无疑问，这一说法是正确的。但他做出了一个不合理的假设：他把它们都归为同一个基本模式。现代结构人类学已证实，同一神话主题的不同变体可能存在于关系相近的文化中，甚至存在于同一文化里。因此在神话的结构分析中，对这些变体的探讨是至关重要的。在杜梅兹勒后期的作品中，他的兴趣开始转向对不同神话中的结构变体的解释［比如他将斯堪的纳维亚神话中的克瓦西尔传说与印度神话中的摩陀（Mada）传说做了比较］。[1] 在此我将继续讨论这一假说——分析的目的不在于将一种假设出来的“原始版本”复原，而在于解释整个变体系列。

蜂蜜酒的起源

在斯堪的纳维亚神话中，存在不同的有关蜂蜜酒起源的神话。关于众神争夺盛蜂蜜酒的大锅，在《海米尔之歌》中有相关叙述。从结构方面来看，这些叙述与其对蜂蜜酒起源的解释有不少相似点。

有一次，众神感到口渴，于是想要举办酒会。他们抽签后决定由巨人艾格尔，即海之神，为他们举办酒会。托尔找到了艾格尔，命令他安排酒会，这一要求激怒了艾格尔，他要托尔为他找来一口合适的大锅。起初众神没有找到，之后提尔告诉托尔，他的父亲海米尔拥有一口巨大的锅，于是两人前往海米尔处取锅。提尔的母亲接待了他们，并把他们藏在大锅下。

海米尔回到家时，用目光击毁了他俩藏身的柱子，但众神现身

---

① G. Dumézil, *Les dieux des Germains*, Paris, 1959, pp. 31-35.

后，海米尔又欢迎了他们。三头牛被宰杀了，为了迎合海米尔，托尔狼吞虎咽地吃了两头。故事发展到这时候，提尔从我们的视野中消失了。我们的视线被转移到了海米尔和托尔身上。海米尔认为他们应该去捕鱼，以便为次日上午准备食物。托尔表示，如果海米尔提供诱饵的话，他愿意划船，但海米尔让他自己准备诱饵。于是托尔杀死了一头巨大的黑色公牛，砍下它的脑袋作为诱饵，随后他将船划向了广阔的海洋，并令海米尔接着划，但这巨人拒绝了他。海米尔捉到一对鲸鱼，但托尔更厉害，捉到了米德加尔德之蟒，之后他以霹雳击巨蟒，使之又沉回了大海。当他们回到陆地后，托尔扛着船以及船上的物品回到海米尔家。海米尔又一次挑衅托尔，要他打碎酒杯。托尔做到了，因为海米尔的小妾建议他把酒杯扔到海米尔脑袋上——海米尔的头比玻璃还硬。之后，巨人再次向托尔发出挑战，要他把大锅从家里搬走。托尔搬了两次都以失败告终，最后一次却成功地搬走了。当海米尔和他的手下追赶上来时，托尔用霹雳杀死了他们。终于，托尔为众神带回了大锅，就这样，整个冬天众神都在艾格尔家的大厅里喝蜂蜜酒。

在许多方面，这个神话故事的结构都不够清晰。相关诗歌的文本出现相对较晚，且其中有的部分似乎存在缺陷。其中的某些句子来自其他神话中的某一部分，显得无关紧要。当神话中的许多原始的重要元素丢失时，诗歌能把它们清晰地表达出来。虽然结构上缺乏条理性，但作者还是保留了不少重要部分。

提尔和托尔这一冒险之行的目的在于取得盛蜂蜜酒的大锅。在这个故事中，提尔的消失令人费解。他本来应该在故事中占重要地位，这才与斯堪的纳维亚神话的大体模式相符合。因为这类神话中提到，巨人们被抢走了神器，最后还被众神的后代杀死。

捕鱼的目的是模糊不清的。当巨人捕到两条鲸鱼，而托尔却不得不放了他捉到的米德加尔德巨蟒，巨人似乎更胜一筹。从这一点看，似乎捕鱼也不是为了准备食物。虽然巨人一次又一次地向托尔发出挑战，但总是被托尔打败。因此很有可能捕蛇在这一神话中是暗含目的的，只是这一目的没有被保留下来。

在印度神话《摩诃婆罗多》中，我们可以找到一点线索。众神利用海洋造出了长生之酒。而在斯堪的纳维亚神话中，海洋与蜂蜜酒间的紧密联系同样得以强调，海神被迫举办了酒会（例如在《洛基的争论》中，众神的酒会就在艾格尔的大厅里举行）。在《艾尔维斯之歌》中，海洋被描述为啤酒之乡，也是制酒的预备。因此，很可能最初这次探险并不是为了获取食物，而是为了备酒。米德加尔德巨蟒所起的作用与印度神话中的巨蟒婆修奇相似。而托尔捕蛇这一举动在制酒过程中应该起到了关键作用。

无论如何，在这一神话中，巨人与众神的合作这一主题还是被保留了下来。他们相互竞争，同时一起做事，就像提婆和阿修罗在制作蜂蜜酒的过程中所做的那样。

提尔和他母亲（被描述为一个又老又丑的女妖），即巨人海米尔妻子之间的关系很好，她将他们两个藏在大锅下来保护他们。海米尔的小妾是一位年轻漂亮的女子，她为众神倒了蜂蜜酒，还向他们泄露了关于海米尔脑袋的秘密。因此海米尔不仅失去了大锅，还失去了蜂蜜酒（例如，在《海米尔之歌》34 中，巨人抱怨，他永远也不能对外人宣称那酒是为他而造的）。我们不清楚这位小妾背叛的原因，也不知道她的来历。文中并未提到她是一位女巨人，她很可能是一位与毗湿奴角色相似的女神，因为毗湿奴也背叛了阿修罗，为众神倒了蜂蜜酒。

海米尔坚硬的脑袋及其拥有破坏力的目光是巨人的重要特征，在第六章中，我们将在谈及被切断的头颅时对其进行细致探讨。现在我们将讨论另外一个蜂蜜酒起源的神话，该神话同样叙述了两派之间的斗争与合作。

这段有关蜂蜜酒起源的故事出现于《斯卡尔德斯卡帕耳姆勒》中。在阿萨神族与华纳神族达成协议并向容器中唾了口水后，创造出了克瓦西尔。克瓦西尔非常聪明，没有任何人的问题能够难倒他。他周游四方，当他来到矮人法亚拉（Fjalar）和戈拉（Galar）的宴席上时，却被他们杀死了。矮人们把他的血液滴入两个瓦罐和一个水壶。他们把这血液与蜂蜜一起搅拌，从而酿出了蜂蜜酒。之后他们告知众神，说克瓦西尔被自己的智慧憋死了。

后来矮人们把巨人吉尔林（Gilling）和他的妻子邀请到家中。他们一起去捕鱼，途中矮人们倾覆了船，淹死了吉尔林。吉尔林的妻子十分悲伤，她的抽泣惹恼了侏儒。法亚拉把她从屋子里叫出来，说让她看看大海，当她走出门时，戈拉把一块磨石砸到她的头上。吉尔林之子苏通听到了这一切后，捉住了两个侏儒，将他们扔到将被潮水淹没的孤岛上。侏儒提出用蜂蜜酒来交换他们的性命。于是双方和解了。苏通将蜂蜜酒藏了起来，并派他的女儿昆洛德去看守。

《斯卡尔德斯卡帕耳姆勒》接下来的内容是关于众神如何夺得蜂蜜酒的。有一次，奥丁出门时遇到了九个农奴。他用磨石替他们把镰刀磨锋利，于是他们想买下这磨石。奥丁说他愿意用磨石来交换一场酒会，农奴们同意了，把磨石抛向天空。在争抢中，他们被彼此的镰刀割断了喉咙。随后奥丁去找农奴们的主人，即苏通的哥哥鲍吉（Baugi）。他自称是波尔维克（Bölverk，作恶者），并表示想代替鲍吉的农奴干活，以换得一口苏通的蜂蜜酒。鲍吉说蜂蜜酒不是他的，所以没有办法给波尔维克，但他会协助波尔维克取得它。波尔维克为鲍吉效力，但苏通并不同意给波尔维克喝一口蜂蜜酒。因此，波尔维克和鲍吉一起去了藏有蜂蜜酒的那座山。波尔维克让鲍吉在山的一面钻洞。鲍吉想欺骗波尔维克，便说他已经完全把山体钻透了。然而波尔维克发现了，因为他往洞中吹了一口气，发现碎石土都飞到自己脸上，就让鲍吉继续工作直到把洞打通，然后自己变成一条大蛇钻了进去，鲍吉想刺死他，但没能成功。波尔维克找到了苏通守护蜂蜜酒的女儿昆洛德，波尔维克与她同眠了三个夜晚，得到了三口蜂蜜酒。波尔维克三口就喝完了所有的蜂蜜酒，然后变成一只鹰逃走。苏通也变成一只鹰在后面追赶。但奥丁最终安全回到了阿斯加尔德，将蜂蜜酒吐在了众神为他准备好的三个瓦罐里。然而奥丁在回来的途中丢失了一部分蜂蜜酒，这部分就为诗人们所获得了。[1]

这个神话故事由三部分组成：①克瓦西尔和蜂蜜酒的来源；②矮人与巨人之间的争执；③奥丁夺得了蜂蜜酒。

第一，阿萨神族和华纳神族向一个器皿中吐口水，以此终止了他们之间的战争。那么这一奇怪的仪式包含了什么意义呢？在蜂蜜酒的酿制过程中，口水能起到加速发酵的作用，但这里面包含了一些更为复杂的内容。要想弄清这一点，阿萨神族和华纳神族间的关系就值得研究了。这两个神族间是通过婚姻相联系的，但这一关系必须从他们与第三个群体间的联系来推测，这一群体便是巨人。在阿萨神族和华纳神族的相互联系中，他们并未交换女人，而是交换了男人。一种男人间象征性的交媾代替了男人与妻子间真正的交媾。男人们向容器中吐了口水，而这口水创造出了克瓦西尔。但克瓦西尔是个异类，他不是被生出来的，也从未结过婚，他甚至连死的方式都不同寻常：他化成了智慧和永生的蜂蜜酒。这样，我们就有了智慧与生命间的对立、交换男人与交换女人之间的对立。

---

[1] Helgi Pjeturss, *Skáldskaparmál*, Árgangur 1919, 2. Tölublað, p. 93.

第二，矮人们从克瓦西尔的血液中酿得了蜂蜜酒。整个关于矮人的情节都强调了海洋的重要性：捕鱼之行、将巨人之妻从房子里引出来的借口、苏通想要对矮人们做出的惩罚。关于捕鱼之行的目的，并没有详细的说明。而对于谋害巨人一事，也没有给出相关解释。当我们思考其他神话中海洋与蜂蜜酒间的紧密联系时，发现这很有可能是准备蜂蜜酒中最初的一部分。如果是这样，那么矮人谋杀巨人的动机就可能是想要夺走巨人与他们合作后应得的那份蜂蜜酒。无论如何，神话故事的情节发展都是按照《海米尔之歌》中的模式进行的：巨人在捕鱼之行中与他人合作，随后被他的搭档杀死。然而故事证明了矮人们是无法将由谋杀克瓦西尔所得的蜂蜜酒留下的，因为他们不得不交出蜂蜜酒，以此作为谋害巨人夫妇的赎罪品。

第三，在《斯卡尔德斯卡帕耳姆勒》中，关于奥丁给自己起波尔维克（作恶者）这样一个令人反感的假名，其原因不详。这大概与希腊英雄奥德修斯（Odysseus）的假名"没有人"的作用是相似的——奥德修斯利用此名欺骗了巨人波吕斐摩斯（Polyphemos）。因为波吕斐摩斯对其他巨人说"没有人"伤了他，所以巨人们就不再寻找他的敌人了。同样，奥丁的假名的重要性就在于，它能以同样的方式帮助奥丁甩掉敌人。根据《高人的箴言》叙述，巨人们去了哈尔（Hár）（奥丁广为人知的名字）的神殿，询问波尔维克是否混在众神中，或是否已为苏通所杀。下一节诗就是关于奥丁以所有誓言的价值之毁灭向他的指环发誓，以此骗过了苏通，但却并未说明是何种誓言。奥丁发誓，众神中没有"作恶者"，或许他认为这是合理的。当然，奥丁不仅欺骗了苏通，而且欺骗了他的女儿。《高人的箴言》中的一些诗节指出，昆洛德被神引诱，并遭到了神的不公平对待。大概是奥丁向她保证要与她结婚，可能蜂蜜酒本来是要作为结婚礼物，但奥丁一得到蜂蜜酒就违背了誓言。[①] 正是誓言的破灭使得巨人们来到了奥丁的神殿，但最终再次遭到了众神的欺骗。

奥丁为苏通的兄弟干活，但苏通拒绝分给他一口蜂蜜酒。所以，奥丁诱惑了苏通之女，得到的不仅仅是一口蜂蜜酒，而是把贮存的所有酒都带走了。

到现在，我们谈及的所有关于蜂蜜酒起源的神话都具备一些共同特点。首先，在准备蜂蜜酒的过程中，需要敌对的群体之间进行合作（比如提婆与阿修罗、阿萨神族和华纳神族、托尔与海米尔、矮人与巨人间的合作）。蜂蜜酒及盛酒的大锅的分配引发了冲突和战争。在所有事件中，最初拥有蜂蜜酒的都失去了酒，使之落入了他人之手，而众神总是最终的胜者。因此，蜂蜜酒是合作的产物，也是战争的起因。而最后，它变成了众神的专有物。

分享蜂蜜酒

在《摩诃婆罗多》中，提婆和阿修罗间的战争发生在他们造出了长生之酒后，而阿萨神族和华纳神族间的战争则发生在这之前。蜂蜜酒的制成标志着两者间战争的结束，同时促使提婆和阿修罗间战争的爆发。在《鹰铃萨迦》中，阿萨神族和华纳神族间不同的战争证实了这两个神话系列间的对立。《鹰铃萨迦》的中心主题不再是蜂蜜酒或大锅，而是砍断了的智慧的脑袋。阿萨神族和华纳神族间达成了协议（两个不同群体间的合作），并通过交换人质（用米米尔和霍尼尔交换弗雷尔和尼约尔德）来获取对智慧的掌控。他们杀死米米尔，并将他

---

① J. De Vries, *Vert*, Antwerpen, 1952, p. 27.

的头颅归还给了阿萨神族（这是阿萨神族独有的智慧）①，表象欺骗了他们自己。提婆们砍下了檀那婆的脑袋，使之升上了天空，由此保留了他们对长生之酒的独占权。华纳神族则砍下米米尔的脑袋，并将其还给阿萨众神，从此失去了对智慧的占有。这样颠倒的情节该如何解释呢？

阿修罗在印度神话中的地位与巨人在斯堪的纳维亚神话中的地位相似。在众神中，他们是提婆的祖先，也是先前世界的统治者。他们的主神是密特拉和伐楼拿。后来在因陀罗的带领下，提婆们篡夺了他们的地位。根据《梨俱吠陀》，阿耆尼、苏摩和伐楼拿参加了提婆的聚会后，阿修罗就失去了统治地位。② 通常认为阿修罗不是提婆的祖先，而是他们的堂兄弟，甚至是亲兄弟。③ 檀那婆是巨蛇弗栗多之母陀奴（Dānu）的后代，而弗栗多则是最为重要的檀那婆。这就像因陀罗是陀湿多之子一样，他们是提婆的同父异母兄弟。在印度宗教的发展中，檀那婆与阿修罗合并，最后变成了恶魔。

阿萨神族和华纳神族通过婚姻联亲。因此在《摩诃婆罗多》中，杀死父系亲属导致了蜂蜜酒的独有，而在《鹰铃萨迦》中，杀死姻亲的结果是失去了智慧的脑袋。姻亲之间的合作终止了战争，而战争又终止了父系亲属之间的合作。

根据《渥尔斯帕》，一名叫古尔维格的女子是阿萨神族和华纳神族间战争的起因。她的名字意思是"金色之饮"，因此她与蜂蜜酒和金子相关。在关于罗马与萨宾人之战的神话中，塔尔佩娅因背叛了她的人民而被杀死（由于她对金子的贪婪）。因此我们发现，罗马神话与斯堪的

① M. E. Kalinke, "Ynglinga saga," in *Scandinavian Studies*, 1978, 50(1).

② I. Gonda, *Die Religionen Indiens I und II*, Stuttgart, 1960-1963.

③ Wendy Doniger O'Flaherty, *The Origins of Evil in Hindu Mythology*, Berkeley, Los Angeles/London, 1980.

纳维亚神话中存在着相似的结构。结亲的两个群体间发起了战争，娶妻一方中的一个女子贪恋金子或者就是金色之饮本身，她在这里扮演了一个罪恶的角色，最终被嫁女一方杀死。随后，两个群体就合二为一。

杜梅兹勒将有关阿萨神族和华纳神族之战的神话与《摩诃婆罗多》中一个有趣的印度神话联系起来。他仅仅讨论了神话的最后一部分。但既然整个神话都与我们的讨论相关，那么我们就做一个简单的小结。

伟大的先知恰瓦纳（Cyavana）在湖畔苦苦修行，由于长时间保持同一个姿势，他被一个蚁冢覆盖了。国王沙尔亚提（Śaryāti）的女儿苏坎雅（Sukanyā）走进森林时，看到了蚁冢中恰瓦纳的眼睛。出于好奇，她用荆棘刺穿了他的眼睛。这一举动惹恼了先知，于是他使国王的护卫患上了严重的便秘。国王弄清了事情经过后，来到蚁冢前请求先知的宽恕。先知答应原谅他，但条件是要国王将女儿嫁给他，国王照办了。

过了一些时日，双马童看到了正在洗澡的苏坎雅。他们十分惊讶，如此年轻貌美的女子竟然嫁给了一个老圣人。于是他们向她提议，他们可以将她的丈夫变得像他们一样英俊，但条件是当他们看起来一模一样时，她得从他们三个中间挑选一个做丈夫。

苏坎雅将这一提议告诉了恰瓦纳，他答应了。双马童将恰瓦纳沉入水中，当他出来时，他已经变得同双马童一样年轻英俊了。最后苏坎雅从这三者中挑中了自己的丈夫。

恰瓦纳十分欣喜，于是他答应双马童，让他们在众神之王因陀罗前品尝长生酒。恰瓦纳为自己的岳父即国王沙尔亚提献上了贡品以示庆祝，并为双马童倒了一杯长生酒。但因陀罗干涉了此事，他威胁先知说，如果他把长生酒倒给双马童，就会遭到霹雳的攻击。在因陀罗看来，双马童一文不值，因为他们不过是医师和奴仆而已，只会用取悦凡人的方式行走于凡间。但先知还是倒出了长生酒，于是因陀罗用力将霹雳掷向了他。恰瓦纳麻痹了因陀罗的双手，同时以摩陀（酒醉、狂热、疯狂之义）为名，创造出一个强大的阿修罗。这个高大的巨人凶猛地冲向因陀罗并快要吞下他时，就好像要吞下整个世界。因陀罗屈服了，他喊道，从今以后双马童都拥有喝长生酒的权利，于是恰瓦纳放了他，并将摩陀变成了美酒、美女、骰子和猎物。①

先知得到了一个妻子，是因为这女子冒犯了他。她用荆棘刺穿了他的眼睛，因此他变成了盲人。双马童让先知返老还童，是因为他们想要占有他的妻子。后来他们的希望落空了，但先知给了他们另外的东西——长生酒。列维-斯特劳斯曾指出，我们应该把返老还童和长生不老区别开来，而在这方面，印度神话区分得很清楚。在得到永生之酒前，双马童已经拥有了返老还童的能力。

老先知拥有智慧，在印欧神话中，这通常与失去一只或两只眼睛相联系。奥丁用他的一只眼睛去换取蜂蜜酒。在希腊神话中，忒瑞西阿斯（Teiresias）因为看到了雅典娜的裸体被其变成盲人，但同时她给予了他智慧和先知的能力作为补偿。恰瓦纳以自己的妻子作为诱饵，使双马童给他青春，最终成功返老还童。但双马童没有得到妻子，而是得到了能使人长生不老的长生酒。因此我们就得出一个拥有妻子与拥有永生之间的对立，这表达了生死循环间的基本对立，也同婚姻、永生和圣水相关。

杜梅兹勒试着解释为什么摩陀是用来联合他人的工具，而克瓦西尔却是联合他人的结果。② 他的分析建立在假设克瓦西尔和摩陀间存在相似性的基础上。③ 但在这两个神话中，他们所占的结构性的地位

---

① *The Mahabharata*, transl. and ed. by J. A. B. van Buitenen, Chicago and London, Vol. I, 1950, Vol. II, 1975, pp. 122-125.

② G. Dumézil, *Loki*, Paris, 1948, pp. 102-105.

③ G. Dumézil, *Les dieux des Germains*, Paris, 1959, p. 33.

是大不一样的。与克瓦西尔不同，摩陀象征的不是智慧，而是贪婪、狂热以及他后来变成了诱发男人变得狂热的实物。他的地位似乎与罗马神话中的塔尔佩娅及斯堪的纳维亚神话中的古尔维格相似。他们都象征狂热与贪婪，也都是用来联合敌对群体的工具。一旦达到了目的，他们就被毁灭了。在印度神话中，克瓦西尔的同等人物不是摩陀，而是苏摩。因为苏摩代表圣水，而非狂热和贪婪。正如在斯堪的纳维亚神话中，克瓦西尔是一位重要的神灵一样（参照他在追捕洛基时所扮演的角色），苏摩在印度神话中占有同样的地位。

关于因陀罗与双马童的长生酒之争，印度神话中还有其他的版本。不幸的是，大部分内容都没能保存下来。虽然因陀罗威胁食乳仙人（Dadhyañc）说，如果他泄漏了蜂蜜酒或马祭的秘密，他就会被斩首。但作为阿闼婆（Ātharvan）祭司之子的食乳仙人，还是将秘密告诉了双马童。[1] 因此，身为神医的双马童给食乳仙人装了一个马头，因陀罗用霹雳砍下了他的头后，双马童又将头还给了他。在神话的几个版本中，砍下的马头都占有重要地位。因陀罗用食乳仙人的头骨杀死了恶魔。根据《桑那伽》，这头骨落入了萨尔雅那婆（Śaryaṇavat）山里的一个湖中央，它不时地升起供人许愿，就这样直到永远。[2] 从《梨俱吠陀》中，我们得知当因陀罗找到了萨尔雅那婆山中的头颅时，他们就知晓了在月亮神殿中陀湿多的奶牛的隐秘名字（《梨俱吠陀》1.84.15）。这头奶牛的乳房能够产出长生酒。[3] 可见砍下的头颅在这些神话中占有重要地位，而且它与胜利、智慧、永生相关。虽然这被

---

[1] K. F. Geldner, *Der Rig-Veda*：*aus dem Sanskrit ins Deutsche Übersetzt*, Vol. 4, Cambridge (Mass.), 1951-1957.

[2] Macdonell, *The Bṛhad-devatā attributed to Śaunaka*：*a summary of the deities and myths of the Rig-veda*, Cambridge, MA：Harvard University, 1904.

[3] Wendy Doniger O'Flaherty, *The Origins of Evil in Hindu Mythology*, Berkeley, Los Angeles/London, 1980, p. 102.

砍下的头颅通常出现在山中的湖里，但那个企图吞下太阳和月亮的檀那婆的头却飞在空中。

因一位圣者的介入，双马童得知了长生酒的秘密。恰瓦纳变成了盲人，而食乳仙人则失去了头颅。在这两种情况下，圣人的脑袋都具有一种与智慧和永生（失明与斩首）相关的象征性，而双马童使得圣人恢复了健康。

双马童与因陀罗之间存在着亲属关系。双马童是遍照者毗婆湿婆（Vivasvat）与陀湿多之女娑罗尼尤（Saranyū）的儿子。因此陀湿多之子因陀罗是双马童母亲的兄弟。双马童成功地得到了舅舅的秘密。由于陀湿多不愿把长生酒交给因陀罗，所以因陀罗从他那儿夺得了酒，并且杀死了父亲。[1] 因此，当提婆拒绝与他们的父系亲属分享长生酒时（参照提婆和阿修罗、因陀罗和陀湿多），因陀罗却不得不将长生酒分给他姐妹的儿子们。在斯堪的纳维亚神话中，我们可以看到类似的情形。

阿萨神族是巨人们的后代，他们从巨人那里夺得了蜂蜜酒和盛酒的大锅。巨人与众神间的关系颇为复杂，但大体而言，他们被认为是阿萨神族的父系及母系祖先，而阿萨神族又嫁女于华纳神族。当巨人们被认定为阿萨神族的母系祖先时，矛盾似乎就不存在了。根据《高人的箴言》，奥丁从他母亲的兄弟，即博尔索恩（Bolthorn）之子那里得到了蜂蜜酒。因此在斯堪的纳维亚神话中，蜂蜜酒是可以在母系亲属间分享的。

虽然巨人们是以父系祖先的身份出现，但他们之间的关系却是敌

---

① L. Van den Bosch, Tvastr, *Enige kanttekeningen bij de wederwaardigheden van een oude indische god* (not published) ; T. A. Vestergaard, *Social Structure of the Medieval North*, Institut for historisk, arkoeologi, Middelalder-arkoeologi, ethnografi og socialanthropologi, Moesgard Arhus Universitet, Maj, 1979.

084

对的。因此提尔之父海米尔被提尔的同伴托尔杀死。而在巨人中，父系亲属间的关系似乎也不见得更好：苏通不愿让他的兄弟鲍吉分给奥丁蜂蜜酒作为报酬，然而众神却分享了蜂蜜酒。在确认允许哪些人分享蜂蜜酒这件事上，父系亲属关系貌似成了一个决定性因素。在《洛基的争论》中，因为洛基是奥丁的结拜兄弟，所以众神勉强允许他参与了阿萨神族的酒会，但之后由于他冒犯了众神又被赶了出去。众神的这一行为使得他们付出了惨重的代价。因为洛基后来成为众神之敌的首领，并想要在众神的黄昏中毁灭整个世界。

在阿萨神族中，父系亲属间的内部矛盾的模式延伸到了分享蜂蜜酒的相关事件上。陀湿多不愿把蜂蜜酒分给儿子因陀罗，苏通则不愿分给奥丁以及自己的兄弟鲍吉。后来的事件证明了这正是他们遭到毁灭的原因。提婆和阿萨神族从不愿分享蜂蜜酒的人们手中夺得了酒。阿修罗和巨人也不愿把蜂蜜酒分给别人，因此拒绝与父系亲属分享蜂蜜酒，从而导致了一个无法挽回的结果：他们不但失去了蜂蜜酒，而且遭到了之前他们所拒绝的亲戚们的排斥。

失去蜂蜜酒的阿修罗和巨人们同时失去了他们神圣的地位。众神喝了蜂蜜酒，也正因为这样，他们才变成了神。而未能喝到蜂蜜酒者，就变成了恶魔和巨人。

虽然众神之间分享了蜂蜜酒，但他们不愿与别的群体分享它。与阿萨神族联姻的华纳神族，只得逼迫对方把蜂蜜酒分给他们。同双马童一样，他们成功了，并因此受到与众神同等的对待。阿萨神族是被迫与他人分享，而华纳神族则是出于自愿。在《鹰铃萨迦》中，他们给阿萨神族送去了克瓦西尔，然后送去了砍断的头颅。显然，父系亲属的不同群体间是无法分享蜂蜜酒的（巨人与众神、提婆与阿修罗），但母系亲属及姻亲之间却可以分享。而婚姻则是其决定性因素。一旦建立起了婚姻关系，不同群体间的分享就有了可能。

这就解释了神话中众神经常使用的诱婚：奥丁引诱了昆洛德，毗湿奴引诱了阿修罗。婚姻会使得众神分到蜂蜜酒，但神却在完婚前就带上结婚礼物逃走。提婆与阿萨族人将自己变成女人（例如《摩诃婆罗多》中的毗湿奴以及《斯里姆之歌》中的托尔），或者他们引诱敌人的女儿，或者将他们自己的某个姐妹或女儿给巨人送去（例如众神许诺将女神弗蕾娅嫁给巨人，条件是他必须在众神规定的时间内建起阿斯加尔德的堡垒）。而这样做的目的总是引诱，不是真正的婚姻。众神想要逃避责任，不愿与其他群体分享他们的特权和所有物。如果他们需要女人，那他们就去偷，因此华纳神族诱惑巨人的女儿。罗马神话中也存在与之相同的模式：罗马人偷走了萨宾女子，而不是以正常的方式与之成婚。

想要得到蜂蜜酒的话，借助女人是一个重要的方式（参照海米尔的小妾、昆洛德、毗湿奴）。同时，女人在蜂蜜酒的转移中占有重要地位，但在蜂蜜酒的制作中却没有她们的位置。从本质上来看，蜂蜜酒的制作是男人的事情，并且在男人间的仪式性的结合中，他们会采取一种象征性的拒绝婚姻的形式（《斯卡尔德斯卡帕耳姆勒》中关于华纳神族和阿萨神族的神话）。

这一社会循环的大体模式就变得清晰了：在因婚姻而联盟的两个敌对的群体间，狂热、贪婪和渴望（摩陀、古尔维格、塔尔佩娅）等是联合两者的工具，并且两者间的联合是永久性的。具有父系亲属关系的群体间起初也合作，但后来就打起了仗。两个或几个群体间的合作是为了制造蜂蜜酒（斯堪的纳维亚神话中的阿萨神族和华纳神族，可能还有巨人和众神间，以及印度神话中的提婆和阿修罗之间）。一旦造出了蜂蜜酒，存在父系亲属关系的群体间就开始互相排斥，而姻亲或母系亲戚间则分享它。因此蜂蜜酒与父系亲属间的冲突以及联盟群体间的联合相关，这也暗示了他们对婚姻本身的否定，因为在蜂蜜酒与新娘之间,众神宁可选择前者。这与永生相关,并且否定了与婚姻相关的生死循环。因此,永生本身是与生死循环相关的:它起源于谋杀,而又通过婚姻来分享。

蜂蜜酒是经过酿造(搅拌)由水而生的,或是由人类的躯体或者血液产生(通过加入蜂蜜或酒)。在后一种情况中,要准备永生的蜂蜜酒就必须杀死他人,因此这也就是生死循环的一部分。

核心的对立关系,一方面主要是婚姻之间对立,另一方面主要是父系亲属之间的战争对立,这是斯堪的纳维亚神话的特征。在关于蜂蜜酒的印度神话中也能找到这样的对立。

饮酒的诱惑

关系较近的父系亲属间不应结婚,而那些尝试这样做的人就会遭到欺骗,并失去他们的家当和性命。提婆与阿萨神族意识到了这一点,于是为了抢夺敌人们最珍贵的所有物,他们以永不实现的假婚姻来引诱对方。

众神则使用另外的诱饵,也与婚姻的诱惑有关,并且同样奏效:为了能喝到蜂蜜酒,男主人公献出了自己。很明显,从结构上来看,吃掉一个男人与被一个女人引诱是可以等同的,他们暗示着蜂蜜酒不可挽回的失去。根据《伽释迦集》(*Kāthika Samhitā*),恶魔苏斯那(Śuṣṇa)拥有蜂蜜酒,并把酒放在嘴里,因此他的呼吸能使那些在战争中被众神杀死的恶魔复活。因陀罗将自己变成一个蜜糖丸,躺在苏斯那要经过的路上。苏斯那发现了,就将它吃了下去。这时,因陀罗变成一只猎鹰,带着长生不老酒飞出了苏斯那的嘴巴。[①] 在《摩诃婆罗多》中,我们可以找到相似的主题,即关于婚姻与饮酒的计谋。

[①] Wendy Doniger O'Flaherty ed. , *Hindu Myths*, Harmondsworth,1976,pp. 280-281.

众神与恶魔们为了夺取世界统治权而争斗。众神的祭司是莺吉罗（Aṇgiras）之子毗诃跋提（Bṛhaspati），而恶魔们的祭司则是波利怙（Bhṛgu）之子太白仙人（Śukra）。两者都是造物神生主（Prajāpati）的孙子，因此他们是堂兄弟。太白仙人拥有魔力，能够使在战争中被杀死的恶魔复活。众神将毗诃跋提的儿子云发（Kacha）送去恶魔一方，让他引诱太白仙人的女儿天乘（Devayānī），以此获取她父亲的秘密。天乘爱上了云发，但恶魔们并不信任云发。他们两次把他杀死，但每次天乘都让父亲将他救活。后来，恶魔们第三次杀死了云发，并把他烧成了灰，混进了酒里。他们将这酒端给了太白仙人，让他喝了下去。随后天乘要求父亲把云发救活，但这样就意味着太白仙人自身的死亡，因为云发将从他的身体里浮出。因此，太白仙人就把起死回生的法术教给了云发。他让云发起死回生后，又让云发将自己救活了。随后，阿修罗就宣布，禁止梵天饮酒，但已经来不及了，云发已经掌握了他想要得到的法术。他在天乘身边待了一段时间后，就踏上了返程。天乘想要嫁给他，但被他拒绝了，因为他在太白仙人身体中的停留使得他与天乘变成了兄妹。天乘诅咒他的法术毫无用处，云发反驳她说，她的愿望将无法实现，也不会嫁给任何一位先知的儿子，而他将把法术教给别人，并且这法术一定奏效。[①]

　　到现在，我们已经熟悉了这个神话故事的背景：父系亲属间为了最高权力而相互争斗；男主人公夺得了起死回生的法术，但他拒绝与他所引诱的女人结婚。但这里面新添了一个重要部分：云发是由太白仙人再生的，所以现在太白仙人成了他的父母，这就使得他能够逃避与天乘结婚的责任。与克瓦西尔一样，重生的云发没有女性的血统。

---

　　① *The Mahabharata*, transl. and ed. by J. A. B. van Buitenen, Chicago and London, Vol. I, 1950, Vol. II, 1975；Wendy Doniger O'Flaherty ed. , *Hindu Myths*, Harmondsworth, 1976, pp. 288-289.

克瓦西尔的血液与蜂蜜混合，而云发的灰烬则与酒混合，云发于是代表一种酒精饮料，并且一旦恶魔喝下了云发，云发便拥有了恶魔的智慧。

因此在蜂蜜酒神话系列中，智慧来源于男人似乎就显得至关重要。在古老的主题中，男主人公被喝了下去，这对他的敌人来说，是一个灾难性的圈套。而在希腊神话中也能找到这样的主题，即狄奥尼索斯被泰坦吃掉了。

在印度神话中，蜂蜜酒起源于水（《摩诃婆罗多》），在斯堪的纳维亚神话中或许也如此（《希米尔之歌》《艾尔维斯之歌》）。众神搅拌了水（这是一个制造过程），之后水就变成了蜂蜜酒。蜂蜜酒的第二个起源是人类的躯体。这躯体被杀死或被恶魔狼吞虎咽地吃掉，然后就变成了蜂蜜酒，或是带着智慧重生。吃男人或者被女人诱惑都表示了一个时间的通道，以及生与死的循环（参照《斯卡尔德斯卡帕耳姆勒》中关于齐亚兹神话的讨论）。众神不吃人，也不与其他群体的女子结婚，但他们确实喝蜂蜜酒。

躯体与头颅间存在一个重要的对立。躯体与死亡和性象征相关，而头颅则与智慧和永生相关。那些喝了蜂蜜酒并与同伴们分享的人将这酒留在嘴里或喉咙里（参照恶魔苏斯那）。奥丁喝了蜂蜜酒，我们不清楚他是否咽了下去，但无论如何，他都能把这酒再吐出来。因此恶魔檀那婆被砍头后，仅仅他的头颅得到永生。湿婆喝了海中浮出来的毒药，但他并没有吞下去，而是将毒药停留在喉咙里，也就是自己的身体和头颅之间。

在《莲花往世书》（Padma Purāna）中，砍断的头颅这一主题在关于云发和太白仙人的各种神话故事里也占有重要地位。当牺牲者去找众神后，恶魔们想要躲进水下的地狱，但伽维亚（Kāvya。伽维亚、太白仙人是同一人，都是仙人波利怙的儿子，只在拼写上略有不同——译者注）让他们别担心，因为他拥有所有献祭用的配方和草药。后来众神开始攻打恶魔，伽维亚发现难以抵御敌方，于是想出了一个计谋。他让恶魔们放下武器，穿上树皮衣装扮成苦行者的模样，这样众神就撤退了。伽维亚找到了主神湿婆，向他请教获取全面胜利的方法。湿婆保证会给他他所要的魔力，但条件是要他苦行修炼一千年。众神听说此事后，就在毗诃跋提的率领下再次攻打恶魔，恶魔们只得带上伽维亚那拥有非凡魔力的母亲一起去避难。她对众神施了咒语，于是因陀罗被麻痹了。毗湿奴让因陀罗进入了自己的身体，还不等女神烧死众神，就用飞盘砍下了她的脑袋。伽维亚的父亲波利怙发怒了，他诅咒毗湿奴将在人间出生七次，然后将伽维亚之母救活了。

为了寻求庇护，因陀罗想出了一个计谋。他将自己的女儿阇衍提（Jayantī）送去给伽维亚，以求和解。阇衍提服侍了伽维亚一千年。当伽维亚完成了苦行修炼并得到了最高统治权，变得战无不胜后，他带上阇衍提，与她在一起生活了一百年。在此期间，两人是隐身的，没人能够看到他们。众神让毗诃跋提去将恶魔们引向歧途，毗诃跋提变成了伽维亚的模样，哄骗了恶魔们一百年。当伽维亚回来时，他们已经认不出他，他也因此遭到众魔的拒绝。伽维亚诅咒他们，将他们变成乞丐。毗诃跋提将佛教和耆那教中的左道邪说教给了恶魔们，于是他们变成了贫穷而充满迷惑的托钵僧，直到伽维亚再次把他们唤醒。①

这一神话再次描述了父系亲属间的冲突。众神让一个女子引诱了伽维亚，因她的缘故，伽维亚抛下恶魔们不顾，等他回来时，一切都太晚了。在这个神话中，伽维亚被描述为一个苦行者，而众神则被描述为武士。杀害伽维亚之母则是一种需要抵偿的罪行。很明显，伽维

---

① N. A. Deshpande, *The Padma-Purana*, Pt. 5., Delhi［etc.］: Motilal Banarsidass, 1990; Wendy Doniger O'Flaherty ed., *Hindu Myths*, Harmondsworth, 1976, pp. 290-300.

亚与母亲以及波利怙与妻子间的关系都是很不错的，因此夫妻间、母子间都是互相协作的，但父系亲属间却相互征战。

这一神话反映了一个古老的概念：在智慧方面，阿修罗（就像斯堪的纳维亚神话中的巨人们）曾经更胜一筹，但他们的智慧和永生终会被人用计夺走。

鸟 与 蛇

蜂蜜酒的夺取通常与鸟类有关。奥丁变成鹰的样子，带着蜂蜜酒逃走；因陀罗带上长生不老酒逃离时，也将自己变成了猎鹰的样子。在《摩诃婆罗多》中，一个庞大的神话系列都是关于迦楼罗（Garuḍa）夺取蜂蜜酒，而迦楼罗是一只与火焰和太阳相关的鸟。

从前有两姐妹，一个叫迦陀楼（Kadrū），一个叫毗那陀（Vinatā），她们都嫁给了仙人迦叶波（Kaśyapa）。仙人答应分别满足她俩一个请求。迦陀楼想要一千条蛇做她的儿子，而且他们都一样出色。毗那陀则想要两个儿子，这两个孩子的能力都要比迦陀楼的儿子们强。于是迦陀楼就产下了一千个蛋，毗那陀则产下了两个蛋。五百年后，迦陀楼的儿子们破壳而出。毗那陀不耐烦了，于是就打开了一个蛋。这个蛋里是她的儿子阿鲁诺（Aruṇa），象征红色的曙光。由于她过早地打开了蛋，因此阿鲁诺是畸形的。于是阿鲁诺诅咒毗那陀给她姐姐当五百年奴隶，直到阿鲁诺的兄弟孵化出来，阿鲁诺才来解救她。随后，阿鲁诺便飞走了。

在搅拌大海制作长生不老酒时，海中升起了一匹神马，于是毗那陀与迦陀楼打赌，猜神马的尾巴是黑色还是白色。她们商量好，输者将成为赢者的奴隶。迦陀楼想欺骗妹妹，于是就让她的儿子们变成黑色毛发，然后插进白马的尾巴。儿子们拒绝了她的要求，她便诅咒他们将会在镇群王（Janamejaya）的大蛇祭中被烧死。蛇只好照办了，这样，毗那陀就成了姐姐的奴隶。

当大鹏鸟迦楼罗出生时，他发现自己和母亲都是奴隶。蛇告诉他，如果他把长生不老酒给他们带来，那么他们就给他自由。迦楼罗的母亲告诉他到哪里去觅食，但警告他不要吃梵天。有一次，他无意中吞下了一个梵天和他的妻子，但他放了他们。由于他找不到足够的食物，于是父亲便让他去把一只巨龟和一头巨象吃掉。因为这只巨龟和这头巨象曾是满怀嫉妒和贪婪的兄弟，总是不停地打架。大鹏鸟抓住他们，带着猎物飞上了一棵巨树，然后站在一根巨大的树枝上（树的大小暗示了这就是世界树）。树枝断了，于是大鹏鸟只好飞行很长时间，以便在山里找到一个能让他安全落脚的地方。

后来他来到守护长生酒的神灵处，打败了他们。他越过了保护长生不老酒的铁轮，这铁轮快速旋转，上面装有磨石边和锋利的刀刃。旁边的守护蛇能以目光将敌人变成灰烬，迦楼罗将灰朝守护蛇的眼睛撒去，然后杀死了他们。他带上长生酒飞走了。因陀罗以霹雳击他，却毫无用处。

创造这只鸟明显就是为了羞辱因陀罗。迦楼罗没有受伤，但却与因陀罗讲和了，众神之王给了他蛇作为食物，于是他向因陀罗保证，他一将长生酒放下，因陀罗立即就可以把它再偷回来。随后，他就飞回了蛇那里，用长生酒换回了母亲。在准备喝长生酒前，蛇先去洗了个澡，回来后就发现长生酒不见了，而酒正是被因陀罗偷走了。蛇舔到了尖利的草叶，所以舌头变成了分叉的，而这些草因为接触到了长生不老酒，也变得洁净了。从那以后，这只鸟就在森林里快乐地飞翔。[①]

---

① *The Mahabharata*, transl. and ed. by J. A. B. van Buitenen, Chicago and London, Vol. I, 1950, Vol. II, 1975, pp. 14-30.

在《摩诃婆罗多》中，关于解决生死及永生问题的神话系列故事很长，而这只是其中的一部分。同时，它讨论了许多其他的问题（例如大鹏鸟迦楼罗是怎样变成毗湿奴的坐骑），不过在我们的总结中，这些问题被省略了。

蛇与鸟之间的对立非常清晰，这是印欧神话中最古老的主题之一。鸟与火、太阳、阿耆尼神相关，它是毗湿奴的坐骑，而毗湿奴也与火有关。蛇则与智慧、水和冥界联系在一起。每当因陀罗降雨时，蛇都会感到高兴。①

斯堪的纳维亚神话中，有一只鹰栖在世界之树的枝干上，而一条蛇则在吃这棵树的树根。一旦树根被吃光，树就会倒下，整个世界将会毁灭。鹰努力拖延这个过程，而一只松鼠则在树上蹿上跳下，为蛇和鹰充当信使，以转告他们对对方的辱骂。②

对立还可以通过变化的形式来表达。《斯卡尔德斯卡帕耳姆勒2》中，奥丁变成一条蛇钻进了山里（冥界），然后变成鹰带着蜂蜜酒逃走，飞向天空（人间）。关于类似的变化，德蒂安对《阿多尼斯的花园》中的希腊神话进行了分析。凤凰是太阳之鸟，他将自己燃烧后，灰烬中长出了小蛇或蠕虫，这蛇或虫最终将变成一只新的凤凰。③

在希腊神话中，蛇与生死相联系。蛇神奥菲翁（Ophion）就曾统治世界。④ 宙斯与女子交媾时，有时会将自己变成一条蛇［例如当他与珀耳塞福涅（Persephone）生狄奥尼索斯时］，且一般情况下，这

---

① *The Mahabharata*, transl. and ed. by J. A. B. van Buitenen, Chicago and London, Vol. I, 1950, Vol. II, 1975.

② Snorri Sturluson, *Edda*, *Gylfaginning og Prosafortellingne av*: *Skáldskaparmál*, Utgitt av Anna Holtsmark og Jon Helgason, Kobenhavn/Olso/Stockholm, 1968.

③ Marcel Detienne, *Les Jardins d'Adonis*: *La Mythologie des arcmates en Grece*, Paris, 1972.

④ Apollonius Rhodius, *Argonautica*, Cambridge (Mass.)/London, 1912; J. J. Bachofen, *Das Mutterrecht*, Stuttgart, 1861, pp. 496-505.

蛇都具有冥府的特征。珀耳塞福涅因被蛇咬伤而死去。因此，蛇与生死相关。普罗米修斯从神灵处盗火，因此受到一只鹰的折磨，直到赫拉克勒斯放了他。鸟似乎与永生和超越生死联系在一起，而蛇则与生死过程本身相关。迦楼罗将其母从奴役中解救出来，而做奴隶可能很好地表现了冥界的死亡领域。蛇守护着长生不老酒，因此人们一直受到生死循环的约束。蛇的目光是致命的，但迦楼罗最终还是打败了他们，赢得了永生。因此，蛇是永生和智慧的守护者，而鸟则是夺取者。

闪米特神话（Semitic）中也存在相同的关于一对鹰蛇的故事。记载埃塔纳（Etana）的阿卡德（Akkadtan）神话是有关鹰和蛇曾经怎样成为朋友的。鹰欺骗了蛇，并杀了蛇的孩子。蛇在一个坑里捉到了鹰，并把他囚禁在坑里。埃塔纳放了鹰，由于埃塔纳没有孩子，所以鹰带他去天堂摘取生育草，以此作为回报。[①] 伊甸园中的蛇引诱人类吃下了智慧之树上的果实，这使得人类不再长生，从此受到生死循环的束缚。在希伯来语中，"Jada"一词是"知道"及"性交"之意，因此智慧树很明显是表达了一种有关生殖天性的智慧。亚当和夏娃在吃了禁果后做的第一件事就是给自己穿上衣服，并且有了人的文化存在性。

闪米特神话中，智慧与性交之间的联系是普遍存在的。因此在解决死亡问题的史诗《吉尔伽美什》里，艾巴尼（Eabani）也是通过与一个庙妓性交后才获得了知识。吉尔伽美什是一位伟大的国王和英雄，他一直在寻求长生。虽然他没能得以长生，但他得到了一株能够使人返老还童的植物。但在他洗澡时，蛇偷走了这株植物（在关于迦楼罗的印度神话中，情况是相反的：蛇丢失了长生之饮，因为因陀罗

---

① J. Pritchard ed., *Ancient Near Eastern Texts*, Princeton University Press, 1955, pp. 114-118.

趁他们洗澡时偷走了它）。在闪米特神话与印欧神话中，蛇通常都与水、智慧和生死相关联，而鹰则与天空和火有关。鹰和蛇分别象征的意义以及他们间相互的对立很可能始于远古。印欧神话与闪米特神话在结构上有许多相关的地方［参照关于诸神间的战争，众神杀死初生的蛇的主题：利维坦（Leviathan）、弗栗多等］，并且这在两大语系的关系间产生了有趣的问题，鲍姆哈特（Bomhard）用语言学的观点论证了这两大语系间的紧密联系。①

在印欧神话中，火通常是由水而生（参照阿耆尼）并藏在水里的（参照洛基和阿耆尼），而且水和火都与出生和重生相关。我们能找到许多关于用火烧孩子或将孩子浸入水中以使之永生的例子。伊万诺夫和托普洛夫认为，蛇先于雷神掌管水和雨，而这就解释了为什么互为敌人的蛇与雷神有那么多的共同点。②

父神或雷神，以及他与火相关的竞争对手，通常有父系关系（参照奥丁和洛基是结拜兄弟，宙斯和普罗米修斯是叔侄关系）。与火相关的迦楼罗和与水相关的蛇是同父异母兄弟，他们的母亲不同，但拥有同一个父亲。故事强调了父系亲属间的冲突，同时强调迦罗楼对母亲的忠诚，他夺回了长生酒，将母亲从姨母的奴役下解救了出来。因此这一神话同样表现了父系亲属间消极的战争关系以及母系亲属间积极的、相互分担的关系，这在大多数关于蜂蜜酒的印欧神话中都是存在的。

① Allan-R. Bomhard, "The I. E. semitic hypothesis re-examined," in *The Journal of Indo-European Studies*, Vol. 5, No. 1, 1977, pp.55-99.

② V. Ivanov et V. Toporov, "Le Mythe Indo-Europeen du dieu de l'orage poursuivant le serpent: Reconstruction du schema," in Jean Pouillon et Pierre Maranda eds., *Echanges et communications Melanges offerts a Claude Levi-Strauss a I'occasion de son 60eme anniversairereunis*, The Hague/Paris, 1970.

第五章　神奇的魔锅

引　言

在印度神话和斯堪的纳维亚神话中，象征智慧和永生的蜂蜜酒是人们最盼望得到的神物，不过更让人渴望的是一种可以让人返老还童或者让死于战争中的战士重新复活的替代物。在印度神话里，蜂蜜酒的地位被陀湿多的奶牛代替，因为那头奶牛能产出长生酒。苏斯那的神话主要是关于战死将士的复活，但是它保留了蜂蜜酒的部分内容，复活恶魔的蜂蜜酒被苏斯那储存在嘴里。在云发的传说里，虽然太白仙人喝的酒很明显保留了酒精的特征，但是，死人复活的魔法还是完全取代了蜂蜜酒的作用。在斯堪的纳维亚神话中，锅取代了蜂蜜酒。伊顿青春苹果的丢失及失而复得的故事也只不过是蜂蜜酒神话的另一种形式罢了。

并非所有的印欧神话都能明确找到。在许多情况下，智慧和永生与其他一些神器联系在一起，比如说恢复青春的金苹果和拯救战死将士的大锅，等等。在本章里，我们将研究凯尔特神话里蜂蜜酒系列的对应物，即在凯尔特神话中，替换蜂蜜酒的其他具有同等法力的神物。这些关于取代蜂蜜酒的神物的神话，乍看之下差异很大，但是，所有的神话都以一种社会编码处理生与死的问题，从结构上来看，这种社会编码是和印度神话以及斯堪的纳维亚神话中蜂蜜酒的社会编码保持一致的。在凯尔特神话里，与富饶和生命有关的大锅代替了蜂蜜酒。而在爱尔兰神话里，尤楚·欧拉提那占有了这口大锅。Eochu 这个单词可能和词根 ekou，即马有些关联，而 Ollathair 的意思是众神之父。这一点使我们想到了印度神话里关于长生酒和长有马头的太阳神之子双马童之间的联系。据德·瑞斯的观点，马总是和太阳及有马匹拉着的太阳战车联系到一起。马也总能与战争和王权相关联（比如印度教的马祭）。而且，在过去，骑马往往是贵族的特权。尤楚·欧拉提那是达纳神族的国王（爱尔兰神），也是后世很多国王的祖先。每个人都对尤楚·欧拉提那的大锅充满向往。[①]

伟大的达格达，又即善神，人们常称之为尤楚·欧拉提那，因他的大胃口而广为人知。一次他被迫接受众神的敌人弗魔族的考验。他们挖了一个巨大的洞，里面装满从巨人那里拿来的一锅稀饭。他们要求达格达把粥全部喝光。达格达忍受着巨痛，喝光了那锅粥。他用力撑着大坑的两边，肚子凸得像一口大锅。然后，伟大的达格达就拖着他的魔法大棒，在弗魔族大肆谩骂中走了出去（《第二次摩伊图拉战争》）。这个故事很有可能是爱尔兰神获得蜂蜜酒故事的变体。很明显，达格达可以使人复活。他一挥大棒打死了一些人，然后再用大棒的另一端把他们救活。

神圣铁匠戈依布尼乌（Goibniu）和蜂蜜酒还有另外一个故事。他为众神准备了能够保护他们不受伤害的饮品。正如在希腊神话里，赫菲斯托斯为众神献上美酒一样，蜂蜜酒和与神奇魔锅相关的铁匠之间也有一种联系。大锅是用锻铁或者铜制造而成，里面装着蜂蜜酒，大锅自身也成了生命和不朽的来源。

海神玛那南（Manannan）管理着长生乐土。他拥有两头产奶的奶

---

① R. A. Stewart Macalister ed. , *Lebor Gabala Erenn*: *The Book of the Taking of Ireland IV*, Dublin, 1941.

牛（像是陀湿多的奶牛）和一口总是满满的大锅。他给众神提供猪肉，并且这些猪一被吃完就会立即再长出来。在斯堪的纳维亚神话里，也可以找到相似的猪，奥丁的恩赫嘉尔（Einherjar），喝了蜂蜜酒，还吃了那头可以自己再生的野猪撒赫列姆尼尔（Saehrimnir）。[①]像斯堪的纳维亚的海神艾格尔一样，玛那南请众神吃长寿盛宴，这样一来，他们就都不会变老了。[②]在布隆（Brân）之行中，海神的领域被描绘成一片幸福而富饶的土地，坐落在海洋的底部或者一个遥远的岛上，有河流为他们带去成批的蜂蜜。这里长着一片神奇的树林：

> 这片林子，花团锦簇，硕果累累。
>
> 到处弥漫着葡萄的芳香。
>
> 这片林子，没有腐烂，完美无瑕。
>
> 地上满是金色的落叶。[③]

在寻求永生和重返青春的神话故事里总是会有海上旅途。布隆之旅、麦克顿（Mac Dun）之行等都有关于长生乐土和永生岛的描述，在那里，满是金苹果和盛满葡萄酒的河流。

特瑞尔·比克里欧的儿子们

最有名的神话之一就是关于特瑞尔·比克里欧（Tuirill Biccreo，爱尔兰神话中雷霆之神——译者注）的儿子们完成任务的神话故事。布兰恩（Brian）、卢卡尔（Iuchar）、卢卡巴（Iucharba）都是特瑞尔·比克里欧和女神达娜（Dana）的儿子，女神达娜把她的名字给了达纳神族（女神达娜的子民）。这三兄弟杀了神医迪安·森特（Dian Cecht）的儿子凯恩（Cian），伟大的神卢格的父亲。凯恩和特瑞尔·比克里欧的儿子们还是亲

① J. De Vries, *Altgermanische Religionsgeschichte I und II*, Berlin, I, 1956, II, 1970, p. 379.

② C. Squire, *Celtic Myth and Legend: Poetry and Romance*, New York, 1979.

③ C. Squire, *Celtic Myth and Legend: Poetry and Romance*, New York, 1979.

戚，特瑞尔·比克里欧的母亲是迪安·森特的女儿埃坦（Etan），他治好了特瑞尔·比克里欧得的一种罕见的疾病。[①]由此可见，特瑞尔·比克里欧的外祖父给了他生命。这样就符合我们之前已证明的模式。蜂蜜酒和永生等这些东西在母系亲属里是可以共享的。

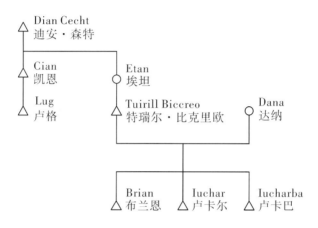

特瑞尔·比克里欧的儿子们

然而，特瑞尔·比克里欧的儿子们杀死了他们奶奶的兄弟，这是个很严重的罪行，以至于大地拒绝接收凯恩的尸体，并且六次把他退还给了这三兄弟。在第七次的时候，这三兄弟终于把凯恩的尸体埋了，但是，当卢格经过父亲凯恩被埋葬的地方时，盖住凯恩尸体的石头把这件事情告诉了他。卢格要求处罚他们。卢格的父亲死前曾试图逃亡，把自己变成了一只猪并且藏在兽群之中。于是，布兰恩兄弟三人就都变成了狗，一路追杀他。在杀死他之前，他们兄弟三人允许他再变回原来的样子死去。结果，他们三个不得不按照人的标准，而不是猪的标准来付出大笔赔偿。而卢格想要的一系列神物都是与重返青

① R. A. Stewart Macalister ed. , *Lebor Gabala Erenn*：*The Book of the Taking of Ireland* IV, Dublin, 1941.

春和永生相关的。物品如下：

1．三个金色甘甜的苹果。这些苹果，可以治愈所有伤口，治愈一切疾病，满足各种愿望，并且它们长在东方太阳升起的一个花园里（或者根据《爱尔兰之书》Ⅶ 319，在大海下面）。

2．一张猪皮。它可以治愈所有伤口，治愈各种疾病，还可以把水变成酒。

3．一只神奇的长矛。它永远不会错过任何目标，并且在战争中可以随时召回。

4．六只猪。一旦吃完后，它们就立马再活过来。

5．一只猎犬。它可以抓住任何能看到的东西（据《爱尔兰之书》中的描述，这只猎狗可以把水变成酒。白天的时候，它是一只羊；晚上的时候，它会变成一只猎狗）。

6．一把藏在大海底部的神奇的叉子。

最后，兄弟三人不得不在山上大喊三次帏查恩（Miodchaoin）和他三个儿子的名字。这很危险的，因为帏查恩和他的儿子们，曾经发誓要杀死任何冲他们大喊的人。

这三兄弟成功地获得了这些神物。他们履行第一个任务的故事就是由远古神话中众神获得蜂蜜酒演变来的。他们把自己变成鹰去捕获那些苹果（比如说因陀罗为了找到仙露幻化成猎鹰的模样，以及奥丁找到蜂蜜酒后变成鹰的模样）。卢格用神奇的方式使他们忘记了最后一个任务，所以他们没有完成最后一场战争就把那些神物带回来给了卢格。然后，卢格提醒他们，别忘记了他们还要去帏查恩山上打一仗。于是他们就去了那座危险的山上，大喊三声，在接下来的战斗中受到了致命的伤害。他们的父亲祈求卢格用神奇的猪皮救救他的儿子们，但是卢格拒绝救治他们，所以，特瑞尔·比克里欧的儿子们都死了。

在《爱尔兰之书》里的一首诗里，最终以卢格的死亡而结束。他死在了科迈特·科姆（Cermat Coem）的三个儿子马克·丘伊（Mac Cuil）、马克·西特（Mac Cecht）、马克·格勒（Mac Greine）手上。卢格的妻子和科迈特·科姆一起背叛了他。因此，卢格杀死了他的对手。可是，科迈特被他的父亲达格达救活了，而卢格则死在了马克·丘伊的长矛之下。[①] 科迈特·科姆的儿子们和特瑞尔·比克里欧的儿子们是表亲关系。特瑞尔·比克里欧是达格达弟弟奥格玛的儿子。

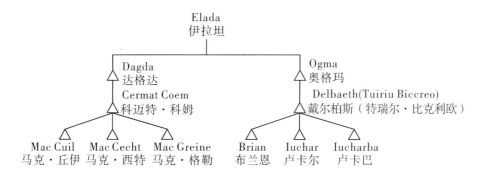

麦科特的儿子们和戴尔柏斯的儿子们

奥格玛和达格达是弗魔族王伊拉坦的儿子。尽管迪安·森特的女儿埃坦是特瑞尔·比克里欧的母亲，但卢格家族和埃坦家族后人的关系很紧张。他们之间的同盟关系被特瑞尔·比克里欧的儿子们破坏殆尽。特瑞尔·比克里欧的儿子们杀害了凯恩，而凯恩是他们奶奶即埃坦的兄弟。特瑞尔·比克里欧的三个儿子在为凯恩赔偿的过程中也葬送了性命。科迈特·科姆因企图瓦解卢格的婚姻而被杀死，后又被复活，但科迈特·科姆的儿子后来将卢格杀害。

一系列的神话故事都围绕姻亲关系双方之间的相互残害展开。这些神话悲剧性的结束并非偶然。结盟双方相互残害是凯尔特神话中争

---

① Aiwyn Rees and Brinley Rees, *Celtic Heritage*, London, 1976.

夺大锅故事的结构特点，正如下列神话证实的那样。

库·罗伊·麦科黛尔之死

阿尔斯特的国王康纳尔（Conchobar）有一个女儿叫布来瑟（Blāthine），她爱上了魔法师库·罗伊·麦科黛尔（Cu Roi Mac Daire），但是她被因德·伊贝尔（Echde Echbēl）给抓走了。因德拥有三头神奇的奶牛，它们过去常常游过大海去阿尔斯特的牧场上吃草。每天，它们都把那口它们叫小牛犊的神奇魔锅装满牛奶。

阿尔斯特人曾经试图去捕获这些奶牛，但是在因德的塔前遭到痛击而返回。后来，库丘林乘小船到达因德，与他同行的还有一个年轻人，这个年轻人，就是魔法师库·罗伊·麦科黛尔假扮的。他们走到因德的塔前并且受到了热烈的欢迎。三天之后，趁着主人睡觉的时候，他们和布来瑟带着奶牛还有大锅一起逃跑了。因德·伊贝尔下令追捕他们。阿尔斯特人向假扮的魔法师承诺说，只要他把他们从因德这里救出去，他们就会把美女、奶牛还有大锅都给他，所以，这个假扮的魔法师就从船上跳下来，把因德杀死了。

当他们到达阿尔斯特的时候，阿尔斯特人对这个年轻人提出一个要求，那就是他们拥有美女、奶牛还有大锅一年，魔法师同意了。第一年过去了，这个魔法师又同意他们再留一年。在第三个年底的时候，阿尔斯特人拒绝把美女、奶牛还有大锅还给他。魔法师决定拿回这些东西自己享用，因此引来库丘林的追杀。库丘林连续四次都从那个年轻人拿的大锅的把手上跳过去。每次，他被甩下来的时候，身体都会陷进地里面无法动弹。于是，这个年轻人就把奶牛带到了库·罗伊·麦科黛尔城堡。奶牛流出的乳液里长出了波伊娜（Bō-Eirne）这株植物。

库·罗伊·麦科黛尔的诗人弗楚特纳（Ferchertne）来到了阿尔

斯特并且吹嘘说，他的主人已经超过了阿尔斯特人，因为他拥有了那三头奶牛。阿尔斯特人于是知道了那个年轻人的真实身份。库丘林假扮成一个乞丐，进入库·罗伊·麦科黛尔要塞。他说服布来瑟背叛她的丈夫。布莱瑟对库丘林说，库·罗伊·麦科黛尔的灵魂装在一个金苹果里面，这个金苹果藏在一只鲑鱼的身体里面，这只鲑鱼每七年都会来到附近的水源处，只有库·罗伊·麦科黛尔自己的剑才能刺死他。带着这个消息，在七年之后，库丘林抓住了那只鲑鱼。

阿尔斯特人在库·罗伊·麦科黛尔的要塞口攻击了库·罗伊·麦科黛尔，因为他丢失了自己的剑，所以只好用石头来保护自己。很有可能是布来瑟偷了他的剑，然后库丘林用剑摧毁库·罗伊·麦科黛尔的灵魂。库·罗伊·麦科黛尔受到了致命的伤害，被库丘林杀死了。他临终恨言：千万不要再相信女人。他的马夫——卢克·魔（Luach Mōr）为他报仇，刺杀康纳尔的儿子科普里（Coipre），最后，与科普里同归于尽。诗人弗楚特纳杀死了布来瑟，然后又被阿尔斯特人杀死。他们两个都葬在香农的入口处。[①]

这个神话把三头奶牛和大锅联系到一起，使人们想起了印欧神话里的一个古老的传统。在印度神话里，人们认为长生酒来自陀湿多奶牛的乳房。争夺大锅和奶牛其实就是争夺蜂蜜酒。库·罗伊·麦科黛尔通常和海联系到一起，在爱尔兰神话里，他掌握了永生的方法。在布里克里乌（Bricriu）盛宴的神话故事里，他以一个陌生人的身份出现了，并向阿尔斯特的众位英雄挑衅，砍下了自己的脑袋。当他的脑袋真的被砍下后，他把自己的脑袋夹在腋下走了。到了第二天，他竟然

---

① R. Thurneysen, *Die Irischen Helden-und Konigsage bis zum siebzehnten Jahrhundert*, Halle (Saale), 1921, pp. 431- 435.

毫发无伤，完好无损。① 第一个拥有大锅的人（因德·伊贝尔）长着一个和马很像的头。我们可以把他和尤楚·欧拉提那联系到一起。这个神话很明显是《海米尔之歌》的一个变体。两方合作从第三方手中抢走了大锅，然后就是关于如何分割的纠纷和争执。正如在海米尔神话里一样，大锅的拥有者被一个女人背叛了。但是，在那个神话里，巨人和提尔神是父子关系。而在这个故事中，库·罗伊·麦科黛尔因为与布来瑟的婚姻而与阿尔斯特的国王产生联系。布来瑟的背叛导致了她丈夫的死亡。然而也有人为库·罗伊·麦科黛尔的死而报仇了。所以，康纳尔不但失去了他的女婿，还失去了他的儿子和女儿。婚姻的破裂导致了彼此的毁灭。年轻的一代被杀光了。年长的一代（阿尔斯特的国王）从年轻一代手中（女婿库·罗伊·麦科黛尔）夺得了大锅。联盟之间的相互破坏和毁灭的主题，在《马比诺吉昂》这些威尔士神话的变体中体现得更为明显。

《马比诺吉昂》的第二个分支

在威尔士神话里，神奇的魔锅占据着至关紧要的地位。在《阿农（Annwn，指冥界）的毁灭》这首威尔士诗歌里面，亚瑟和他的随从来到冥界想要夺得那口可以给人希望和诗意的魔锅。最终，在几近牺牲了所有随从的性命后，亚瑟才得到那口锅。②

《马比诺吉昂》的第二个分支里面也有一口用于复活战亡将士的魔锅，出现在里尔（Llŷr）的女儿布隆温（Branwen）的故事里。

有一次，强大岛（不列颠）的国王巨人布隆，也就是里尔的儿子，坐在一块大石上望着大海，和他一起的还有他的弟弟马南唯登

---

① G. Gantz ed. , *Early Irish Myths and Sagas*, Harmondsworth, 1981, pp. 251-252.

② C. Squire, *Celtic Myth and Legend*: *Poetry and Romance*, New York, 1979, p. 317.

（Manawydan，也就是威尔士的玛那南）。马南唯登也是里尔的儿子。另外还有两个是布隆同母异父的兄弟尼斯音（Nissyen）和艾文尼斯音（Evnissyen）。尼斯音能让人们之间和谐相处，而艾文尼斯音会让两个情同手足的兄弟互相残杀。

爱尔兰国王马瑟尔奇（Mallolwch）的船队靠到了岸边，布隆邀请他上岸来，可是马瑟尔奇却要求布隆把妹妹嫁给他，否则他不上岸。布隆邀请他岸边商议婚事，此事也就定下来了。他们支帐篷宴请宾客，因为布隆太高大了没有办法进入房子里面，晚饭之后马瑟尔奇就和布隆温一同就寝。

因为事先没有人找艾文尼斯音商量结婚的相关事情，他感到非常生气，于是就弄伤了马瑟尔奇的马群。马瑟尔奇知道后出奇地震怒，决定马上离开那里。当布隆知道了艾文尼斯音的冒犯之后，他主动提出要给马瑟尔奇换优良的马匹和金银作为补偿。马瑟尔奇最终接受了他的补偿，但是却忧郁沮丧，默默无言，所以布隆又给他一口魔锅。在战争中死去的人，一旦被投进魔锅，第二天就可以重新走上战场。

马瑟尔奇对这口魔锅非常满意，于是就问起了布隆是如何得到它的。布隆说他是从一对夫妇那里得来的，这对夫妇是从爱尔兰逃出来的。他非常惊奇马瑟尔奇竟然不知道这件事情。马瑟尔奇告诉布隆说他知道这对夫妇：一个表情邪恶、体型庞大的男人和一个更高大的女人。他当初遇到他们的时候，他们的儿子再有一个月十四天就要出生了，可是他们仍然全副武装。马瑟尔奇养了他们一年，但是他们却扰乱他的子民，很让人讨厌。于是爱尔兰人就很想要摆脱他们，可是又不敢公开和他们打仗。这对夫妇和他们的孩子住在一个很特殊的房子里面，由当地人提供吃喝的东西。于是当他们喝醉的时候人们从外面点燃火把，烧了这个房子。等房子烧到白热化的时候，这对夫妇破墙而出，逃走了。布隆告诉马瑟尔奇，他们后来就到了布隆的王国。这个王国非常繁华，并且配备了最好的武器和将士。

盛宴之后，马瑟尔奇和布隆温就带领着十三支大船动身回爱尔兰。布隆温给爱尔兰所有的贵族带了丰厚的礼物，她也受到了极大的尊重。后来她怀孕了，生下了一个儿子叫葛威恩（Gwern）。

然而在第二年年底的时候，关于受艾文尼斯音侮辱的风言风语再次传播开来。最终马瑟尔奇决定通过布隆温进行报复。布隆温被丈夫从床上赶了下来，还必须要为宫廷做饭，每天还要受到屠夫的一顿毒打。爱尔兰与威尔士的交通完全被阻断了，以免这个消息传到布隆的耳朵里。

三年过去了，布隆温训练出了一只琼鸟，她把一封信绑在鸟的翅膀上，派它去了强大岛。当布隆收到他妹妹受虐待的消息时，他就带大军前往爱尔兰，把强大岛留给了他的儿子卡罗丹（Caradawg）治理，辅以六位良吏。他背着弦乐师，涉水蹚过了大海。

马瑟尔奇接到了猪倌的报信，说他看到一大片森林和一座大山正通过大海靠近爱尔兰。布隆温告诉马瑟尔奇说那片森林是大船的船桅和船桁。那座大山是他的哥哥布隆。

爱尔兰人决定撤退到菲河（Liffey）的另一边并拆毁河上的桥。布隆就躺在河里让他的士兵从他的背上走过去。于是爱尔兰人开始恳求和平解决问题。如果布隆愿意为马瑟尔奇留下部分的供给，马瑟尔奇将会把他的王位传给葛威恩，也就是布隆温的儿子。但是布隆仍不满意。爱尔兰人提议说，他们将修建一所可以住下布隆的房子。房子的一半可以住爱尔兰人，另一半可以住强大岛的人。王权由布隆支配，人民都属于布隆。布隆温求布隆接受这个条件，因为她担心如果不接受，那么这片土地就要荒废了。

然而，大房子有一百根房柱，爱尔兰人在每个房柱上都安上一个桩。每个桩上都有一个袋子，里面有一个带着兵器的人。当艾文尼斯音走进房子的时候，他问袋子里面装了什么，爱尔兰人告诉他说是面粉。艾文尼斯音就用他力大无比的手捏了每个袋子，捏死了里面的士兵。

　　双方的人马都进入了房子，葛威恩也被授予了王位。布隆、马南唯登和尼斯音都要葛威恩走到他们身边去，这时候，艾文尼斯音一脚把葛威恩踢到了火里。布隆温随后也要跳进火堆，但是布隆一只手拦住了她，另一只手拿起了他的盾牌。一场大战开始了，爱尔兰人在神奇的魔锅下点燃了大火，救活了在战争中死去的将士。艾文尼斯音看到这种情况，躺下来装成死去的爱尔兰人，也被投进了魔锅里面。然后他就用力地伸展自己的身体，直到把魔锅撑成了四块碎片。不过，艾文尼斯音的心脏也由于用力伸张而破裂了。

　　不列颠人取得了胜利，所有的爱尔兰人都被杀死了。布隆的脚被一只有毒的长矛刺中，受了致命的伤。他命令七个不列颠幸存者砍下他的头，然后把头带到哈德来（Harddlech）。在那里他们可以吃上七年的盛宴，并且还有瑞恩南（Rhiannon）的鸟儿唱歌给他们听。布隆的头会像他本人一样陪着这些士兵。然后他们还可以在潘沃（Penvro）的葛沃斯（Gwales）过上八十年，最终他们把他的头葬在伦敦。

　　幸存者返回家乡，布隆温死于过度悲伤，因为当他们回到家乡时，人们都认为这两个岛是因为布隆温的缘故才被毁的。他们了解到比利（Beli，爱尔兰神话中的死神——译者注）的儿子卡斯瓦伦（Casswallawn）成了强大岛的国王。他穿着一件魔法披风，因此人们看不到他。就这样他杀死了卡罗丹的人，但他并没有打算杀死卡罗丹，因为卡罗丹是他姐姐的儿子。但是卡罗丹看到他的人都被杀死了也心碎而死。

这些幸存者在哈德来待了七年，又在潘沃待了八十年。在这段时间内，布隆的头一直陪伴着他们，就像他本人还在一样。他们度过了一段幸福开心的时光，没有任何悲伤和痛苦。八十年之后他们从潘沃到伦敦，在白山安葬了布隆的头。直到布隆的头暴露于三件不幸的秘闻下时才发生瘟疫。

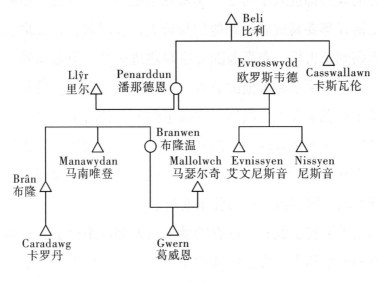

里尔之女布隆温

虽然卡罗丹被说成是卡斯瓦伦姐姐的儿子，实际上他很明显是卡斯瓦伦姐姐的外孙，除非布隆娶了自己妈妈的一个姐妹。

五个爱尔兰孕妇幸免于这场战争。她们生下的儿子在成年的时候娶了他们同伴的母亲做妻子。他们把土地分成了五份（爱尔兰的传统分割布局），并找到了黄金和白银，变成了有钱人。

这个异常丰富的神话终以双方的彻底毁灭而结束。在爱尔兰这边，只有五个女人存活。七个不列颠男人加上布隆温幸免于难，但是后来布隆温伤心过度而死。这样说来，爱尔兰的存活者全是女人，而不列颠的存活者全是男人。不列颠人取得了战争的最终胜利，但是爱尔兰人最终获得了黄金白银。不列颠人遭受了内部的重创（卡斯瓦伦和卡罗丹），而爱尔兰人建立了婚姻之约（儿子娶了同伴的母亲）。

对手之间斗争的整个方式与阿萨神族和华纳神族之间的冲突非常相似。阿萨神族使人联想到内部战争，他们成了米米尔头颅的主人，而华纳神族使人联想到财富和乱伦。财富的概念在《鹰铃萨迦》得到了很好的保留。当弗雷尔去世以后，他的死讯并没有让瑞典人知道，金银铜的税收没有停止，都带进了他的墓穴里面，才使得国家太平、风调雨顺。[1] 不列颠人使人联想到巨人（布隆是个巨人，艾文尼斯音拥有无穷的力量），正如阿萨神族在斯堪的纳维亚神话里一样。

阿萨神族和华纳神族之间的战争是同盟间的战争，并以背弃所缔结的象征性婚姻而结束，这种婚约是通过象征性的男人之间交合或男人之间人质的交换而非交换女人的方式达成。不列颠人和爱尔兰人之间的战争也是同盟之间的战争，也以背弃婚姻而告终，但不是象征性的，而是现实的，结果导致了双方的毁灭。罗马人和萨宾人之间的战争神话故事是另外一个变体。萨宾人和罗马人先是发动战争，然后由于女人的介入而和解。这些女人是罗马人的妻子，也是萨宾人的姐妹和女儿。

如果婚姻关系不破裂，那么同盟之间的冲突还是能够解决的（斯堪的纳维亚和罗马神话）。一旦婚姻破裂，双方几乎要摧毁对方，联盟也不复存在（凯尔特神话）。

布隆温的神话故事表现出了一系列的尝试：去决定，去扰乱，去恢复，去破坏婚姻。尽管布隆同母异父的兄弟艾文尼斯音反对，但他还是同意了这场婚姻。爱尔兰人本身就扮演了一个模糊的角色。首

---

[1] L. M. Surhone, M. T. Timpledon, S. F. Marseken, *Second Liberian civil war*：*Guinea*，*Liberians United for Reconciliation and Democracy*，Beau Bassin：Betascript Publishing，2010.

先，他们寻求同盟，然后他们又破坏它。虽然爱尔兰人得到了丰厚的补偿，但是布隆温还是因为艾文尼斯音的不友好的行为而被丈夫从床上赶了下来。或许可以这样假定，爱尔兰人想要的是魔锅，而不是布隆温。这个神话故事看起来就像其他为了夺取神物而去诱骗对方部族的妇女这一常见主题的变体（通常与永生、复活死人或者使土地肥沃富饶相关）。在爱尔兰，他们试图杀死巨人和他的家人，这或许是他们想夺得魔锅的第一次尝试。巨人里萨·拉斯·戈薇德（Llassar Llaes Gynwyd）以前似乎是一个工匠，后来还做过士兵[1]，他或许是魔锅的创造者。当他从威尔士逃走并把魔锅给布隆的时候，他的家庭在不列颠繁盛起来了。

后来爱尔兰人来到了强大岛，他们的国王娶了巨人布隆的妹妹布隆温。如果这场婚姻唯一的目的就是夺得魔锅的话，那么爱尔兰人失败了。不列颠人并没有受到婚姻的干扰，但是反过来他们也没能成功地恢复婚姻和让葛威恩继承王位。这场婚姻的后代（葛威恩）和婚姻建成的方式（魔锅）都被艾文尼斯音毁了。结果婚姻失去了存在的理由，布隆温也死了，所以不列颠和爱尔兰之间最后一点联系的纽带也断了。

这个神话故事颠倒了罗马神话和斯堪的纳维亚神话的方式。它讲的是一场婚姻的破裂和两个部族之间彻底的决裂，其中一个与财富和乱伦相关，另一个与战争和内部冲突相关。罗马神话和斯堪的纳维亚神话讲的是两个特征相似的部落之间的联合统一。

在斯堪的纳维亚神话中，同盟部落之间的合作对于蜂蜜酒的起源是至关重要的。然而，在凯尔特神话里同盟不同部落之间的冲突导致了魔锅的最终毁灭。

---

① *The Mabinogion*, Harinondsworth, 1976, p. 87.

一般而言，母系亲属的关系比较微妙。在特瑞尔·比克里欧的儿子们这个神话故事里，迪安·森特医治好了他女儿的儿子，但是特瑞尔·比克里欧的儿子却杀死了凯恩——他们奶奶的兄弟。布隆本打算扶持她妹妹的儿子当爱尔兰的王位传人，但是由于艾文尼斯音杀死了这个孩子，他的计划没有成功。虽然卡斯瓦伦想要饶恕他姐姐的儿子，但最终还是造成了他姐姐的儿子身亡。最后，在《马比诺吉昂》中，母系继承人取得了成功，不过是以一种倒退的方式。母亲的兄弟从他姐姐的儿子手中抢来王位（卡斯瓦伦从卡罗丹手中抢走），而不是一个姐妹的儿子从他母亲的儿子手中抢走王位（葛威恩从布隆手中抢走）。

姻亲之间的关系都不是很好，母系亲属之间的关系比较模糊，但是父系亲属之间的关系一般都很积极。虽然艾文尼斯音阻碍过布隆把妹妹布隆温嫁给爱尔兰国王的计划，但是这对同母异父的兄弟之间并没有敌对的迹象。甚至当艾文尼斯音杀死了葛威恩，他们之间也没有产生任何冲突。艾文尼斯音为布隆打仗，不列颠的胜利也是因为他牺牲自己才摧毁了魔锅。

凯尔特神话中，魔锅的夺得和毁灭表现出姻亲之间的消极关系、母系亲属之间的模糊关系和父系亲属之间的积极关系。正相反，在斯堪的纳维亚神话中，关于蜂蜜酒的起源和争夺表现出的是父系亲属之间的消极关系、母系亲属之间的积极关系和姻亲之间的模糊关系（第一次战争，然后两个部族联合）。

神奇的魔锅

在《马比诺吉昂》中，当魔锅下面生起火，它就能够复活那些在战争中死去的士兵。而当铁房子被加热时，它则会杀死人们。魔锅实际就是铁房子的对立面。爱尔兰神话中有很多这样的变体，如在阿尔

111

斯特人的醉酒故事中，和里萨·拉斯·戈薇德的神话故事一样，敌人被引到一个铁房子里面，给他们吃喝直到他们大醉。在这两个例子中，房子里面的人都是破墙而逃的。① 然而在丁德·里格（Dind Rig）的毁灭故事中，这个计划成功了。玛云（Maon），后改名莱贝德（Labraid），用这种方式杀死了爱尔兰国王克塔奇（Cobtach）。② 克塔奇是尤涵·魔（Ughaine Mōr）的儿子，他觊觎哥哥里海尔·拉克（Loeghaire Lorc）的王位。过分的嫉妒使他病倒了，身上的肌肉也开始萎缩。一个德鲁伊德（Druid）建议他装死，这样他的哥哥一定会来哀悼他，等到他哥哥趴到他身上痛哭的时候，克塔奇就可以杀死他了。克塔奇接受了祭司的建议，杀死了他的哥哥，成了爱尔兰的国王。③ 根据基庭（Keating）记载，他还杀死了欧利·安妮（Oilill Aine），里海尔的儿子。然后他带走了欧利的儿子玛云，并且给他吃了他父亲和爷爷的一部分心脏，还有一只老鼠和它的幼仔。结果这个孩子成了哑巴。④ 直到他听到一首莫里斯（Moriath）所谱的歌曲时，玛云的声音恢复了。莫里斯是法拉默克（Feramorc）国王的女儿，她爱上了这个男人。当她父亲的诗人克雷丁（Craftiny）给玛云唱这首歌的时候，玛云也跟着唱起来了。然后玛云回到了爱尔兰，把克塔奇烧死在铁房子里，自己成功地当上了爱尔兰的国王。⑤

在《马比诺吉昂》中，失声的神话故事再现在派瑞德尔（Peredur）的神话故事里，派瑞德尔决定一直不开口说话，直到他爱

---

① G. Gantz ed. , *Early Irish Myths and Sagas*, Harmondsworth, 1981,pp. 188-218.

② G. Gantz ed. , *Early Irish Myths and Sagas*, Harmondsworth, 1981,p. 189.

③ K. H. Jackson ed. , *A Celtic Miscellany*, Harmondsworth,1971.

④ Geoffrey Keating, *The History of Ireland*, London, 1902,pp. 161-165.

⑤ T. W. Rolleston, *Keltische Mythen en Legenden*, bewerkt door Dr. B. C. Goudsmit, Zutphen, No. d,pp. 144-145.

的那个女人向他表白心声。①

在玛云的神话故事里，言语和食物之间存在明显的关联。吃东西，带走食物，是吸收，是把外在的事物放到身体里来；说话表达思想，是把一个人的内在生命推向外界世界。不能说话或者拒绝说话都表达了对社会关系的否决，尤其是在涉及女人的神话故事里。在这两个故事里，都是通过女人的表白，男人才从失语的状态下恢复正常。在玛云的故事里，他因误食自己父亲和祖辈的心脏而变成哑巴，却又因为获得一个女人的爱慕而恢复正常的嗓言。不能在恰当的时间说出恰当的话是派瑞德尔（或者变体版故事帕尔齐法尔）在圣杯传说中的罪责。与每方兄弟之间的关系是以母亲的婚姻为基础的，帕尔齐法尔（Parzifal）的不说话或许表达了对那种关系的否认。只有当他能够在恰当的时候说出恰当的话，他才能成为舅舅的继承者。

食品和饮用品之间的食物法则在有关魔锅的大部分神话中也扮演着至关重要的角色。达格达有一口硕大无比的锅，这口锅可以用来喂养任何人，而且他自己吃了那口锅里很多的粥。在《马比诺吉昂》第一个分支迪维德（Dyved）的贵族皮威尔（Pwyll）的故事里，达格达的大锅的象征意义被颠倒了。迪维德之主皮威尔也被称为阿农之主（地狱），他要娶海卫德（Heveydd the Old）的女儿瑞恩南为妻。在主人提供的盛宴上，皮威尔的对手——克鲁德（Clud）的儿子葛沃尔（Gwawl）假装成一个乞求者，求皮威尔帮一个忙。皮威尔承诺说，如果在他的权利范围内，他一定同意。葛沃尔竟然问他要瑞恩南，以及他的盛宴和一切准备的材料。皮威尔不得不把新娘给葛沃尔，但是不能给他盛宴和其他的材料，因为这些都是主人提供的。

---

① *The Mabinogion*, Harinondsworth, 1976, pp. 236-240.

瑞恩南给了皮威尔一个小袋子，告诉他要去参加一年后她和葛沃尔的婚礼盛宴，一定要穿得衣衫褴褛。这样的话，皮威尔就可以要求葛沃尔允许他往那个小袋子里装满食物。葛沃尔同意他这么做了。但是，即使用迪维德七个领地的所有食物也不可能填满这个袋子，皮威尔这时候就说如果哪位贵族愿意帮助他用脚踩一下食物的话，他的袋子就可以装满了。瑞恩南于是就极力推荐葛沃尔去踩，当他开始踩的时候，皮威尔就会把袋子翻上去，这样葛沃尔就掉进袋子里面了。然后皮威尔就用一根细绳绑住袋子，并用号角召唤他的人。

皮威尔按照瑞恩南教他的去做，一切也如瑞恩南所预想的那样发生。当皮威尔的人进入宫廷的时候，他们用权杖使劲地击打这个袋子，用脚使劲地踢，他们把这个游戏叫作"袋子里的獾"。葛沃尔受伤很重，他请求皮威尔放他出来，并承诺把瑞恩南还给皮威尔且永不复仇。然后他被放了出来，回到自己的领地。

后来，葛沃尔的朋友林伍德（Llywd）找皮威尔的儿子普瑞德瑞（Pryderi）为葛沃尔报了仇。林伍德是克伊特（Coed）的儿子。他对迪维德的七个领地施了魔法，导致所有珍贵的东西都消失了（《马比诺吉昂》第三个分支里尔的儿子马南唯登）。[1]

皮威尔的故事描述了一个永远装不满的袋子，而不是一口不会空的锅。这个故事把食物换成了人（葛沃尔被囚禁在袋子里）被认为是罪行，并在后来遭到了报复。因此，克塔奇把他的兄弟及兄弟儿子的肉喂给后代吃，就应该被杀死在那个铁屋子里面，或者可以说被煮在那口倒置的锅里。

把人换成食物使人想起里尔的女儿布隆温的故事，在这个故事里，爱尔兰士兵藏在装面粉的袋子里面。死去的将士在大锅里复活

① *The Mabinogion*, Harinondsworth, 1976, p. 81.

了，然而面粉袋子里面活着的士兵却被杀死了。

斯堪的纳维亚神话呈现出这个主题的重要变体。克瓦西尔遇害，他的血液和蜂蜜混合就成了蜂蜜酒。根据《鹰铃萨迦》的描述，国王福尔那（Fjolne）喝醉了，在经过一个巷子的时候失去了平衡，淹死在一个装有蜂蜜酒的桶里面。[①] 同样的命运降临在瑞典国王罕丁（Hunding）的身上，他也是淹死在一个装有蜂蜜酒的容器里面。[②] 当士兵们被装进袋子的时候，他们或死或受重伤。可是死亡的战士被扔进这个魔锅里就会复活。在里尔的女儿布隆温的故事里，当一个活着的人被投进魔锅时，里面的人和锅都毁了（艾文尼斯音）。魔锅只能救活一个死去的人，但艾文尼斯音在他死之前把魔锅毁了。

在派瑞德尔的故事里，人们把死去的人放在热水中给他们洗澡并且用油来擦他们的身子，这样死去的将士复活了。相似的象征主义手法也出现在其他的印欧神话里。在希腊神话中，美狄亚（Medeia）用那口魔锅救活了她丈夫的父亲埃宋（Aison）。狄奥尼索斯也是被泰坦神放在一口魔锅里面煮过之后而复活了。在下一章里面，我们将会研究这些神话故事。

很明显，中世纪文学中圣杯的象征主义手法来源于神奇的魔锅。圣杯曾经用来盛放耶稣（Jesus）的血液，因此对于基督教徒而言，它是生命的源头。负责保护圣杯的渔王（fisher king）腿脚受了伤，他创造了能把他自己和强大岛的国王联系到一起的名字［布隆、安福塔斯（Amfortas）］。在派瑞德尔和帕尔齐法尔的神话故事里，可以找到这个系列的很多主题（神奇的魔锅、被砍断的头颅等），鼓舞着像克雷蒂

---

① L. M. Surhone, M. T. Timpledon, S. F. Marseken, *Second Liberian civil war* : *Guinea*, *Liberians United for Reconciliation and Democracy*, Beau Bassin: Betascript Publishing, 2010.

② J. Olrik and H. Reader eds., *Saxonis Gesta Darnorum*, 2 vols, Copenhagen: Levin & Munksgaard, 1931, p. 35.

安·德·特鲁瓦（Chrétien de Troyes）和沃尔夫拉姆·封·埃申巴赫（Wolfram von Eschenbach）这样的中世纪诗人。

很多古老的主题大都慢慢失去了最初的含义。当派瑞德尔进入亚瑟国王的宫廷时，他发现整个宫廷的人都一脸沮丧、蒙羞受辱的样子。原来一个骑士拿着一杯酒走进王宫，把酒泼到了王后的头上并且把她的耳朵割下来放进了箱子里面。然后他挑衅其他在场的骑士问有谁敢来为此复仇，之后拿着酒杯便离开了王宫，但是没有一个人敢跟着他出来。派瑞德尔听到这件事情后，就开始搜寻这个骑士，并亲手把他杀死了。[①] 在这个版本中，对王后的攻击，而不是对杯子的争夺，变成了中心的议题。

亚瑟和他的随从从冥界抢夺魔锅的故事变成了追踪圣杯的复杂的神话故事。这种神话故事的复杂性不再是有关屠杀和残暴方面，而是关于以多种方式赞扬骑士精神的美德和价值标准。单纯的骑士加拉哈（Galahad）体现了骑士精神最高的理想。他取代了像库丘林这种象征着完全不同的另外一套美德准则和价值标准的英雄。

最后的晚餐的象征主义在结构上和魔锅、蜂蜜酒有一定的联系。酒和面包被看成是由死而复生的救世主的肉和血变化而来的，因此也就成了追随者生命的源泉。为了能进入天堂，获得永生，就要吃圣餐，饮圣水。而那些不信奉这一切的人是永远不能进入的。所以，众神和敌人之间的对立就变成了基督徒和非信仰者之间的对立。

闪米特神话和印欧神话在涉及面包和蜂蜜酒、肉和血的时候有很多相似的象征模式。最后的晚餐的象征手法对印欧人有着很强的吸引力，因为印欧人熟悉相似的象征意义。既然这样的模式在大部分的古代印欧和闪米特故事里都有，那么很有可能在很早之前，这两种语言

---

① *The Mabinogion*, Harinondsworth, 1976, pp. 221-223.

有着很亲密的联系（参见冯·索登1976年讨论巴比伦人和亚述人文化中醉酒的意义及奥斯登和摩耶1982年相关的论述）。

铁　房　子

魔锅和铁房子都是用来改变人的状态的。魔锅可以救活死去的士兵，铁房子却是用来杀死活着的士兵的。醉酒在这些神话中也有着重要的地位。里萨·拉斯·戈薇德和阿尔斯特人在逃出铁房子的时候，都喝醉了。很有可能，正是因为他们喝醉了，所以才能逃出去。但在别的神话故事里，口渴才是失败的原因。

在著名的达·德尔加（Da Derga）客栈的毁灭故事里面描述到国王康纳瑞（Conare）的死。国王服从盖什（geisses，即戒律），可是在他把自己的义兄弟赶出他的王国的时候，这些戒律都被破坏了。这些兄弟和别的士兵团结，联合起来攻击国王居住的客栈并且想要烧死他。正是因为祭司们施法让康纳瑞国王口渴，他们才能制服康纳瑞。康纳瑞派他最得意的士兵马可·西特（Macc Cecht）去为他取一杯水来喝。马可·西特走遍了整个爱尔兰才找到一处没有藏起来的水源。随后，他就带着一杯水返回了。当他返回时，刚好看到两个敌人砍下了国王的头。马可·西特杀死了那两个人，然后把水给康纳瑞的头喝了。康纳瑞的头就在一首诗里面大力赞扬了马可的这一行为。[①] 同样的命运也降临在弗伯格（Fir Blog）国王伊施德·麦克·厄尔克（Eochaid Mac Erc）的头上。在摩伊图拉那场父系亲属之间的大战中，他的敌人——达纳神族，把全爱尔兰的水源都藏了起来，直到他走到海滨处被诺曼德族（Nemed）的人杀死。口渴的国王被他们的父系亲属打败了。

---

① G. Gantz ed., *Early Irish Myths and Sagas*, Harmondsworth, 1981, pp. 60-106.

康瑞纳的头使他的身体复活了，正如《马比诺吉昂》里面布隆的脑袋一样。除此之外，康瑞纳的头如印度神话里罗睺（Rāhu）的头一样，喝了水后吟出一首诗（一般多和智慧有关），并且和罗睺的头一样变成永生的。在其他关于魔锅的凯尔特神话里面，头一般和喝水、智慧以及永生关联。

在布里克里乌盛宴的故事里，爱惹麻烦的布里克里乌要把冠军奖给阿尔斯特最伟大的英雄。奖品包括一口硕大的装满酒的锅和别的一些很奢望的物品。里盖·巴多（Loegaire Buadach）、科纳尔·克纳奇（Conall Cernach）和库丘林都是这份大奖最重要的竞争者。布里克里乌让这些英雄以及他们的妻子互相斗争。一次又一次，库丘林打败了他的对手们，可是对手们却不承认失败。最后一次比赛的时候，进来一个陌生人。实际上，他是库·罗伊·麦科黛尔假扮的。他向阿尔斯特的英雄们挑战说要砍掉自己的头，但条件是第二天他要砍掉对方的头。第一个尝试的是莫里莫（Muiremur）。他用一把斧子砍掉了这个陌生人的头，但是陌生人的身体自己站起来把头夹在胳膊下面走了。第二天的时候，这个陌生人健康完整地回来了，并且要求莫里莫履行誓言，可是莫里莫拒绝这么做。里盖·巴多和科纳尔·克纳奇吓得不行，而库丘林接受了挑战，他把他的头靠在大石头上，陌生人就用斧子朝他砍去。可是到了最后一刻，陌生人把斧子的刀刃朝上了，库丘林没有被杀死，所以库丘林就赢得了冠军。[1]

为布隆修建的房子、达·德尔加客栈和布克里里乌的房子都不是真正意义上的铁房子，而是指陷阱。布隆的房子里面藏着敌人。三个红衣骑士阻止康纳瑞进入达·德尔加客栈，戒律也禁止他进入，可康纳瑞还是进去了。布里克里乌房子里的盛宴是用来

---

① G. Gantz ed. , *Early Irish Myths and Sagas*, Harmondsworth, 1981, pp. 251-255.

造成阿尔斯特人之间的矛盾和分歧的。这些房子都与砍掉的头相关，这些头又都与盛宴、永生和智慧相关。布隆的头陪伴着不列颠的幸存者七年，然后又在潘沃待了八十年。每次，他们举办盛宴，布隆的头就像他本人一样陪伴着他们。康纳瑞的头喝下了马可·西特带给他的那杯水，救活了自己的身体，还吟诵了一首诗。库·罗伊·麦科黛尔的头被砍下，但他却没被杀死。库丘林是冒着生命危险赢得冠军奖的。

所有房子里面都聚集了强大的士兵队伍。在达·德尔加客栈的毁灭故事里，很大一部分用来描述康纳瑞令人生畏的士兵队伍。布隆的房子里住着爱尔兰和不列颠的士兵。布里克里乌的房子里有阿尔斯特的将士。

很明显，这些并不是普通的房舍，而是一些要塞据点，整个队伍都可以聚集在这里举行盛宴。这里有一条规则，那就是所有的士兵队伍集合到一起有两个目的：要么是在大房子里面办盛宴，要么是在外面打仗。在这些神话故事里，这两种功能结合到了一起。

盛宴在印欧神话里占有突出地位。在阿尔斯特人醉酒的故事里，库丘林把阿尔斯特三分之一的王国都给了国王康纳尔，为的就是要国王康纳尔和阿尔斯特人承诺他们将在萨姆英节（Samuin）参加他的盛宴（十一月的第一天，夏去冬至）。康纳尔和阿尔斯特的英雄在那天晚上分开赴宴，所有的客人在库丘林盛宴上喝得酩酊大醉，所有的客人都酒醉而归，最终在归途中陷入康诺特的王后梅英（Medv）的铁房子。男人们都把他们的女人和孩子抛在后面，不顾一切地逃到了另一个陌生的国家。① 这次逃亡使人们想起了奥丁和恩赫嘉尔的疯狂追捕，他们是在瓦尔哈拉（Walhalla）吃盛宴，然后在那天晚上又大逃亡。

---

① G. Gantz ed., *Early Irish Myths and Sagas*, Harmondsworth, 1981, pp. 188-218.

在宴席上，士兵们聚在一起喝蜂蜜酒、葡萄酒或啤酒。敌人是绝对排除在宴席之外的，但是宴席上还是会有争吵。在很多例子中，宾客中的一位会惹是生非，想要搅黄整个宴会。布里克里乌试图在阿尔斯特的男人和女人中制造对抗和嫉妒。在圆桌骑士的传奇故事中，亚瑟的管家凯（Kay）扮演着相似的角色，他是一个极度没有同情心的人，但是他是亚瑟同父异母的兄弟，亚瑟很爱他。在其他的印欧神话中，盛宴有着同样的隐含意义。在《洛基的争论》艾格尔的大厅里，洛基制造了分歧，最终被赶了出来。《伊利亚特》的伟大战争起源于珀琉斯（Peleus）和忒提斯的婚礼盛宴，不和女神厄里斯（Eris）把一只苹果抛向众神，说要献给最美丽的女神（布里克里乌冠军奖故事的另一个有趣的演绎）。

铁房子是一口倒置的锅，里面的士兵会被杀死。一位国王或者一位贵族的房子可以用来办宴会，但是房子可能会变成陷阱。这样一来它的象征意义和铁房子的意义就结合到了一起，敌人试图去烧掉房子或者杀死房子里的国王。在很多神话故事里，英雄的死亡和要塞的毁灭是紧紧相连的（达·德尔加客栈的毁灭，丁德·里格的毁灭，等等）。在别的例子中要塞的毁灭是极端的报复，正如在乌斯纳克（Usnach）的儿子们这个小故事里一样。[①] 弗格斯·马克·罗伊（Fergus Mac Roch）点燃了康纳尔的要塞艾美恩·玛查（Emain Macha），因为国王违背了自己对乌斯纳克儿子们所发的誓言，这表明他不配那个王位。

众神或者是国王的要塞有着重要的意义，这在其他的印欧神话里面也有很多的描述。在希腊神话里，波塞冬和阿波罗修建了特洛伊墙，这些城墙坚不可摧，希腊人只有等特洛伊人傻到自己把墙推倒的

---

① G. Gantz ed. , *Early Irish Myths and Sagas*, Harmondsworth, 1981, pp. 256-267.

时候才能进城里去。在罗马神话里，罗穆洛杀死了他的弟弟瑞摩斯，因为他竟然翻过罗穆洛修建的城墙。萨宾人也只能通过一个罗马女人塔尔佩娅的背叛才进得了城。在斯堪的纳维亚神话里，阿斯加尔德众神的要塞是由巨人修建的。

所有的这些神话都表达了一个相似的概念：要塞是世界或者王国的中心，它是由不可攻破的城墙环绕的。也正是在这个地方，众神或将士们齐聚一起举办盛宴或者喝蜂蜜酒。那些被邀请参与盛宴的人，喝醉了并在战争中幸存了下来，那些被排除在盛宴之外的人总因口渴而被打败。盛宴和重要的转变相关联，如结婚、继承王位（葛威恩）、死亡（罕丁和福尔那）等等。很多的神话故事以盛宴开始，以战争结束。

大锅和铁房子都是某种神话编码的象征，体现了容纳或者被容纳的意义，并且与食物和性别编码联系在一起（玛云的神话）。男人们大口喝蜂蜜酒，他们要么变成了蜂蜜酒，要么被淹死在里面。他们要么在魔锅里被复活，要么在铁房子里被杀死。能救活死人的魔锅和能杀死活人的铁房子都是文明的产物。它们由铁匠锻造而成，对活人都很重要。一个人可以在一口铁锅里被用文明的方式救活（煮，用油搓洗），也可以饮用很多文明的酒水（蜂蜜酒、葡萄酒、啤酒等等）而逃出铁房子。文明意义上的容器对人类而言似乎是致命的。有一个变体讲的是能够烧死男人和女人的毒长袍：摩根娜（Morgana Le Fay）送给亚瑟王这样一件长袍，但是她的计划失败了。在希腊神话里，美狄亚也送了相似的长袍给她的敌人，并且她的计划成功了。在现在的民间传说中，仍旧流传着关于能烧死人的长袍的故事，例如格林童话。

如果文明意义上的容器是致命的，我们只能希望天然的容器可以有些益处，事实上也的确如此。特瑞尔·比克里欧得到一张能够治疗所有疾病和伤痛的魔力猪皮。这很像阿尔戈英雄（Argonauts）神话故事里伊阿宋（Jason）的金羊毛，它也有着相似的用法（伊阿宋名字有"治疗者"之意）。

人类的身体和头颅是盛放蜂蜜酒的自然容器，然而魔锅是文明意义上的容器。自然容器可以不朽，文明意义上的容器则是一种返老还童、死而复生的途径。如果头被砍掉了，只有头会不朽。喝水、喝酒和生命相联系，口渴和死亡相联系。

在印度神话、罗马神话、斯堪的纳维亚神话里，口渴、贪婪和激情都有助于姻亲的团结一致。在凯尔特神话里，口渴会导致父系亲属的毁灭。然而在斯堪的纳维亚神话和印度神话里，似乎更强调另一点，那就是与姻亲以及母系亲属共享有魔力的神物是有益处的，会带领他们过上新的生活。凯尔特神话强调说，姻亲间的互不共享是破败和死亡的诱因，并且会导致双方的毁灭。

第六章　断头的故事

引　言

　　与那些无文字传承的民族的神话相比，希腊神话是一个特例，对其研究的方法也不同于他者。[①] 根据一些哲学著作的阐述，希腊神话故事成了许多悲剧创作的主题，它们依然保留了印欧神话的很多结构特征。随着希腊神话的发展，许多神话概念失去了其原有的重要性，而且一些神话体系已有解体之势，但是印欧神话的核心主题依旧在希腊神话中得到再现。

　　很明显，泰坦巨神和众神间的战争是我们熟知的印欧神话中为争夺最高权力的父系成员间战争的一个变体。年轻一代成为胜利者，泰坦巨神的地位被他们的后代取代。赫西俄德在《神谱》中对此类故事做了大量阐释，有关此类战争的许多描述都在希腊神话中得到了再现。众神之间同样是有分歧的，如赫拉、波塞冬和阿波罗对宙斯的反抗及特洛伊战争中众神之间的冲突。

　　许多为人熟知的主题如获取蜂蜜酒或断掉的头颅，乍一看似乎并不存在于希腊神话之中，其实这是一种错觉。大量关于英雄的故事［赫拉克勒斯、伊阿宋、珀耳修斯（Perseus）、忒修斯（Theseus）等］描述了如何获取重生或长生不死的神物，而其他神话则探究了葡萄酒

---

① Marcel Detienne, *Dionysos slain*, Baltimore and London, 1979.

123

的由来和分享，取代了希腊神话中的蜂蜜酒。

狄奥尼索斯

关于狄奥尼索斯的出生，存在几个版本。一般都认为他是宙斯的儿子，但是在不同资料中，伊俄（Io）、塞墨勒（Semele）、珀耳塞福涅和勒忒（Lethe）皆被提及是其母亲。

根据俄耳甫斯（Orphic）的传说，狄奥尼索斯是宙斯和冥界死亡国度的王后珀耳塞福涅之子。狄奥尼索斯的摇篮由克里特·库里特（Cretan Kuretes）看护着。赫拉常常嫉妒她的情敌，仇恨她们的孩子，于是她劝说泰坦诸神去抢夺这个孩子。当库里特睡着之际，用白石膏掩饰自己的泰坦诸神走近了孩子。他们用玩具引诱孩子，趁其看着镜子的时候，杀掉了他。然后狄奥尼索斯被分成了七部分，煮熟后被泰坦诸神吃掉了。然而雅典娜留下了他的心脏，一些神话版本说她把这颗心放在一个石膏容器中，并向这颗心吹入生命之气。而在其他版本中，这颗心被宙斯吃掉了。这位父亲用雷电劈死了泰坦诸神，为孩子报了仇。这些神的灰烬之中产生了人类。

吞食掉狄奥尼索斯的肉体导致了泰坦诸神由神到人的转变。无论这颗心是被雅典娜救活了还是被宙斯吃掉了，最终狄奥尼索斯复活了。这颗心似乎成了身体最重要的部分，成了生命的要核。俄耳甫斯教教义禁止教内的人吞食心脏。[1] 吞食心脏可以和吞食身体其余部位做对比：心脏被吞食，神复活了；肉体被吞食，吃掉它的泰坦诸神变成了凡人。

阿波罗多洛斯（Apollodorus）向我们提供了关于狄奥尼索斯出生的另一版本。宙斯爱上了塞墨勒，塞墨勒怀上了狄奥尼索斯。赫拉想

---

[1] Marcel Detienne, *Dionysos slain*, Baltimore and London, 1979.

为自己报仇，她说服情敌塞墨勒去让宙斯显出真神的面目，宙斯显出了雷和电，将塞墨勒击成了灰烬。宙斯拿出了母亲灰烬中（在子宫中六个月）的孩子，把孩子缝入自己的大腿。三个月后，孩子从他的腿上出生了。他将孩子托付给国王阿塔玛斯（Athamas）和他的妻子伊诺（Ino），伊诺和塞墨勒一样都是底比斯王卡德摩斯的女儿。

他们把他当作女孩子一样喂养大，或许是为了躲避赫拉。但是赫拉把阿塔玛斯和伊诺都逼疯了。阿塔玛斯把大儿子勒阿耳科斯（Learchos）当鹿来猎捕，并杀死了他。伊诺把儿子墨利刻耳忒斯（Melikertes，文学中的割蜜人）扔进了一口沸腾的大锅里，并带着锅一起跳进了大海。后来，她被称为海中女神琉科忒亚（Leucothea），她的儿子则被称为帕莱蒙（Palaimon）。他们被认为会帮助遭受暴风的船员。西绪福斯（Sisyphos）设立了地峡赛会（Isthmian games）以纪念墨利刻耳忒斯。

之后，宙斯把孩子托付给倪萨（Nysa）的仙女们，在一些版本中，这些仙女用蜂蜜喂养孩子。后来，她们被宙斯变成了星团许阿得斯（Hyades）七姊妹。

狄奥尼索斯发现了倪萨山上的葡萄酒，但是赫拉把他逼疯了，他开始周游世界。他游经埃及和弗里吉亚，并且受到了瑞亚的教化，瑞亚传授其宗教礼仪。接着他途经了色雷斯和印度，到了埃多尼亚，国王吕库古斯（Lykurgos）将他驱逐出去，他和忒提斯一起躲在海里，并且逼疯了吕库古斯。然后，他用斧头杀死了吕库古斯的儿子德律阿斯（Dryas），因为他把其当成了葡萄藤。之后这个国家一片贫瘠，直到埃多尼亚人杀死了他们的国王（可能是用马分尸的办法）。

狄奥尼索斯继续周游世界。他来到了底比斯，那里的国王是彭透斯（Pentheus）——阿高厄（Agaue，如塞墨勒和伊诺一样是卡德摩斯的女儿）之子。彭透斯反对膜拜狄奥尼索斯，当他暗中监视酒神节

（Bacchanals）时，被阿高厄和狂女（Mainads，狄奥尼索斯的手下）杀掉了。根据欧里庇得斯（Euripides）所述，阿高厄扭下了彭透斯的头颅，并将其成功地带回了底比斯。

狄奥尼索斯前往阿耳戈斯，他的来访没有受到重视，于是他把那里的女人逼疯，她们都生吃掉了自己的孩子。当他去纳克索斯时，船上的水手让他上船是想抓住他把他当奴隶卖掉。狄奥尼索斯把桅杆和桨变成了蛇，并且给船里塞满了葡萄藤，到处飘荡着笛声。水手们变疯了，跳入大海，变成了海豚。最后狄奥尼索斯从哈得斯那里救回了母亲，为她起了提俄涅（Thyone）这个名字，并一起上了天堂。①

这是关于此神话的阿波罗多洛斯版本的概要，其中许多特征都与俄耳甫斯传说相关。在后来的传说中，狄奥尼索斯被杀死了，并在锅里被煮熟了。那颗心让他复活成了酒神。在阿波罗多洛斯版本中，与蜂蜜相关的墨利刻耳忒斯被扔进了锅里，之后就长生不死了。

泰坦诸神和塞墨勒都是被雷电毁灭的，不同的是，女人怀孕了，男人吃了神的肉体，不过他们毁灭的方式却是相同的。最重要的一个要素被保留了：未出世的孩子被缝进了宙斯的大腿里，或者宙斯吃掉了他的心。酒神存于父亲体内，而不是母亲体内。在大多数关于大锅和蜂蜜酒的印欧神话中，创造生命是男人的事。狄奥尼索斯的心被雅典娜救了，这样的故事可能是一个主题的变体，即代表智慧和永生的法物本属于男人却被女人获取，并能激起其敌人的性欲。神偏爱永生胜于婚姻，然而他们的敌人为了女人放弃了永生。在印欧神话中，心通常意味着生命和智慧，这似乎成了断头故事的变体，因为断头有着相同的含义。在关于狄奥尼索斯的故事中通常会强调断掉的头颅这个

① Apollodorus, *The Library 1 and 2*, Cambridge（Mass.）/London, 1976；H. J. Rose, *A Handbook of Greek Mythology*, London, 1978, pp. 149-157；R. Graves, *The Greek Myths: 1 en 2*, Harmondsworth, 1975, pp. 103-107.

主题，它在俄耳甫斯神话中扮演着重要的角色。

俄耳甫斯被认为是俄耳甫斯神话的创立者，俄耳甫斯神话主要讲述的是关于狄奥尼索斯的故事。同时，俄耳甫斯还是技艺精湛的音乐家。他的妻子因被蛇咬而去世了，俄耳甫斯便下到了冥界，他的音乐使得冥界护卫们着了魔。他劝说哈得斯放出他的妻子，这个要求达成的条件是他到家了才能回头看。然而，俄耳甫斯没能控制住自己，回头看了，并永远地失去了自己的妻子。他倍感痛心，也失去了对其他女人的兴趣。最后，他被酒神的手下狂女杀死，并且被分尸。关于这个神话的一个版本中说，他的头颅被放在了安蒂萨的一个洞穴里，而且昼夜不停地散播各种预言，直至阿波罗将其终止。在另一个版本中，他的头颅变成了莱斯博斯岛上的一个圣物。

俄耳甫斯和吕库古斯、彭透斯和狄奥尼索斯拥有相似的命运，最终都被分尸了。狄奥尼索斯的心救活了他的肉体，俄耳甫斯的头颅存活着并且变成了圣物。在《酒神的伴侣》中，阿高厄把她儿子彭透斯的头带到了底比斯。如同在俄耳甫斯的神话中那样，头颅或许象征着受害者永生的一部分。俄耳甫斯被认为创立了许多神话[1]，而且他很有智慧。狄奥尼索斯的故事更复杂，因为他看起来似乎总是与发疯相关。他可以将反对他的人逼疯（吕库古斯、阿耳戈斯的女人们等），但是他的养父母和狄奥尼索斯自己却是被赫拉逼疯的。这种发疯通常会引发自己孩子的毁灭（如阿塔玛斯、伊诺、吕库古斯等）。对狄奥尼索斯的膜拜通常与女人密切相关，狂女、母亲杀死自己的孩子等是在此神话系列中反复出现的特征（阿高厄、阿耳戈斯的女人们等）。

在印欧神话中，蜂蜜酒通常和战神或勇士有关。著名的战神如托尔和因陀罗都非常能喝蜂蜜酒，圣酒也是献给勇士的，如斯堪的纳维

---

① Pausanias, *Guide to Greece*, Harmondsworth, 1979.

亚神话中的恩赫嘉尔和凯尔特神话中的芬尼亚勇士团（Fianna）。酒可以激起他们的斗志，把其变为骁勇的战士。在希腊神话中，膜拜通常和女人相关，而不是男人，她们发疯，不是针对别的群体，而是针对自己的子女。在蜂蜜酒这个故事范围中，男人试图中止生死的循环并通过象征性的、无女人的性交活动创造了智慧。希腊狂女通过毁灭自己的孩子终止了生死的循环。

狄奥尼索斯的发疯是一种狂热的激发灵感的智慧。他主宰着生命和生殖。他经过生死的循环，被杀死后最终复活，在生与死、男与女这两方面都很难界定他的状态。他被认为很具女性气质，因为曾被当作女孩子一样养大。所以他处于生死及男女两极的中间状态。

狄奥尼索斯与蛇的关系尤其紧密。蛇在印欧神话中通常象征着生与死的循环。狄奥尼索斯出生时头有角，上面绕有蛇，而且他将桅杆与桨变成了蛇。他主宰生殖，可以使葡萄藤生长在他所到的任何一个地方。不去拜见他意味着失去生育能力，任何想阻止这件事的人都会被杀死并被分尸。既然狄奥尼索斯自己在被分尸后复活了，那么完全可以认为他的死亡创造了新生命或永生。这同样是发生在墨利刻耳忒斯身上的故事，他的父亲和母亲保护了狄奥尼索斯，他在被扔进煮沸的锅里后得到了永生。由此看来狄奥尼索斯的智慧似乎来自自身生死循环的经历。

当狂女毁灭她们的孩子时，狄奥尼索斯却是一个孝顺的孩子，他从哈得斯那里救回了自己的母亲，并使她永生。许多希腊女神尝试使人类的孩子永生，但是失败了。所以当忒提斯和得墨忒尔试图使阿喀琉斯和得摩丰（Demophon）永生时，她们都失败了。由此看来一个儿子能给母亲带来永生，但母亲却只能给予儿子生命，无法带给他永生。

狄奥尼索斯环游世界有时被阐释为他成功地从小亚细亚进入希

腊。但如果把此认为是对得墨忒尔环游世界的一种转化，似乎更具意义。得墨忒尔的故事和狄奥尼索斯息息相关。她是珀耳塞福涅的母亲，而在俄耳甫斯神话中，珀耳塞福涅正是狄奥尼索斯的母亲。而且，得墨忒尔神话同样解构着生死这些问题。

珀耳塞福涅被冥界的神哈得斯俘获了，而且他也爱上了她。得墨忒尔为女儿感到痛心，于是当她来回不安地走动时，整个世界都变得贫瘠荒芜。最后，她来到了统治着厄琉西斯的刻勒俄斯国王（Keleus）及其妻子墨塔涅拉（Metaneria）那里。在那里，他们的小女儿伊阿谟巴（Iambe）让得墨忒尔自失去珀耳塞福涅后第一次绽开了笑脸。得墨忒尔想使墨塔涅拉的儿子得摩丰永生，她把他放在火里，但却被男孩的母亲干扰了，结果那个孩子被火焰吞噬了。得墨忒尔给墨塔涅拉的另一个儿子特里普托勒摩斯（Triptolemos）一辆有双翼的马车，这样他可以播种土地。珀耳塞福涅没能从哈得斯那里被救出来，因为她吃下了石榴（与狄奥尼索斯的血液相关）。① 既然她吃下了死人的食物，那么她必须每年在冥界待上三个月，但她被获准每年可以和神一起住九个月。得墨忒尔接受了这个裁定，但是她惩处了目睹珀耳塞福涅吃掉石榴的阿斯卡拉福斯（Askalaphos）。她把他推下了一个洞穴中，并让他头顶着一块巨石。后来他被赫拉克勒斯救了出来。②

狄奥尼索斯的故事揭示了生命的到来是不可阻挡的；得墨忒尔的故事探究了死亡是不可避免的。当她为女儿痛心之时，土地也变得贫瘠。在厄琉西斯，当伊阿谟巴使她在失去女儿后第一次笑出来的时候，那里出现了生命的迹象（参见关于尼约尔德和斯卡迪的斯

---

① R. Graves, *The Greek Myths*：*1 en 2*, Harmondsworth, 1975.

② H. Broch, *Demeter*, Frankfurt am Main：Suhrkamp Verlag, 1967；Apollodorus, *The Library 1 and 2*, Cambridge（Mass.）/London, 1976；R. Graves, *The Greek Myths*：*1 en 2*, Harmondsworth, 1975, pp. 1-86, p. 92；H. J. Rose, *A Handbook of Greek Mythology*, London, 1978, pp. 91-96.

堪的纳维亚神话，在那里斯卡迪的笑声暗示了婚姻被接受）。得墨忒尔的故事传达的不是对死亡的否定，而是对死亡作为通往新生命过程的认可。生命必须通过死亡才能得到延续，珀耳塞福涅成了生死循环中的界限。得墨忒尔未能成功地从死亡手中救出自己的女儿，如同俄耳甫斯未能成功地从哈得斯那里救出自己的妻子一样。他们被自己轻视的潜在对手杀死了。在斯堪的纳维亚神话中，对死亡的处理不是从赫尔冥府救回巴尔德，而是通过一次新的婚姻。希腊神话提供了一个相似的答案，作为妻子和女儿的女人不能从冥界回归。狄奥尼索斯救了自己的母亲，但是她归属于天堂，不再拥有新生，狄奥尼索斯却使她永生。印度神话中存在一个相似的模式，迦楼罗给了蛇长生不老药，从而把母亲从奴役中解救出来。

俄耳甫斯、狄奥尼索斯和得墨忒尔的神话皆包含了生死的循环本质这个问题。这三者都与带来神秘色彩的宗教仪式密切关联。他们的智慧包含了死亡的不可避免性及相对性，反映了生死无尽循环中的变迁。

帕拉斯·雅典娜

雅典娜从泰坦神手里抢救出狄奥尼索斯的心脏。人们普遍认为她是希腊诸神中最好斗也最有活力的一位。

雅典娜是宙斯的女儿。狄奥尼索斯是从宙斯的腿中孕育而生的，雅典娜是从宙斯的头颅中孕育而生的。宙斯爱上了泰坦女神墨提斯，之后她就有了身孕。但宙斯意识到，如果她生的是男孩，这孩子将会取代他，于是宙斯将墨提斯吃掉。不久之后，他的头开始剧烈疼痛。他的头颅被普罗米修斯（也有说是赫菲斯托斯）打开，头颅内出现了女神雅典娜，全副武装，还高呼着战争口号。太阳之子欧时莫斯

（Ochimos）和科卡弗斯（Kerkaphos）冲过去用祭品向女神致敬。[①]

在希腊文化中，雅典娜是伟大的战神。阿瑞斯与这个杰出的女神相比，则远不如她强大，逊色不少。《伊利亚特》中就曾描述雅典娜在特洛伊之战中击败阿瑞斯。人们认为，雅典娜之母墨提斯在宙斯腹内时，为宙斯出谋划策，因此通常女神雅典娜也是智慧之神。她希望保持童贞，而众神的铁匠赫菲斯托斯却企图强奸她，她将他推开，他却将精液射在她的腿上。这些精种后来生出了雅典国王厄里克托尼俄斯（Erichthonios）。[②] 但是，欧里庇得斯却强调雅典娜保有童贞，并说厄里克托尼俄斯是孕育万物的大地母亲之子。[③] 厄里克托尼俄斯与蛇关系密切，他的形象总是半人半蛇或者总有一条蛇缠绕在他身上。

狄奥尼索斯的出生和雅典娜的出生这两个神话之间存在一系列有趣的联系。狄奥尼索斯曾被宙斯吞下，又从他的大腿里长出，还跟蛇有密切关系。他从冥神哈得斯手中救出他的母亲，并让她永生。雅典娜的母亲也被宙斯吞下。雅典娜从宙斯的头颅里出生，她的儿子也与蛇有关。狄奥尼索斯是热情和生殖力的象征，经历了生死的循环。雅典娜象征着战争与纯洁，她是永生的，而她的母亲和儿子都死了。

这些关系表明了头和腿之间的一种对立。在凯尔特神话中有关里尔的女儿布隆温的描述中也可以见类似表达：布隆被带毒液的长矛扎到脚而丧命，而他的头颅却代表着永生和智慧。这种对立恰恰符合印欧神话的标准模式。头颅代表着永生和智慧，奥丁神保存着米米尔的头颅，并且在一些秘密事件上与他商讨（斯堪的纳维亚神

---

① H. J. Rose, *A Handbook of Greek Mythology*, London, 1978, p. 108；R. Graves, *The Greek Myths：1 en 2*, Harmondsworth, 1975, pp. 1-46.

② Apollodorus, *The Library 1 and 2*, Cambridge（Mass.）/London, 1976.

③ A. Neumeyer, Kurt Badt, "The Art of Cézanne," in *The Art Bulletin*, 1967, 49（3）.

话）。罗睺的头颅追赶太阳和月亮，最终形成了时间的节奏（昼夜和月份）。永生意味着否定了时间的流逝，而永生的头颅试图摧毁控制它的天体（印度神话）。

下肢，尤其是脚，总与生死循环相关、与生殖力相关（斯堪的纳维亚神话中尼约尔德的婚姻，希腊神话中厄里克托尼俄斯的出生等），还与殒命有关（凯尔特神话中的布隆，希腊神话中的阿喀琉斯等）。当作品特意提及双脚或双腿时，这往往强调了主角性别的自然属性：当安喀塞斯（Anchises）炫耀他曾与阿佛洛狄忒同床共枕后，他即变成跛足；俄狄浦斯（Oidipous）曾与母亲共眠，而他的名字就表示肿胀的双足；曾与爱神阿佛洛狄忒成婚，并曾试图强奸雅典娜的赫菲斯托斯就是一个足部残疾的人；引诱过美狄亚的伊阿宋，曾在带赫拉过河时丢了一只鞋；等等。

双脚和头颅构成了生死循环和永生不灭之间的一组对立，而双脚和双手构成了自然属性和人文属性的对立。双脚阐释了人的自然属性，而双手则代表人的人文属性。双手，尤其是右手（参看拉丁语 Manus，表"手"之意，又有"权威"的意思——译者注）代表着正义（参看德语 Recht，意为"右边的，右侧的"，同时有"法制，权力、权利"之意——译者注）。当庄严宣誓的时候这只手要么举起，要么放在一件圣物之上。失去这只手往往让人联想到背信弃义［参看斯堪的纳维亚神话中的提尔和芬里尔狼，罗马神话中的穆西乌斯·斯凯沃拉（Mucius Scaevola）与波塞纳（Porsinna），等等］。在《摩诃婆罗多》中，班度兄弟中最年长者国王坚战的战车本可以在离地一掌高的空中行驶，但说出谎言之后，他的战车落地，变得只能像普通战车一样在地面上行驶了。失去右手，从长远看意味着失去王权，因为国王的首要任务是维护社会的秩序。因此，努阿杜在失去右臂时失去了王权，提尔也是同样的原因。

断头是身体象征中的一个戏剧性的特点,雅典娜在许多方面与之相关。她从宙斯的头颅中出生,戴着用戈尔贡·美杜莎(Gorgo Medusa)头颅装饰的盾牌,这让她的敌人胆战心惊。戈尔贡三姐妹是福耳库斯(Phorkys)的三个女儿。另外两个是永生不死的,只有第三个女儿美杜莎不是。任何人只要看到她的目光都会变成石头。但是,珀耳修斯只看了她在盾牌上倒影,就砍下了她的头,并将它献给了雅典娜。[①]

在希腊神话中,失明往往和智慧有关(忒瑞西阿斯、俄狄浦斯都是在拥有智慧的时候刺瞎自己的双眼),因为直视的目光代表了死亡的威胁。镜子调和了可见与不可见。在镜中观察自己是死亡的一个诱因[狄奥尼索斯、纳西索斯(Narcissus)等],不过珀耳修斯借着镜中的倒影救了自己。俄耳甫斯就因回头看了一眼,没能救回自己的妻子。显然俄耳甫斯失去他的妻子,不是因为他没有遵守规则,而是因为他看到了不该看的。他看了她,于是她就死了(参照凯尔特神话中巴洛尔的眼睛、斯堪的纳维亚神话中海米尔的目光等,它们同样象征邪恶的眼神)。

变成化石也是一种永生,躯体不再遭受腐烂威胁,立刻不再有生机,也不再发生变化。戈尔贡的头颅可以杀死人,但从某种意义上说也是使人非物质化了。珀耳修斯用戈尔贡的头颅将刻甫斯(Kepheus)和卡西奥佩娅(kassiopeia)变成化石,之后两人变成了天空中的星座,于是获得另一种永生。

另有一种说法,认为是雅典娜杀死了戈尔贡。[②]画像中戈尔贡的头总是缠满了毒蛇,从某种意义上讲,这个形象也融合了狄奥尼索斯

① Apollodorus, *The Library 1 and 2*, Cambridge (Mass.)/London,1976.

② A. Neumeyer, Kurt Badt, "The Art of Cézanne,"in *The Art Bulletin*, 1967, 49(3).

133

的头颅形象。毒蛇来源于戈尔贡的血液这个概念，同样表明了与蛇的关联。[1] 这血液同样与生命和死亡有联系。欧里庇得斯认为，俄里克托尼俄斯从雅典娜那里得到了戈尔贡的两滴血液，一滴可以治愈疾病，另一滴可以致人死亡。阿波罗多洛斯说雅典娜把戈尔贡的血液给了阿斯克勒庇俄斯（Asklepios）。她右半边的血液会让人类受益，而左半边的血液则让人类毁灭。这血液让阿斯克勒庇俄斯起死回生。[2] 因此，戈尔贡是个类似蛇一样的生物，雅典娜与其死亡有关，并拥有着其可以带来生和死的头颅和血液。

雅典娜通常也被称作特里托革尼亚（Tritogenia），这个名字在最古老的资料中可以查得到。[3] 人们通常认为，这个名字与特里托湖有关，那里很可能是她的出生地。最初这个名字可能有完全不同的意义。在印度和伊朗神话中，这个名字将女神与伟大的战士和杀死怪物蛇的人相联系：陀哩陀·阿婆提耶（Trita Āptya）和斯拉托那（Thraetona）屠杀了三头蛇，并与蜂蜜酒的系列产生了关系。[4] 雅典娜和狄奥尼索斯的对立关系，可以用一个简单的图来表示：

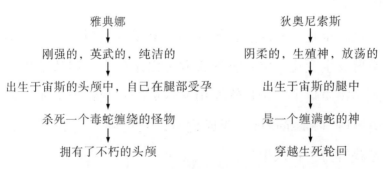

雅典娜	狄奥尼索斯
↓	↓
刚强的，英武的，纯洁的	阴柔的，生殖神，放荡的
出生于宙斯的头颅中，自己在腿部受孕	出生于宙斯的腿中
杀死一个毒蛇缠绕的怪物	是一个缠满蛇的神
拥有了不朽的头颅	穿越生死轮回

雅典娜与狄奥尼索斯

① Apollodorus, *The Library 1 and 2*, Cambridge (Mass.)/London,1976.

② Apollodorus, *The Library 1 and 2*, Cambridge (Mass.)/London,1976.

③ Hesiod, *Theogony*, London/Cambridge, Mass,1968,pp. 886-890.

④ B. Lincoln, *Priests*, *Warriors and Cattle*, Berkeley, Los Angeles/ London, 1981.

蜂蜜酒的获取

当众神击败了泰坦巨神，又出现了一群新的敌人：巨人们。众神和巨人们之间的战斗，保留了蜂蜜酒神话系列的一些特征。阿波罗多洛斯对这场战斗进行了简短描述。巨人们是天空和大地的孩子，正如泰坦族一样，他们的双脚覆盖了蛇鳞。其中的一个巨人——阿尔库俄纽斯（Alkyoneus）只要在自己出生的土地上战斗，就可以永生，他俘获了太阳的牛群。只有当众神得到普通人协助的时候，才可以击败巨人，雅典娜就曾召唤赫拉克勒斯去帮助众神。宙斯阻挡黎明的到来，阻止太阳和月亮发光，并切断了神药。雅典娜让赫拉克勒斯将阿尔库俄纽斯带离他出生的那片土地并杀了他。宙斯诱导波耳费里翁对赫拉产生情欲，当波耳费里翁扯下赫拉的衣服并欲强奸她时，宙斯用雷电杀死了他。后来所有的巨人陆续被众神和赫拉克勒斯杀掉。[①]

这个神话仍然保留着获得蜂蜜酒系列故事的那些远古元素：捕获太阳的牛群，获得神药（与永生有关？），用女神诱惑敌人。但是这些互相不再相关。宙斯阻挡黎明的到来，阻止太阳和月亮发光，表明是他盗窃了神药（在印度神话中，太阳和月亮有守护蜂蜜酒的功能，提醒众神窃贼的存在）。为了得到一个神物引诱对手强奸赫拉也是熟知主题的一部分。尽管我们无法将这些零碎的神话拼凑出它的原始版本，但是明显这是夺取蜂蜜酒系列的一个变体。

杜梅兹勒将坦塔罗斯（Tantalos）获取蜂蜜酒与这个系列联系起来。[②] 他认为坦塔罗斯和阿特拉斯（Atlas）是共谋。众神因坦塔罗斯偷盗仙露并分给朋友们而惩罚他。[③] 他把自己的儿子珀罗普斯烹饪成

---

① Apollodorus, *The Library 1 and 2*, Cambridge（Mass.）/London,1976.

② G. Dumézil, *Le festin d'immortalite*,Paris, 1924,p. 121.

③ G. Dumézil, *Le festin d'immortalite*,Paris, 1924,p. 121.

宴席，并以此招待众神。众神收集了躯体的各个部分并将其煮在大锅里，重塑了珀罗普斯的身体。珀罗普斯便获得了永生，还被带到了奥林匹斯（Olympos），在那里他喝到了仙露。① 在这个神话中，被众神吃掉是获得永生的有效途径。

阿特拉斯在蜂蜜酒系列中是个重要的角色。他是普罗米修斯的兄弟，是那个与青春苹果息息相关的赫斯珀里得斯（Hesperides）的父亲。人们认为他应该住在西方，并在珀耳修斯和赫拉克勒斯的神话中占有重要地位，珀耳修斯获得了断头，赫拉克勒斯获得了赫斯珀里得斯的金苹果。

当我们认为在印度和斯堪的纳维亚神话中，阿修罗和巨人们是圣水的最初拥有者，而在希腊神话中，阿特拉斯和泰坦巨神很有可能对智慧和永生这两样神奇的东西拥有最初控制权，但最终被众神和英雄们掠夺去。

泰坦巨神和巨人们都与众神有血缘关系，但是没有哪一支被认为是希腊万神殿里众神的后代。男主神都是父神的兄弟或儿子，女主神都是他的姐妹或女儿。结果就是，希腊万神殿里的内部冲突都是与父系的对立而不是与母系的对立。但是，在众英雄的传说中，情况就完全不一样，英雄与他们的同族之间通过婚姻建立起来的关系，在获得与智慧和永生相关的神物的神话中至关重要。

在许多英雄神话中，我们都会发现国王与葡萄酒有关。俄里翁（Orion）神话里的俄诺庇翁（Oinopion），赫拉克勒斯神话里的俄纽斯（Oineus），珀耳修斯神话中的俄诺玛奥斯（Oinomaos），他们的名字都来自希腊词汇 oinos（葡萄酒）。英雄与国王的女儿成婚或是引诱她（赫拉克勒斯、俄里翁），或是他获得了能够永生的神物（比如断头），

---

① Apollodorus, *The Library 1 and 2*, Cambridge（Mass.）/London,1976.

并希望通过这个神物在婚姻中得到她［参照珀耳修斯得到戈尔贡的头颅献给波吕得克忒斯（Polyolektes），当时波吕得克忒斯假装要与俄诺玛俄斯的女儿成婚］。

俄里翁神话出现的时间非常早。俄里翁是个伟大的猎人，他追求墨洛珀（Merope），也有别的神话版本说他追求的是俄诺庇翁国王的女儿赛德（Side，红石榴）。国王把他灌醉，刺瞎他的眼睛，把他扔在海滩上。俄里翁找到去赫菲斯托斯的铁匠铺的路，并把一个孩子放在肩膀上为他指路，带他去了日出的地方。太阳帮助他恢复了视力，也有其他版本说是在太阳的妹妹、黎明之神厄俄斯（Eos）的帮助下恢复了视力。俄里翁与厄俄斯同枕共眠，并试图向俄诺庇翁报仇，俄诺庇翁躲在了赫菲斯托斯建的一间地下小屋之内，最终，俄里翁被一只名叫阿耳忒弥斯或者厄俄斯的蝎子杀死，而他变成了天空中的一个星座。①

这个神话串联起了许多熟悉的主题。神话的第一部分，是引诱葡萄酒主人的女儿以获得智慧与长生的圣水这一主题的变体。这个尝试似乎是成功了，但是俄里翁为此失去了双眼。疾病往往与智慧有关。比如印度英雄恰瓦纳，最终重获了视力。黎明之神尤萨思（Uṣas）与太阳以及印度神话中的双马童相关联。在恢复恰瓦纳的青春时，双马童试图赢得一个妻子，但最终失败了。厄俄斯是尤萨思在希腊神话中对应的角色，她成功地赢得了自己的爱人。恰瓦纳和俄里翁都得到了自己的妻子，也恢复了视力。但是，有些版本中认为俄里翁最终还是被厄俄斯杀掉，因为她认为他强奸了她的一个侍女。俄里翁与女人的关系给他带来了麻烦，就像大多数希腊神话中和蜂蜜酒有关的英雄一样。她们先让他失去双眼，然后失去生命，但是最终他在天空中得到另一种永生。

---

① Apollodorus, *The Library 1 and 4*, Cambridge(Mass.)/London, 1976, pp. 151-152.

这些神话片段没有提到获得神物。下面，我们要探究关于珀耳修斯、赫拉克勒斯和伊阿宋的一些更具体的神话，他们获得了与永生有关的一些神物。这些神话为希腊神话中蜂蜜酒系列的结构提供了重要信息。

戈尔贡的头颅

珀耳修斯是达娜厄（Danae）的儿子，达娜厄是阿耳戈斯国阿克里西俄斯（Akrisios）国王的女儿。阿克里西俄斯与普洛托斯（Proeteus）是兄弟也是敌人，他们在母亲肚子里就开始争斗。后来他们俩瓜分了阿耳戈斯的领土。

阿克里西俄斯从神谕里得知，如果达娜厄生下一个男孩，这个男孩会杀掉他。于是他将她囚禁在地下的一个铜室内。但达娜厄还是怀孕了，并生下了一个男孩珀耳修斯。有些传说认为孩子的父亲是普洛托斯，还有一些仍然认为是宙斯。阿克里西俄斯将达娜厄和她的儿子放进一个箱子里并投入大海，箱子被冲到了塞里福斯岛上。狄克提斯（Diktys）——塞里福斯岛波吕得克忒斯王的兄弟，带回了男孩并抚养他长大。

波吕得克忒斯爱上了达娜厄，但是当时已经长大的珀耳修斯不能容忍他们的婚姻。波吕得克忒斯就欺骗珀耳修斯说自己要娶的是希波达弥亚（Hippodameia）——俄诺马俄斯国王的女儿。在其他人纷纷献上骏马作为新婚礼物时，波吕得克忒斯借机让珀耳修斯为他取回戈尔贡·美杜莎的头颅，因为珀耳修斯曾经说过要去取美杜莎的头颅。雅典娜和赫尔墨斯带领珀耳修斯见到了戈尔贡三个姐妹中的两个姐姐。她们年事已高，共用一只眼睛和一副牙齿。珀耳修斯抢走了她们的眼睛和牙齿，并告诉老妇人，只要她们说出找到山林水泽女神的路，他就归还眼睛和牙齿。因为山林水泽女神拥有他完成使命所需的三件工具：一双可以让人飞起来的飞翼草鞋，一个袋子，一项可以使他隐形的哈得斯的魔法帽。得到这些之后，赫尔墨斯还给他一把坚硬的镰刀，于是他飞到大洋之中戈尔贡·美杜莎的住处。他避开美杜莎的目光，砍掉了她的头颅，从伤口处出现了飞马珀伽索斯（Pegasos）和革律翁（Geryon）的父亲克律萨俄耳（Chrysaor）。珀耳修斯将美杜莎的头颅放进袋子，并躲开了追赶他的戈尔贡两姐妹，他的魔法帽子使她们无法找到他的踪迹。

在有些神话版本中，珀耳修斯去拜访了阿特拉斯，但由于阿特拉斯的冷漠，珀耳修斯就把他变成了化石。后来，当他经过埃塞俄比亚时，他看到一个年轻女子被绑在石头上，快要被海怪吃掉。这个女子就是安德洛墨达（Andromeda），是刻甫斯国王和卡西奥佩娅的女儿。她的母亲夸口自己比涅瑞伊得斯（Nereids，即海仙女——译者注）还要美貌，激怒了涅瑞伊得斯。于是波塞冬让海水泛滥，让海怪侵扰，作为惩罚。珀耳修斯要求公主的父亲答应将公主嫁给他，他就去救公主。他杀死了海怪（也有版本说他将海怪变成石头）。菲纽斯（Phineus）是刻甫斯的兄弟，许多版本都认为他是珀耳修斯的情敌。他与安德洛墨达的父母一起，打算暗算珀耳修斯。珀耳修斯就把菲纽斯、卡西奥佩娅和所有他们的人都变成了石头。然后他又回到了塞里福斯岛，把波吕得克忒斯和他的党羽都变成了化石。有些版本的神话认为是波吕得克忒斯强迫达娜厄与他成婚。

珀耳修斯让狄克提斯当上了塞里福斯岛的国王，并把草鞋、袋子和帽子都给了赫耳墨斯，赫耳墨斯又将这些还给了山林水泽女神。至于戈尔贡的头颅，珀耳修斯则献给了雅典娜。

在拉里萨，裴塔米迪斯（Teutamides）国王在举行一场运动会，珀耳修斯掷出一个铁饼，砸到了阿克里西俄斯的脚上使他丧命。珀耳修斯回到了阿耳戈斯国，并让普洛托斯的儿子墨伽彭忒斯（Megapenthes）取代了阿克里西俄斯在那里的位置。他最终定居在梯林斯，守卫着米狄亚和迈锡尼。[①]

珀耳修斯和安德洛墨达抓捕戈尔贡的最初目的是赢得俄诺玛俄斯之女——希波达弥亚，让她成为波吕得克忒斯的新娘。希波达弥亚与马相关（她的名字的意思是驯马者），她的父亲则与酒相关。有关酒和马的神话广为人知，来自获取蜂蜜酒的神话。它讲述了企图用象征永生的断头与葡萄酒交换的故事。最后，波吕得克忒斯为了婚姻而索取的断头却导致了他的毁灭。

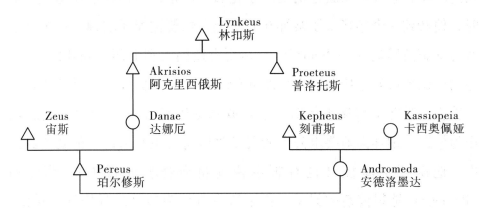

珀耳修斯和安德洛墨达

地下的铜铸密室是凯尔特神话中的铁制房子的一种变体。这个密室的作用并不是杀死战士，而是阻止妇女生育。最终，这所密室并未达到此目的，就像另一个被放沉的木箱子一样。这个木箱子并没有像预期的那样，沉入水中，而是变成了一艘船，把达娜厄和她的儿子载到安全之处。还有一个重要的容器——布袋。它是珀耳修斯从山林水泽女神那里获得的三件物品之一。另两件——鞋子和帽子都具有魔

① Apollodorus, *The Library 1 and 2*, Cambridge（Mass.）/London,1976；R. Graves, *The Greek Myths*：*1 en 2*, Harmondsworth, 1975, pp. 237-242；H. J. Rose, *A Handbook of Greek Mythology*, London, 1978, pp. 272-273.

法，那么这第三件也被认为可能有魔法，它可能是唯一一件能够装美杜莎头颅的容器。

这个神话仍然表达了这样的主题，即受到致命伤害的脚，以及即便与身体分离仍然毫发未损的头颅。珀耳修斯用这个头颅打败了怪兽，把阿特拉斯变成石人，打败了他潜在的姻亲。珀耳修斯把这些人都变成了石人：他的妻子安德洛墨达的亲戚、他母亲的追求者以及他的随从。永生的头颅与婚姻制度之间的对立，表现了生死的轮回。这些故事深深地强调了这个主题。

赫拉克勒斯的伟绩

赫拉克勒斯是希腊最伟大的英雄之一。关于他的神话有许多，但是最著名的神话是关于他所完成的十二项伟绩。我们将根据阿波罗多洛斯《书库》的记载讲述这个最著名的神话。

赫拉克勒斯是宙斯和阿尔克墨涅（Alkmene）之子，他的兄弟伊菲克勒斯（Iphikles）是安菲特律翁（Amphytrion）与阿尔克墨涅之子。这一对兄弟，最终一个获得永生，另外一个却未能如此幸运。

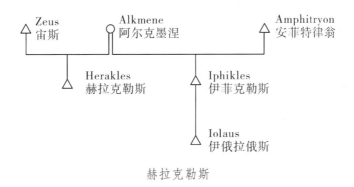

赫拉克勒斯

赫拉克勒斯的名字意味着赫拉之荣誉，但是他与赫拉的关系却相当复杂。赫拉一生都在追捕他，因为他生来就是一个强大的人类对手。根据荷马所记载，赫拉克勒斯咬伤了赫拉的乳房。① 然而根据其他神话版本的记载，赫拉曾被骗来用乳汁喂养还是婴儿的赫拉克勒斯。② 赫拉克勒斯获得永生后，娶了赫拉的女儿赫柏（Hebe）为妻。关于他的出生地，人们通常认为是在底比斯，但是他成就伟绩之地却是在梯林斯，那里有许多赫拉的信徒。

在赫拉克勒斯还是个婴儿的时候，他就显示出非比寻常的神力。他掐死了赫拉派来企图杀死他的两条巨蛇。③ 当他成年后，他杀死了喀泰戎（Kithairon）的狮子，并把狮子的皮当衣服穿，把狮子的头皮当头盔戴。他和第斯庇乌斯（Thespios）的五十个女儿生下了五十个孩子。他打败了来自底比斯索取贡品的米尼安人（Minyan）使者，并娶底比斯国王克瑞翁（Kreon）之女墨伽拉（Megara）为妻。后来，赫拉把赫拉克勒斯逼疯，导致他把自己的孩子以及他哥哥的两个孩子扔进火堆里。④ 因此，皮提亚（Pythia）惩罚他去梯林斯服侍迈锡尼的国王欧律斯透斯（Eurystheus），期限为十二年，并要完成十项伟绩。这样，他才能获得永生。事实上，共有十二项伟绩，但是其中的两项［勒耳那水蛇许德拉（Lerna）以及奥革阿斯（Augeias）的马厩］并未得到欧律斯透斯国王的肯定，因为赫拉克勒斯是得到了哥哥的儿子和河神的帮助才完成这两项任务的。

1. 涅墨亚狮子。赫拉克勒斯必须把复仇女神的狮子的皮带给国王欧律斯透斯。这头狮子所向无敌，任何武器都无法损伤它分毫。所以，赫拉克勒斯只能掐死他。根据其他版本，赫拉克勒斯后来把它的皮毛当作盔甲来穿。当他穿着皮毛盔甲快接近迈锡尼城时，国王欧律

① *The Iliad of Homer*, Houghton, Mifflin & Co. , Riverside Press ,1905.

② Pausanias, *Guide to Greece*, Harmondsworth, 1979.

③ Apollodorus, *The Library 1 and 2*, Cambridge（Mass.）/London,1976.

④ Apollodorus, *The Library 1 and 2*, Cambridge（Mass.）/London,1976.

斯透斯因害怕而藏在了地下一个青铜罐里。

2. 勒耳那水蛇许德拉。此怪兽共有九个头，其中八个头颅是正常的，另外一个头颅却是不死的。当正常的头颅被砍掉，新的头颅又会从伤口处长出来。后来，赫拉克勒斯哥哥伊菲克勒斯的孩子，伊俄拉俄斯（Iolaus）把怪兽的伤口烧灼，新的头颅才没有长出。赫拉克勒斯把那颗不死的头颅砍掉并埋藏在一块巨石下。他把自己的箭浸泡在怪兽的胆汁里，它的胆汁是致命的毒药。

3. 刻律涅亚山的牝鹿（The Kerynitian Hind）。这头鹿是阿耳忒弥斯的圣物，长有金色的犄角。赫拉克勒斯用了一年的时间抓住这头鹿，用箭射死它，把它扛回迈锡尼。

4. 厄律曼托斯山（Erymanthian）的公猪。这头公猪体型巨大，常常践踏土地。在赫拉克勒斯完成任务的过程中，他见到了半人半马的肯陶洛斯人福罗斯（Centaur Pholos），赫拉克勒斯向他要酒喝，但是酒是肯陶洛斯人的共有财产，福罗斯不能给他。赫拉克勒斯最终说服了他，却被其他肯陶洛斯人闻到了酒味，开始攻击他们。赫拉克勒斯赶走肯陶洛斯人，并用毒箭刺伤了喀戎（Cheiron）的膝盖。喀戎在肯陶洛斯人中声名显著，被认为是他们的国王。喀戎的膝盖疼痛难忍，但他并不能死去，因为他长生不老。最后，普罗米修同意代替他永生，于是喀戎将会死去。招待赫拉克勒斯的福罗斯，在检查赫拉克勒斯的箭矢时，不慎将箭砸落在脚上，也意外身亡。后来，赫拉克勒斯在大雪中诱捕了那头公猪，并把它带回到迈锡尼。

5. 奥革阿斯的马厩。赫拉克勒斯必须清理国王奥革阿斯的养殖场，他改变了两条河的河道，并冲走所有的粪便。

6. 斯廷法利斯湖（Stymphalian）的怪鸟。这些鸟儿栖息在阿卡狄亚（Arcadia）的一个湖畔。一些神话描述说，这些鸟儿长着铜喙、铜翅、铜爪，它们的羽毛可以当作利剑来使用。赫拉克勒斯用从雅典娜那里得到的青铜响板吓唬它们，然后趁机杀死了它们。

7. 克里特公牛。这头牛被认为是把欧洲驮到宙斯面前的那头牛，另有说法认为它属于波塞冬。赫拉克勒斯后来把它带回到了迈锡尼。他把这头牛释放后，它破坏了阿提卡（Attica）的土地。

8. 狄俄墨得斯（Diomedes）的母马。据说，狄俄墨得斯的母马吃人。根据其他神话的版本，赫拉克勒斯把狄俄墨得斯喂给了他的母马，然后把它们带回了迈锡尼。

9. 希波吕忒（Hippolyte）的腰带。希波吕忒是阿玛宗（Amazons）人的皇后。阿玛宗人的女勇士们为了能够使用标枪，割下了自己的右乳。赫拉克勒斯必须得到希波吕忒的金色腰带。这个神话是珀耳修斯神话的另一种变体。赫拉克勒斯把特洛伊国王拉俄墨冬（Laomedon）的女儿从正欲吞噬她的海怪嘴里救了出来。

10. 革律翁的牛。革律翁是个三头巨人，他的牛由一只两头犬看管。当赫拉克勒斯远行至南方时，那里的太阳光线十分炙热，他便举箭威胁要射掉太阳（在某些版本里，他确实射掉了太阳）。出于对赫拉克勒斯刚毅果敢的佩服，太阳神送给他一个金杯。赫拉克勒斯杀死了看管牛的狗，并把牛赶上了金杯。当他到达塔提索斯（Tartessos）后，他把金杯归还给太阳神。许多神曾试图从赫拉克勒斯手中夺走那头牛，或者企图把他们分开，但牛最终被赫拉克勒斯驱赶到了迈锡尼，被欧律斯透斯当作祭祀品送给了赫拉。

11. 赫斯珀里得斯的金苹果。赫斯珀里得斯是泰坦神阿特拉斯之女。金苹果是大地神母亲赠予宙斯和赫拉的结婚礼物。这些苹果由一个百头巨龙看管。赫拉克勒斯需要行走到日落之处才能找到金苹果。在路上，他受到了阿瑞斯的儿子库克诺斯（Kyknos）的挑战，但是他俩最终被一个雷电分开。后来，宙斯和忒弥斯的女儿们，向赫拉克勒斯透露了找到海神涅柔斯（Nereus）的地方。他与海神格斗了多次，尽管海神变成各种形状，最终还是被打败了。海神告诉了赫拉克勒斯金苹果的藏身之处。赫拉克勒斯与安泰（Antaios）展开决斗。安泰只要脚不离地就能源源不断地从大地母亲身上吸取力量，所向披靡，于是赫拉克勒斯把他举到半空中，然后杀死了他。几经险阻之后，赫拉克勒斯得到了太阳神赠予的金杯并杀死了折磨普罗米修斯的苍鹰。普罗米修斯指点他去阿特拉斯背负青天的地方，让阿特拉斯替他去取金苹果。根据其他一些版本，他射死了看管苹果的巨龙，暂时担负了阿特拉斯身上背负的青天。阿特拉斯替他取回了苹果，但是却想亲自给欧律斯透斯带回去，让赫拉克勒斯替他肩负世界的重担。赫拉克勒斯请求阿特拉斯暂时替他承担一会儿，以便他能在头上垫一块垫子。阿特拉斯答应了他，赫拉克勒斯见状赶快逃走了，并把苹果带给了欧律斯透斯。后来欧律斯透斯又把苹果归还给了他。最后，赫拉克勒斯把苹果送给了雅典娜，她把它们放置到了合适的地方。

12. 捕获三头狗刻耳柏洛斯。赫拉克勒斯最后的任务是捕获冥界守护者三头狗刻耳柏洛斯。刻耳柏洛斯长着狗的头颅，但却有着蛇的尾巴。由于赫拉克勒斯杀死了肯陶洛斯人，他必须首先洗刷自己的罪孽，才能被厄琉西斯的魔法接纳。

之后，赫拉克勒斯到了哈德斯掌管的冥界。当赫拉克勒斯看到试图接近他的美杜莎时立即拔出了自己的剑，但是赫尔墨斯告诉他，这里的美杜莎只不过是一个幽灵。赫拉克勒斯解救了被囚禁在地狱中的忒修斯，但却没能救出忒修斯的伙伴皮里托奥斯（Perithoos）。之后，赫拉克勒斯宰杀了哈得斯的一头牛，并与该牛的守护者墨诺提俄斯（Menoites）进行了一场格斗。墨诺提俄斯承诺如果赫拉克勒斯能够徒手将他打败，就能够带走刻耳柏洛斯。赫拉克勒斯在格斗中成功地击败了墨诺提俄斯，并把刻耳柏洛斯带给欧律斯透斯，在任务完成后又将刻耳柏洛斯归还冥界哈德斯处。

所有的任务完成后，赫拉克勒斯返回到底比斯，把他的妻子墨伽拉送给了他哥哥的儿子伊俄拉俄斯为妻。后来他在剑术比赛中战胜了国王欧律托斯（Eurytos）和他的儿子，赢得了俄卡利亚（Oichalia）国王的女儿伊俄勒（Iole）。但是国王拒绝把自己的女儿嫁给赫拉克勒斯，尽管他的大儿子伊菲托斯（Iphitos）再三替赫拉克勒斯说情。最初伊菲托斯盛情招待赫拉克勒斯，却被赫拉克勒斯从梯林斯的墙上扔了出去。由于赫拉克勒斯犯下的这个可憎的罪行（即辜负他人的款待），他大病一场。治病的唯一良方就是为吕底亚的女皇翁法勒（Omphale）服役三年。在他服役期间，他经历了许多冒险，在有些神话版本中，甚至记载了他还必须完成妇女应该做的工作。

赫拉克勒斯曾多次出行远征，最著名的是出行特洛伊、伊利斯、皮洛斯，尼尔森认为这是向死神的挑战之旅。[1] 最后赫拉克勒斯到达了俄纽斯管辖的疆域，并追求他的女儿得伊阿尼拉（Deianeira）。根据其他神话版本记载，她是狄奥尼索斯之女，是她把第一瓶葡萄酒给了俄纽斯及他的妻子。赫拉克勒斯和他的情敌阿刻罗俄斯（Acheloos）为了争夺得伊阿尼拉而搏斗，并最终打败了阿刻罗俄斯。阿刻罗俄斯变成了一头牛，被赫拉克勒斯折断了一只犄角。阿刻罗俄斯的这只犄角只有用阿玛尔忒亚（Amaltheia）的牛角交换，阿刻罗俄斯才肯。阿玛尔忒亚（Amaltheia）的牛角可以提供丰富的肉和酒。

俄纽斯的一个亲戚不慎把水倒在赫拉克勒斯的手上，他就杀掉了

---

[1] M. P. Nilsson, *The Mycenaean Origin of Greek Mythology*, Berkeley, Los Angeles/London, 1972, p. 203.

这个男孩，随即赫拉克勒斯和得伊阿尼拉被流放。在途经一条名为欧厄诺斯（Evenos）的河流时，肯陶洛斯人涅索斯（Nessos）装作摆渡船夫，把得伊阿尼拉运送过河后企图强奸她。赫拉克勒斯用箭射死了涅索斯，他奄奄一息之际，告诉得伊阿尼拉，他的精液和伤口处流出的血液混合起来，可以配制一种永葆爱情的药。

赫拉克勒斯身经百战，他在特拉基斯（Trachis）杀死了俄卡利亚国王欧律托斯和他的儿子。他把特拉基斯城洗劫一空，并俘虏了国王的女儿——伊俄勒。得伊阿尼拉得知此消息后，妒火中烧，她把肯陶洛斯人涅索斯的血液涂在一件衣衫上，送给了赫拉克勒斯。当赫拉克勒斯穿上此衣衫后，顿时浑身起火，他不顾一切地把衣服扯下来，撕掉的衣服上沾满了他灼伤的皮肉。得伊阿尼拉得知真相后悲痛欲绝，上吊自尽。赫拉克勒斯命令他与得伊阿尼拉所生的大儿子许罗斯（Hyllos）和伊俄娜结婚。赫拉克勒斯爬上山，堆起一个柴堆，在他的再三请求下，菲罗克忒忒斯（Philoktetes）的父亲——波阿斯（Poeas）点燃了柴堆。后来天空中飘来一朵云，飘到赫拉克勒斯的脚下，把他带到了天堂。在那里他与赫拉和解，娶了赫拉的女儿赫伯，并最终获得永生。

阿波罗多洛斯给了赫拉克勒斯的儿子们一份很长的清单，让他们继续冒险之旅。赫拉克勒斯的临时主人欧律斯透斯被许罗斯杀死，他的头颅被砍掉了，并被送给了阿尔克墨涅。阿尔克墨涅用织针挖出了他的眼睛。[①] 但是根据其他版本记载，杀死他的是依俄拉俄斯，请参看保萨尼亚斯（Pausanias）作品。

---

① Apollodorus, *The Library 1 and 2*, Cambridge（Mass.）/London,1976；H. J. Rose, *A Handbook of Greek Mythology*, London, 1978,pp. 205-219；R. Graves, *The Greek Myths：1 en 2*, Harmondsworth, 1975,pp. 84-208；M. P. Nilsson, *The Mycenaean Origin of Greek Mythology*, Berkeley,Los Angeles/London, 1972,pp. 187-220.

如果赫拉克勒斯能够完成那十项任务，他就可以获得永生。[①] 这个神话的背景和内容都与凯尔特神话中有关特瑞尔·比克里欧的儿子的神话极为相似。这些英雄和万神殿中地位重要的女神（希腊神话中的女神赫拉，凯尔特神话中的女神达娜厄）的关系极为密切。由于这些英雄们在历险途中，都曾经屠杀过生命，所以作为对此恶行的惩罚，他们必须去寻求并得到一些神物和具有神力的动物，这些东西都与长生不老和生死轮回相关联。可是，最终赫拉克勒斯失去生命，是由于他穿上了置他于死地的长衫（长衫是文明载体）。特瑞尔·比克里欧的儿子们失去生命是由于有人不给他们那块能愈伤的猪皮（猪皮是自然载体）。自然载体和文明载体之间的对立体现在赫拉克勒斯的神话中。当那件具有魔力的长衫置他于死地时，那件被当作盔甲穿在身上的刀枪不入的狮子皮保护了他。

魔锅故事的变体也体现在这一神话故事中。太阳神赠送的金杯里乘着革律翁的牛。牛经常是与蜂蜜酒和大锅相关联的（请参看印度神话中记载的陀湿多的牛，凯尔特神话中因德·伊贝尔的牛的故事）。

另一个文化载体是青铜罐，它是欧律斯透斯的藏身之处，就像国王厄诺皮翁藏身于地下的一所房屋里以躲避俄里翁的报复。这所房子是赫菲斯托斯使用青铜或铸铁制造的。这令人想起在有关珀耳修斯的神话中达娜厄住过的青铜密室，该密室的目的是阻止她生育后代（即阻止妇女的生育能力）。欧律斯透斯主动进入青铜罐，厄诺皮翁进入地下密室，可能都表达了对男性象征英勇雄壮的否定。这个主题的另一个变化体现在凯尔特神话中，即建造在地面上的铁房子，其目的是摧毁武士们。

欧律斯透斯实际上并不是代表战争，而是代表智慧。这表现在他

---

① Apollodorus, *The Library 1 and 2*, Cambridge (Mass.)/London, 1976.

的死亡方式——断头并瞎眼上。相反，赫拉克勒斯之所以变疯，杀死自己的孩子，是因为赫拉的逼迫让他失去理智，变得疯狂。赫拉也把狄奥尼索斯逼疯了，赫拉克勒斯的疯狂与狄奥尼索斯是一样的，都杀死了自己的后代。赫拉克勒斯把自己的孩子扔进火堆，他的这种做法可能是想使孩子获得永生（请参看有关得墨忒尔和得摩丰的神话，讲述了得墨忒尔把得摩丰扔进火堆企图让他获得永生）。赫拉克勒斯和父系的亲属伊菲克勒斯、伊俄拉俄斯、许罗斯的关系也都很好，很有可能他这样对待他的孩子的本意并不是要去伤害他们。

相反，赫拉克勒斯和他的姻亲亲属关系十分敌对，他的婚姻都以失败而告终。他把他和墨伽拉所生的孩子杀死。完成了必须完成的任务后，他把墨伽拉送给他哥哥的儿子伊俄拉俄斯当妻子。为了娶伊俄勒为妻，他杀死了伊俄勒的父亲和哥哥，但最后却把她送给了许罗斯。他杀死了得伊阿尼拉的一个亲戚，最终他因得伊阿尼拉而死。赫拉克勒斯的每一次屠杀生命都和他的婚姻有关，并因此而被流放。当他杀死了他和墨伽拉的孩子，他被流放到梯林斯。当他杀死了伊俄勒的哥哥，他被流放到吕底亚去服侍女王翁法勒。当他杀死了得伊阿尼拉的亲戚，他又被再一次流放。

关于赫拉克勒斯的许多神话都和捕获动物或者神物有关，而这些动物或神物都与永生有关（参看涅墨亚的狮子，勒耳那水蛇许德拉，等等）。在这一方面，最重要的故事是赫拉克勒斯与肯陶洛斯的冒险，他的最后三项任务，以及他与得伊阿尼拉的婚姻。

在赫拉克勒斯捕猎厄律曼托斯山上的公猪途中，他见到了肯陶洛斯人。这个事件是捕获蜂蜜酒神话的变体。肯陶洛斯人是伊克西翁（Ixion）和涅斐勒（Nephele）的孩子。伊克西翁爱上了赫拉，宙斯用云（即涅斐勒）幻化成赫拉去欺骗伊克西翁。伊克西翁强奸了涅斐勒，生下了肯陶洛斯人——半人半马。伊克西翁被宙斯惩罚，把他绑在一个火轮上，一刻不停地在天空旋转。[①] 因此，伊克西翁与太阳相关，但是，火轮让人想起了印度神话中的守护长生酒的轮子。希腊神话中的肯陶洛斯人的起源明显是印度神话中双马童出生这一神话的变体。太阳神毗婆湿婆娶陀湿多之女娑罗尼尤为妻。娑罗尼尤假造了一个自己的形象，来欺骗自己的丈夫，然后把自己变成了一头驴，离开了她的丈夫。当她的丈夫得知真相后，他把自己变成了一头公马。他找到自己的妻子并和她生下了双马童。双马童是神圣的医师，他们都长着马头。我们可以看出，在印度神话有关蜂蜜酒轮回的故事中，他们发挥了重要的作用。在希腊神话中，肯陶洛斯人发挥的作用一样重要。喀戎是神圣医师阿斯克勒庇俄斯的老师。在这个神话中，赫拉克勒斯的掠夺使肯陶洛斯人失去了蜂蜜酒，而喀戎因为与普罗米修斯的交换而失掉了永生的能力。在凯尔特神话中，因德·伊贝尔失去了魔锅；在希腊神话中，肯陶洛斯人失去了蜂蜜酒；但是在印度神话中，双马童却得到了长生酒。

普罗米修斯在夺取金苹果的神话中也发挥了作用。在有关肯陶洛斯人和夺取金苹果的神话中，他都从捕获神物中获利。在第一个神话中，他获得了永生；在第二个神话中，他被从苦难中解救出来。

赫拉克勒斯完成的最后三项任务是获得保证永生的神物的变体。（尼尔森以同样的方式演绎了这一神话）。他们组成了凯尔特神话中相关神话的变体。捕获革律翁的牛是凯尔特神话中库·罗伊·麦科黛尔之死的变体，也是印度神话中有关陀哩陀·阿婆提耶，牛的三头守护者被杀故事的变体。夺取金苹果以及神犬这样的故事可以在特瑞尔·比克里欧的儿子的故事中找到缩影。

赫拉克勒斯和得伊阿尼拉的神话故事与伊阿宋和美狄亚的阿尔戈

---

① Apollodorus, *The Library 1 and 2*, Cambridge（Mass.）/London, 1976.

之旅神话系列有明显的关联。

阿尔戈之旅

有关金羊毛的神秘故事是最古老的希腊神话之一。这个故事的版本有许多，以下根据阿波罗多洛斯《书库》中的描述，讲述故事的梗概。

堤洛（Tyro）和波塞冬所生的儿子珀利阿斯（Pelias），继克瑞透斯（Kretheus）之后成为伊俄耳科斯（Iolkos）的国王。曾经有人提醒他要提防一个只穿一只鞋子的人。在他组织为波塞冬祭祀之时，埃宋的儿子伊阿宋也参加了。伊阿宋在途中不慎将自己的一只鞋子掉入阿瑙罗斯（Anauros）河。据其他的神话版本记载，伊阿宋是带着女神赫拉一起过河的。珀利阿斯见到伊阿宋时，想起了那个预言。珀利阿斯问伊阿宋，如果他得知神谕，即他的某个臣民会置他于死地，他会怎么办。伊阿宋回答，他会把这个人派到科尔喀斯（Kolchis）去取金羊毛。金羊毛由一头永不休息的龙守护着。珀利阿斯听后，就命令他去取回金羊毛。伊阿宋有一艘船，叫作阿尔戈号。这艘船载着希腊的许多著名英雄〔赫拉克勒斯、狄奥斯库里、俄尔甫斯、珀琉斯、忒拉蒙（Telamon）等等〕出发了。

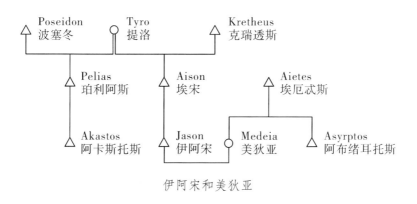

伊阿宋和美狄亚

151

一路上，他们历尽艰险。他们遇见了利姆诺斯岛上的妇女，这些妇女杀死了自己的父亲和丈夫。他们还和这些妇女发生了性关系。他们又遇见了杜利奥纳人（Dioliones），受到了盛情款待。但是当他们因为逆风不得不再次登陆时，他们就被带到了佩拉斯吉人（Pelasgians）那里，接着发生了一场战斗。杜利奥纳的国王，也就是之前款待他们的主人，在战争中阵亡。

　　在密西亚（Mysia），他们留下赫拉克勒斯和波吕斐摩斯，继续前行到柏布律喀亚国（Bebykres）。这里的国王阿密科斯（Amykos）是波塞冬的儿子之一，他常常要和到访者比赛拳击，一决高低。他被波吕丢刻斯杀死。然后，他们来到预言家菲纽斯所在之处。菲纽斯——这位失明的圣人深受哈耳庇厄（Harpies）的折磨，这些长有翅膀的雌性怪物偷走并且破坏他的食物，导致他吃不到任何食物。阿尔戈的英雄们解救了菲纽斯，他向他们透露了旅行的路线。他们绕过了险礁，最终到达科尔喀斯。

　　伊阿宋向科尔喀斯的国王埃厄忒斯（Aietes）索要金羊毛。国王答应了他的要求，但前提是他能够把两头铜脚喷火的神牛犊扼在一起，并且要播撒一部分卡德摩斯在底比斯播种过的龙牙。埃厄忒斯的女儿美狄亚是个女巫。她爱上了伊阿宋，要求伊阿宋发誓娶她并带她去希腊。伊阿宋发誓后，她给了他一种药。如果他把药膏涂抹在身体和胳膊上，那么野牛就无法伤害他。她告诉他，当全副武装的士兵从龙牙里跳出来时，他就向士兵中扔石头，然后他们会内斗起来，这时他就能够把他们杀死了。

　　伊阿宋按照她所说的去做，成功地完成了任务。紧接着他向国王索要金羊毛，但是国王拒绝了他的要求，因为国王打算烧毁阿尔戈船并杀死船员。夜间，美狄亚把伊阿宋带到金羊毛处，用药使守护金羊毛的龙睡着，然后他们拿走了金羊毛。美狄亚和她的哥哥阿布绪耳托斯（Asyrptos）一起登上了船。阿尔戈的英雄们趁着夜色逃走了。

第二天，国王追捕他们，美狄亚见状就杀死了她的哥哥，把他的尸体切成碎片，把四肢扔进了海里。为了收拾自己儿子的尸体残骸，国王远远地落后于他们。然而在某些神话版本里，阿布绪耳托斯是被伊阿宋杀死的。

宙斯发动了一场猛烈的风暴来惩罚阿尔戈的英雄们，他们乘坐的船只开口说，宙斯的怒火会一直持续到他们被喀耳刻（Kirke）净化为止。

他们被净化之后，继续前行，经过塞壬（Sirens）、斯库拉（Skylla）及卡律布狄斯（Charybdis），然后，到达斐亚克（Phaiakians）。追逐他们的科尔喀斯人（Kolchians）要求那里的国王阿尔喀诺俄斯（Alkinoos）交出美狄亚。国王答应了这个要求，但前提是美狄亚仍然是处女之身。阿尔喀诺俄斯的妻子阿瑞忒（Arete）见状赶紧让美狄亚和伊阿宋结婚。美狄亚和伊阿宋在阿纳菲岛（Anaphe）向阿波罗进贡。他们在克里特岛杀死了青铜巨人塔罗斯（Talos）。最终他们返回伊俄耳斯。

与此同时，珀利阿斯想要杀死埃宋，但是他却因喝了牛血而自杀身亡。伊阿宋的母亲从前诅咒过珀利阿斯，因为珀利阿斯把她襁褓之中的儿子普罗马科斯（Promachos）杀死了，之后她悬梁自尽。

伊阿宋把金羊毛交给了珀利阿斯，但是他仍然对国王心存报复。美狄亚把一只公羊切碎，放入一口大鼎，煮沸后，这只公羊又复活了（在其他版本中，她使埃宋复活）。然后，她说服珀利阿斯的女儿们把她们的父亲也切碎，这样她就能使她们的父亲永葆青春。珀利阿斯的女儿们听信了她的话，把父亲切碎了。然而，美狄亚并没有施法让珀利阿斯复活。珀利阿斯的儿子阿卡斯托斯把美狄亚和伊阿宋驱逐出伊俄耳科斯，随后，他们去了科林斯。底比斯的国王克瑞翁把他的女儿格劳刻（Glauke）嫁给了伊阿宋，并让美狄亚和伊阿宋离婚。美狄亚送给新娘一条有毒的长袍，新娘穿上后被烧死。美狄亚还杀死了她和伊阿宋的孩子们，坐在由长翅膀的蛇（太阳神的礼物）拉的战车上逃跑了。她逃到雅典，嫁给了埃勾斯（Aigeus），但是她因谋反忒修斯而被驱逐。当她回到科尔喀斯，她父亲的王位被她叔叔珀耳塞斯（Perses）篡夺，她杀死了她的叔叔，使她的父亲重登王位。

根据其他版本，伊阿宋是坐在阿尔戈船头思考自杀时，被倾倒的船头压死的。[①]

伊阿宋这个名字的意思是治疗者。根据传统，他是由半人半马的怪兽喀戎养育的，就像阿斯克勒庇俄斯一样。治疗这种特质可能被归功于金羊毛（在凯尔特神话中，特瑞尔·比克里欧的儿子们也得到了相似的皮肤）。但是就像赫斯珀里得斯的金苹果、太阳神的牛等等一样，金羊毛不再与印欧神话中蜂蜜酒系列所主导的生与死的永生主题相联系。但是，这个神话保持了许多蜂蜜酒系列的特色。金羊毛是由一条从不睡觉的龙守护的。这条龙是与神牛相关联，住在世界的最末端，通过越洋远航才能接近它，只有引诱了它主人的女儿后，它才能被捕获。美狄亚似乎与太阳相关（请参看她的战车），她经证明是生死的主宰者。她使伊阿宋面对公牛时，不会受到任何伤害；她拥有魔法，能够把活生生的人或物切碎放入大锅煮沸，并使之复活。我们甚至找到了她获得永生的传说。[②] 当一块石头被扔到勇士们中间时，他们自相残杀的故事是蜂蜜酒故事的一部分。在斯堪的纳维亚神话中，波尔维克（Bolverk）用类似的方式使得鲍吉的仆人们互相残杀。

金羊毛神话所预示的社会编码与赫拉克勒斯和得伊阿尼拉婚姻的神话所预示的社会编码是紧密相连的。得伊阿尼拉是国王俄纽斯的女儿，俄纽斯从狄奥尼索斯或狄奥尼索斯的女儿那得到了第一瓶葡萄酒。因此这三者——俄纽斯、得伊阿尼拉、酒之间的联系非常紧密，所以赫拉克勒斯如何从俄纽斯的手中获得酒的神话很有可能曾与此神

① Apollodorus, *The Library 1 and 2*, Cambridge（Mass.）/London, 1976；R. Graves, *The Greek Myths*：*1 en 2*, Harmondsworth, 1975, pp. 215-258；H. J. Rose, *A Handbook of Greek Mythology*, London, 1978, pp. 196-205.

② D. N. Levin, *Apollonius' Argonautica re-examined*, Lugduni Batavorum：Brill, 1971.

话有联系。在当前的神话版本中，记载了赫拉克勒斯得到一个能够提供大量食物和酒的神奇牛角，这不禁让人联想到印欧神话中关于蜂蜜酒的故事。赫拉克勒斯的神话以及伊阿宋的神话都是引诱神物主人的女儿以获得神物这一主题的变体。

伊阿宋	赫拉克勒斯
获得金羊毛	获得神奇牛角
与主人的女儿结婚	与主人的女儿结婚
扼住两头神牛	打败一头神牛
杀死主人的一个儿子	杀死主人的一个亲戚
与科林斯的格劳刻结婚	俘虏了特拉基斯（Trachis）的伊俄勒
美狄亚因嫉妒用一件魔袍杀死了格劳刻	得伊阿尼拉出于嫉妒用一件魔袍杀害赫拉克勒斯
伊阿宋思考自杀时被船压死	得伊阿尼拉怀恨上吊自尽
美狄亚杀死自己的孩子并回到父亲身边	赫拉克勒斯把伊俄勒给了自己的儿子做妻子

金羊毛的神话以悲剧收场。美狄亚杀死了她的情敌，还有她父亲的儿子，最终回到了父亲的身边。她也许获得了永生。伊阿宋晚景凄凉，怀恨身亡。年轻一代被杀害，年老一代要么自杀身亡，要么获得永生。

有关赫拉克勒斯的神话故事有不同的结局：得伊阿尼拉不仅杀死了她的情敌，而且杀死了她的丈夫，她的丈夫是杀害她亲戚的凶手，最后伊俄勒幸存下来，嫁给了赫拉克勒斯的儿子许罗斯。美狄亚回到了父亲的身边（年轻一代回到年老一代身边），伊俄勒被赠与许罗斯（年轻一代中年长的一位）。赫拉克勒斯的孩子存活下来，杀死了欧律斯透斯，赫拉克勒斯获得永生。

这两个神话讨论了破碎的婚姻这一主题，但是各自的解决方法不同。美狄亚杀死情敌导致毁灭，得伊阿尼拉杀死丈夫却使丈夫得到永生，且香火延续。

尽管女儿们受到英雄的引诱经常背叛父亲，英雄们与母亲及祖母的关系十分融洽（珀耳修斯与达娜厄，赫拉克勒斯、许罗斯与阿尔克墨涅，狄奥尼索斯与他的母亲，等等）。但是，珀耳修斯杀害了他的外祖父。这个事件在蜂蜜酒系列中并不常见，但是在有关王位继承的神话中经常出现。正如我们接下来要读到的故事一样，可以看到在一些神话故事中外公与外孙的关系并不是很融洽。

第七章　摩伊图拉战争

引　言

在印欧民族的传统中，神都被赋予人的形象。斯诺里·斯图鲁松在他的《挪威王列传》中，就把北欧诸神描绘成了人类的模样，而在凯尔特神话中，神被描绘成一群法力高强、骁勇善战的英雄。将神明历史化的趋向在基督教中表现得尤为突出，而这种趋势在欧洲各个民族皈依基督教之前就已经存在了，罗马神话与历史的融合从 20 世纪就已经开始了。[①]

神话与历史的结合对神话自身的内容和结构也产生了深远的影响。能赋予智慧和永生的蜂蜜酒已经失去了往昔的光辉，王权和土地成了族群间、个体间角逐的重点。而在这种谱系下发展的神话已上升为王权的继承问题，并在神话与历史的结合体中扮演着尤为重要的角色。血亲和姻亲间，父系家族和母系家族间相同形式的对立已成为神话的主流，并开启了争夺王权和领土这类神话的先河。

在这一章中，我们将讨论一些普遍被认为是神话故事的凯尔特传说。而在下一章，我会谈到通常被认为是历史的罗马神话。

爱尔兰的神话历史在《爱尔兰之书》[译者马卡李斯特（Macalister，1938—1958）]中得到记载。它描绘了六个神话中的民族迁入爱尔兰的故

[①] R. S. Conway，S. K. Johnson，*Livy Ab Urbe Condita*，Clarendon Press，1963.

事，这六次迁入的民族分别是：①塞萨尔（Cessair）和她的族人；②帕特兰（Partholon）和他的子民；③诺曼德族人（Nemed）的子孙；④弗伯格族；⑤达纳神族；⑥米尔族人（Mil，即米莱西安人——译者注）的子孙。

在这里，达纳神族显得尤为突出，因为卢格、尤楚·欧拉提那、奥格玛以及其他一些伟大的凯尔特诸神都来自这一民族。达纳神族的意思是女神达娜的孩子，这个名字本身的词源是流动之水①，这也是印度神话中的檀那婆和希腊神话中丹纳士姊妹（Danaids）名字的来源（同样可参见海神波塞冬和希腊女神得墨忒尔）。达努族是印欧神话古老神族的代表。

六个移入的民族

1. 塞萨尔和她的族人。他们的主要成员都是女性，在大洪水到来之前抵达爱尔兰。在洪水中她们几乎全部丧命，只有芬坦（Fintan）得以生还，后来芬坦记录了这片大陆上繁衍迁徙的历史。

2. 帕特兰和他的子民。他们是第一个跟神秘的弗魔族战斗的民族。尽管传统观点都认为弗魔族来自北方，但他们却不是爱尔兰的移民。很显然，弗魔族一直在爱尔兰繁衍生息。《爱尔兰之书》第二部形容他们是一群独眼、独臂、单腿的怪兽。在其他一些书中，他们又被描绘成了人类。弗魔族国王伊拉坦之子伊施德·布莱斯（Eochaid Bres）就是一位美男子。在后来的爱尔兰民间传说中，弗魔族成了一群巨人，他们抵抗所有进入爱尔兰的入侵者，最后终于败在了达纳神族的手下。后来帕特兰和他的子民也因为一场瘟疫而灭绝。

---

① C. S. Littleton, "Some Fundamental Differences between Dumezil and Levi-Strauss," in *The Journal of Asian Studies*, 1974, 34(1), pp. 151-158.

3. 诺曼德族人的子孙。他们是诺亚的后裔，也是弗伯格族和达纳神族的祖先。他们和弗魔族的战争旷日持久，后来他们占据了主要的要塞——柯纳塔（Conall）。然而，弗魔族也修筑了他们的堡垒。诺曼德人的子孙终被逐出了爱尔兰，只有三十人幸免于难。

4. 弗伯格族。他们分为三个群体：弗伯格、弗多南（The Fir Domnann）和弗噶利欣（The Fir Galioin）。他们采用了传统的地域划分法，把爱尔兰划分为五个省。他们与弗魔族人战斗，并且在达纳神族到来之前，统治着这片土地。

5. 达纳神族。他们来到爱尔兰时，天空中布满了乌云。他们烧掉了乘坐的船只并要求从弗尔伯格族人手里划分土地。弗伯格族人拒绝了这个要求，却在第一次摩伊图拉战争中败给了达纳神族。后来弗伯格大概是撤退到了康诺特一带，或是全部灭亡了。达纳神族进而占领了这片土地。接着他们同弗魔族战斗，在第二次摩伊图拉战争中打败了弗魔族。直到米尔族人到来之前，他们一直统治着爱尔兰。

6. 米尔族人的子孙。他们是神话中爱尔兰人的祖先，打败了达纳神族。那些曾经参加过两次摩伊图拉战争的伟大众神（卢格、尤楚·欧拉提那、奥格玛等等）都已战死，而达纳神族人也都变成了神秘的巫师方士。战败后，达纳神族与弗魔族融合，形成了住在地下世界的希族（Sidhe）、侏儒、幽灵或者其他形式的生命。他们以这样的形式继续出现在现代的爱尔兰民间故事中。

第一次和第二次摩伊图拉战争很显然都是印欧神话中众神之战的变体。许多研究者都认为，在凯尔特神话中，原本只有一次摩伊图拉战争。两次摩伊图拉战争的出现有各自完全不同的结构。第一次很明显是弗伯格族和达纳神族之间的兄弟之战，而第二次就复杂多了，达纳神族与弗魔族有联姻的关系，因此达纳神族许多伟大的神也是弗魔族的后人。

第一次摩伊图拉战争

很长时间之后的一部作品《摩伊图拉战争》详细阐述了这场战争［见弗雷泽（Frazer）翻译的英文版《第一次摩伊图拉战争》］。

弗伯格族来到爱尔兰并统治了这片土地，三十年后，来自北方的达纳神族要求分得一半的国土，然而，这些亲戚的要求被弗伯格族回绝了。于是，达纳神族行军至爱尔兰北部的康诺特一带，在那里与弗伯格族进行了著名的摩伊图拉战争。

这本书描述弗伯格族和达纳神族皆是英勇的民族，并着重强调了他们的同宗关系。比如说，代表达纳神族的布莱斯就告知过弗伯格族的代表者斯瑞恩（sreng）他们的血统问题，斯瑞恩的回答是，两族人就如兄弟一般。① 这两族人最大的不同点在于他们的武器，达纳神族人用的是锋利而精致的长矛，而弗伯格人操着笨重却极具杀伤力的标枪。战争之前，他们曾经双方协定，达纳神族人为弗伯格族人造矛，弗伯格族人为达纳神族人造标枪。② 双方都有自己的要塞，并且都在要塞中有一口能够愈合伤口的魔井。③

一场曲棍球比赛引发两族间的战争，比赛中弗伯格人胜了达努人。在印度神话《摩诃婆罗多》中，我们可以找到相似的模式，班度五子和堂兄弟们赌博赌输了，却在战场上将他们击败。在这两则例子中，皆是一方赢了游戏，而另一方赢了战争。

战争初期，弗伯格族和达纳神族难分胜负，要是弗伯格族人在某天赢了战斗，那么又会在第二天被打败。胜利者要取下敌人的头颅和

---

① Frazer, *The First Battle Of Moytura*, Kessinger Publishing, 1916, p. 23.
② Frazer, *The First Battle Of Moytura*, Kessinger Publishing, 1916, p. 29.
③ Frazer, *The First Battle Of Moytura*, Kessinger Publishing, 1916, p. 31.

战场中的一块石头作为战利品（参见断头和凯尔特寺庙中人头刻像的传统）。① 每一天都会有不同的英雄统帅两方军队，最后，弗伯格族的国王伊施德·麦克·厄尔克和达纳神族的领袖努阿杜也亲自征战。许多伟大的英雄都相继阵亡。弗伯格族的大将斯瑞恩砍掉了努阿杜国王的右臂，伊拉坦的儿子布莱斯被伊施德·麦克·厄尔克杀死，伊施德·麦克·厄尔克的儿子思林格德菲尔（Slainge the Fair）又和努阿杜的儿子吕盖德（Lugaid）在一场单打独斗中双双丢了性命。伊施德·麦克·厄尔克口渴难耐之时，达纳神族的德鲁伊德将爱尔兰境内的河水溪流全部隐藏了起来，当他到伊赛尔（Eothail）岸边时，诺曼德族人杀死了他。

最后，两军都撤退了。弗伯格族的人都在讨论还要不要继续战斗，结果他们决定继续。第二天他们向达纳神族发起进攻，斯瑞恩要单独向努阿杜挑战，努阿杜说只要他将一只手绑于身后，他就同意应战。但是，斯瑞恩拒绝了这一要求，因为在上一次公正的对决中，他已经砍掉了努阿杜的一只手臂。于是，达纳神族决定满足斯瑞恩执掌一个省的要求，斯瑞恩选择了康诺特，他们就此达成协议。因为已经丢了一只右臂，努阿杜不能够再做达努族的国王，所以布莱斯成了爱尔兰的领袖，至于他是怎么被斯瑞恩杀死后又死而复生的，我们就不得而知了。在第二次摩伊图拉战争中，伊拉坦的儿子奥格玛战死沙场，但之后也复活了。这是这些神话的惯用模式。布莱斯统治了七年，有一次打猎时喝了些酒，之后便死去了。后来努阿杜继承了王位，因为他失去的手臂又复原了。②

书中一再强调双方军队的势均力敌，他们都有各自的要塞和魔

---

① N. Chadwick, *The Celts*, Harmondsworth, 1978, p. 155, p. 157.

② *First Battle of Moytura*, （FBM）, see *Cath Muige Tuired Cunga*.

井。国王的儿子们在单打独斗中丧生，一方的国王战死了，另一方的国王受了伤并失去了王权。一开始，达纳神族占据了康诺特，而在战争的最后弗伯格族也选择了同样的省，不同的是，根据协约，弗伯格族把爱尔兰的统治权拱手让给了达纳神族。在《爱尔兰之书》中，战争的结果是达纳神族成了毫无争辩的赢家，而这一说法在凯尔特神话中极其盛行。弗伯格族从此销声匿迹，达纳神族成了爱尔兰的统治者。

印度神话《摩诃婆罗多》是兄弟战争这一主题在印欧神话中最复杂的变体。堂兄弟们分成了两派，俱卢兄弟和班度兄弟，他们都想得到帝位。俱卢兄弟的父亲是持国天（Dhṛtarāṣṭra），他因为双目失明，没有办法继承皇位。人们一般认为班度兄弟的父亲班度（Pāṇḍu）是持国天的弟弟，他们其实是神灵的后代。班度继承王位，他去世之后，持国天统治着国家。班度兄弟中最年长的是卡纳，他是太阳神的儿子，当他还是孩子时就被父母遗弃，所以他转而支持俱卢兄弟。卡纳生下来就穿着铠甲，带着耳环。因陀罗是阿朱那的父亲，也是班度家族中最伟大的英雄，他恐怕卡纳会打败他的儿子，于是乔装成婆罗门人去拜访卡纳，这时卡纳正在朝拜太阳，那时他不能拒绝任何要求。因陀罗就要求得到卡纳的铠甲和耳环，卡纳将它们从身上砍下给了他，就这样阿朱那在俱卢之野战争的最后战役中打败了卡纳。尽管有很多英雄都支持俱卢兄弟，但最终俱卢兄弟还是失败了。班度兄弟通过耍花招，设骗局战胜了他们的长辈毗湿摩（Bhīṣma）和老师德罗纳（Droṇa）。战争胜利后，长子坚战做了国王。

在这个神话中，英雄们要和他们的父辈、老师、兄弟作战。在希腊神话中，这种变体便是非常著名的七英雄远征底斯比。厄忒俄克勒斯（Eteokles）和波吕尼刻斯（Polyneikes）都是俄狄浦斯的儿子，他们曾经协定轮流统治底比斯，一人一年，周而复始，但是，厄忒俄克勒斯在他一年的统治期满了之后拒绝让出皇位。波吕尼刻斯召集了一支军队攻打底比斯，尽管领军的是七位无可匹敌的英雄，但他们还是被击败了。最后，两兄弟在单打独斗中杀死了彼此。

在印度、希腊和凯尔特神话中，这些兄弟战争都是由一方取得胜利而达到一种平等或者平衡的状态。兄弟和堂兄弟们本就是（或应该是）势均力敌的，可他们却不能有福同享，就像神灵们不分享蜂蜜酒，作为人类的他们也不分享王权。

第二次摩伊图拉战争

《第二次摩伊图拉战争》对第二次战争有详尽的描述。这部作品产生于 16 世纪，但人们普遍认为它是基于更加久远的口述历史。

第一次摩伊图拉战争之后，努阿杜由于失去了一只手臂已不能再做达纳神族的国王，对于王位继承的问题，达纳神族人和他们的女性族民意见不一，女性族民都希望她们收养的儿子伊施德·布莱斯来继承皇位，最后达纳神族人都同意了，但他们要求布莱斯交出一些担保物。

布莱斯是戴尔柏斯的女儿艾瑞（Eri）之子。有一次在海滩上，艾瑞看到一艘船向她驶来，一位相貌俊秀、衣着华贵的男子从船中走了出来，他们在沙滩上发生了关系。男子给了她一枚戒指，告诉她，自己就是弗魔族的国王伊拉坦，她将来要是怀了男孩就给孩子取名伊施德·布莱斯，即美男子伊施德的意思。

布莱斯当上国王后，尽管交出了担保物，但还是压迫子民。达纳神族族人要向国王进贡，伟大的民族英雄们都不得不为国王效劳，而得到的食物却少得可怜。奥格玛必须得从泥湾岛搬运大量的柴火，达格达必须在布莱斯从母亲那得来的土地上建一座堡垒。达格达总是受到一个游手好闲的老人克瑞登布尔（Cridenbel）的冷嘲热讽，他想得到达格达食物中最上等的那一份。马克·欧克（Mac Oc，人们都认为他是达格达的儿子）给了达格达三枚金币并建议他把金币藏在食物中。当那个冷嘲热讽者又向他索要食物时，达格达就把有金币的那一份给了他，克瑞登布尔吃了之后就死了。布莱斯以谋杀克瑞登布尔治达格达的罪，威胁着要将他处死，但是，达格达争辩说他是由于吃了索要来的上等食物才致死的，人们打开了克瑞登布尔的肚皮果然发现了金币。堡垒建成后，布莱斯允许给达格达一份奖励，达格达听从了马克·欧克的建议，要求从爱尔兰的牛群中选一头小母牛，这对于布莱斯来说只是小事一桩。

布莱斯统治了爱尔兰七年之久，就在他统治的末期，有一次他怠慢了一位名叫柯普瑞（Corpre）的诗人，诗人就作了一首讽刺他的诗歌。结果，布莱斯无法再做国王，他和他的母亲回到了弗魔族的国土。在那里，他的猎犬和战马在赛跑中打败了弗魔族的猎犬战马，弗魔族人要和他持武器对决。就在布莱斯用手去拿剑时，他的父亲认出了那枚戒指，知道布莱斯就是自己的儿子。尽管不满布莱斯对达纳神族人的所作所为，但他的父亲还是决定帮助他攻打达纳神族。他带布莱斯去拜见了两位伟大的弗魔族国王，因待持（Indech）和巴洛尔。因待持是弗多南（De Domnann，多南女神）的儿子，而巴洛尔是奈特（Net）的孙子。于是，他们开始调集军队向达纳神族发起进攻。

同时，努阿杜再一次当上了国王。神医迪安·森特送给努阿杜一只纯银的手臂，而他的儿子弥亚卡（Miach）千里迢迢重新找了一只真人的手臂献给努阿杜。迪安·森特对此非常不悦，就杀死了自己的儿子。努阿杜再次继位还没有多久，凯恩和恩雅（Ethne）的儿子卢格来到了。

达纳神族来到爱尔兰之初，就与弗魔族结成了联盟。奈特的孙子弗魔族的国王巴洛尔把自己的女儿恩雅嫁给了迪安·森特的儿子凯恩，人们把他们的儿子卢格叫萨米尔达纳克（Samildanach），即"百艺皆通"的意思。当卢格到达塔拉山（Tara）时，达努族正在开宴会，一开始，卢格被拒之门外。每一位达纳神族大神所拥有的技能卢格全都兼备，因此卢格质问达纳神族中可有任何一个人能同时具备所有的技艺，卢格最后获准入内，因为没有人有这个能力。在棋类和其他一些游戏中，卢格所向披靡，努阿杜只能让位与他，让他带领达纳神族在战争中对抗弗魔族。卢格用了整整一年的时间与达格达、奥格玛、迪安·森特以及神圣铁匠戈依布尼乌商讨对策。后来，他们将爱尔兰所有的巫师方士召集到一起，因为这些人承诺会用山川、湖泊和火焰来对付弗魔族，用大山压死他们，用湖泊淹没他们，用熊熊大火烧死他们。

大约在十一月的第一天，达格达回到了他在北方格林艾登的住处。在尤纽斯河，他遇到了凯尔特的战争女神摩里岗并和她发生了关系。她向他指明了即将到来的战争，还告诉他，他会杀死弗多南的儿子因待持。

卢格派达格达去弗魔族打探敌情，并设法拖延他们的备战速度。达格达到达弗魔族的营地后，喝了大量弗魔族人为他准备的米粥。

同时，卢格带领达努族准备应战。当双方开始交战时，达努族钝掉的或坏掉的武器经过神圣铁匠戈依布尼乌、建造之神卢奇坦（Luchtaine）和工匠克莱迪恩（Credne）之手后都焕然一新。迪安·森特和他的孩子们又把在战斗中受了重伤的战士们浸在具有魔法的井水中，治愈了他们的伤病。弗魔族派了瑞丹（Ruadan）去刺杀戈依布尼乌，瑞丹正是布莱斯与达格达的女儿布瑞格之子。他起先打伤了神圣铁匠戈依布尼乌，但最后还是被戈依布尼乌杀了，因为戈依布尼乌在魔井中治愈了伤口。后来弗魔族用石头填满了这口魔井。

达纳神族人不愿卢格参战，因为他们怕他会在战斗中受到伤害，但是，卢格摆脱了九位警卫的监护赶赴到战斗的第一线。银臂大神努阿杜·阿格特兰姆（Nuadu Argetlam）和玛查都被弗魔族最厉害的武士巴洛尔杀死了。当巴洛尔与卢格在战场上交会时，战争也到达了尾声。巴洛尔有一只恶魔之眼，它会使敌人产生恐慌，眼皮需要四个人用一个光亮的大手柄才能支撑起来。卢格用一块系着带子的石头朝他的眼睛掷了过去，这一掷正好击穿了他的头部，眼睛随着石头一起落了下来，落在弗魔族的队伍之中，他们就这样被打败了。弗多南的儿子因待持和奥格玛进行了单打独斗。劳奇·哈弗格林（Loch Halfgreen）的罪责得到了减免，因为他承诺实现卢格的三个愿望（包括保护爱尔兰不受弗魔族的掠夺），布莱斯也得到了宽大处理，因为他建立起了爱尔兰的农业循环耕作制。从此以后，每一个星期四就是人们犁地、播种、收获的日子。

复活的奥格玛得到了弗魔族国王泰雅（Tethra）的魔剑，这把魔剑可以映现出它的往昔。卢格、达格达、奥格玛紧追弗魔族，因为他们掠走了达格达的竖琴和他的琴师，他们终于再次抓住了敌人。达格达通过让一头小母牛发出叫声而吸引了爱尔兰所有的牛群，这头小母牛是他因为修建堡垒而从布莱斯那得到的奖赏。最后，摩里岗吟唱了一首叙事诗，诗中预言了世界的末日，以及末日之前所有要发生的罪恶（乱伦、背信弃义等等）。①

---

① *Cath Maige Tuireadh*, transl. by W. Stokes as The Second Battle of Moytura, in Revue Celtique, Paris, 1891, pp. 57-111.

第二次摩伊图拉战争中达纳神族以明显的优势取胜。他们打败了敌军，捕获或夺回了许多珍贵的物品，比如泰雅的魔剑、达格达的竖琴、爱尔兰的牛群。

在后来的爱尔兰传说中，弗魔族人成了一群巨人，而巴洛尔本就是一个巨人，他的眼皮需要四个人才能抬得起来。很明显，弗魔族和达纳神族的联系与北欧传说中巨人和众神的联系如出一辙。弗魔族先于达纳神族生活在爱尔兰，他们把这片土地的统治权输给了达纳神族，然而，达纳神族许多伟大的神，如布莱斯和卢格，都是弗魔族的后人。

卢格和布莱斯的关系与斯堪的纳维亚神话中奥丁神和洛基的关系极其相似。卢格的父亲来自达纳神族，母亲来自弗魔族，而布莱斯的父亲是弗魔族人，母亲则是达纳神族人。奥丁神的母亲是一个巨人，洛基的父亲也是巨人。布莱斯和洛基最终加入了他们父亲的军队一起攻打神族，而奥丁和卢格则率领众神攻打他们的母系亲属。奥丁和卢格各杀死了一位母系家族中的长辈（伊米尔和巴洛尔）。

卢格与布莱斯的关系同样会使我们想起斯堪的纳维亚神话中阿萨众神与华纳众神之间的对立关系。卢格是达纳神族与弗魔族结盟的产物，布莱斯虽然是私生子，但他也被达纳神族收养，还成了他们的国王，然而，他却不得不把自己的堡垒建在他母亲赠予他的那片土地上。[①] 他父母没有结婚的原因不是很明确，艾瑞和伊拉坦可能是兄妹的关系，因为他们两人的父亲都叫作戴尔柏斯。德·瑞斯把布莱斯与斯堪的纳维亚神话中的神弗雷尔联系在了一起，弗雷尔与丰饶紧密联

---

① *Cath Maige Tuireadh*, transl. by W. Stokes as The Second Battle of Moytura, in Revue Celtique, Paris, 1891, p. 62.

系在一起，他是父亲尼约尔德与姐姐发生关系所生。[1] 布莱斯也与丰饶，尤其是与农业系统和牛有密切的联系。他因建立了爱尔兰的农业循环系统而免于一死，因与牛的联系而被杀害。他要遵从一个神圣的誓约，在路上只能喝牛产的奶。卢格就在他经过的沿途布置了三百头满肚子是红沼泽水的母牛来毒害他。[2]

卢格与战争联系密切，他是一位勇士，杀死了弗魔族的英雄巴洛尔。人们都认为阿尔斯特部落最伟大的勇士库丘林是他的儿子。

布莱斯与卢格本都是局外人，布莱斯的父亲并不是达纳神族人，他只是依靠他的母亲获得土地，直到已经失去了达纳神族王权的时候他的父亲才认出了他。在达纳神族举行的宴会中，众神得知卢格的高超技能之后才准许他入内。这场宴会在塔拉山上举行，那里是爱尔兰传说中王族的居住地。后来，他继承了王位，达纳神族不希望他卷入战争，表面上是因为怕他在战场上送命，而实际情况可能是众神根本就不相信卢格，他们不清楚他到底站在参战方的哪一边。根据记载，达纳神族在登上爱尔兰岛时会烧掉他们船只的一个原因就是避免卢格发现他们并和他们的国王努阿杜为敌。[3] 这样看来卢格曾经是达纳神族的敌人，他从敌人转而成了朋友，布莱斯从朋友变成了敌人（参见北欧神话中的洛基）。

布莱斯和卢格都是努阿杜的继承者，布莱斯成为国王是因为受到了达纳神族女族人的支持，而卢格是因为在塔拉山宴会中技压群雄。布莱斯压迫达纳神族的勇士们，并要他们屈从于弗魔族，而卢

---

① J. De Vries, *Keltische Religion*, Stuttgart, 1961, pp. 153-154.

② Macalister et al., *Lebor Gabála Érenn = The Book of the Taking of Ireland*, Dublin: The Educational Company of Ireland [etc.], 1938, pp. 99-100.

③ Macalister et al., *Lebor Gabála Érenn = The Book of the Taking of Ireland*, Dublin: The Educational Company of Ireland [etc.], 1938, p. 171, p. 245.

格则带领他们与敌人展开搏斗。在这两则例子中国王都服从于他们的父系族群。这些神话都暗示了当一个外族的国王继位，他将会让子民们效忠于他的父系族群。而当一个本族的国王继位，他会效忠于自己的族群，并且消灭掉他们的敌人，即使敌人是他自己的母系亲属。

在与新王朝的建立有关的印欧神话中，杀戮母系亲属的例子时有发生。其标准模式是父亲将女儿藏匿在某处（高塔或是城堡的地牢中），因为有一个预言说他将会被女儿的儿子取代。女儿会奇迹般地和一位神有了孩子，而他们的儿子会杀掉他的外祖父。这种模式在迈锡尼城（珀耳修斯的故事）和罗马城（罗穆洛和瑞摩斯杀死母亲瑞亚叔父的故事）的建城神话中都有体现，并且还保留在爱尔兰的民间故事中。巴洛尔被描述成一个强盗式的人物。当他从一位德鲁伊德教僧侣那里得知他未来的外孙将会杀掉他时，他就把他的女儿囚禁在一座高塔之中。然而，他的计谋并没有得逞，他还是为外孙所杀。[①] 在北欧神话和凯尔特神话中，奥丁和卢格都除掉了母族，掠走了神器并篡夺了王权，而巨人的子孙（布莱斯、洛基）都被击败了。

第二次摩伊图拉战争传说中的另一主题是兄弟之战。根据记载，伊拉坦膝下有五子：达格达、奥格玛、布莱斯、爱洛斯（Elloth）和戴尔柏斯。其中，达格达、奥格玛和布莱斯都是达纳神族最重要的神。第二次摩伊图拉战争的传说只介绍了布莱斯是伊拉坦的儿子，而达格达和奥格玛的父亲都没有提及。这也许是因为故事的作者认为布莱斯出世的传说和伊拉坦有五子的传统观念并不相符，因此，尽管他在描述战争时经常会讲到达格达和奥格玛，却回避了有关他们父亲的内容。

---

① Aiwyn Rees and Brinley Rees, *Celtic Heritage*, London，1976，pp. 214-215.

兄弟一方加入敌军的主题在很多印欧神话中都能找到（参见印度神话《摩诃婆罗多》中的卡纳和希腊神话七英雄远征底斯比中的波吕尼刻斯）。在神话传说《古奥里劫牛记》（*Tain Bo Cuailnge*）中，我们可以找到这一主题在凯尔特神话中的另一变体。阿尔斯特的国王弗格斯·马克·罗伊爱上了寡妇奈斯（Ness），奈斯说只要他答应将王权分一半给她的儿子康纳尔，她就答应嫁给他。然而，当康纳尔掌权的那一年已经结束时，他拒绝将王权还给弗格斯。于是，弗格斯离开阿尔斯特并加入敌人的阵营，与康诺特王后梅芙和她的丈夫艾伊尔（Ailill）站到了一边。王后梅芙派遣了一头牛到阿尔特斯去捕获母圣牛，因为她的丈夫拥有芬博纳赫（Finn Bennach）圣牛，而她想要超越她的丈夫。这样，库丘林为保卫阿尔斯特与康诺特人作战。他效忠于他的舅舅康纳尔而违抗他的养父弗格斯，尽管他没有与养父正面交手。在战争中，他杀死了弗多南族的勇士弗迪亚（Fer Diad），传说他身上长着能保护他的长角（参见印度神话中的卡纳）。在库丘林受训期间，弗迪亚曾是他的上级。[①]

在以上所有神话中，无法得到王权的父系家族成员（布莱斯、卡纳、波吕尼刻斯、弗格斯）加入敌方，与他的子民对立，后来又都被打败。在这众多例子中，他们有的被人欺骗（波吕尼刻斯、弗格斯），有的只是残酷处境的受害者（被母亲抛弃的卡纳）。他们一旦失去了王权，就无法再度得到。他们从父系家族人手中夺回王权的企图总是以失败告终，而且还会引来杀身之祸。由此而引发的战争总暗含着灭世论的深层意义。

洛基在拉格纳罗克与众神大战，世界因此而毁灭。在第二次摩伊图拉战争中，众神相继阵亡（努阿杜、奥格玛、玛查），值得注意的

---

① *The Tain*, transl. by Thomas Kinsella, London, 1974, pp. 168-206.

是，第二次摩伊图拉战争是以一首预示着世界末日的歌曲结束的。欧布瑞恩（O'Brien）认为俱卢之野和第二次摩伊图拉战争都是末世论性质的战争。[①]

继承问题

达纳神族继弗伯格族和弗魔族之后掌管了这片土地。人们认为弗伯格族是他们的兄弟，而弗魔族是他们的祖先。新一代打败老一代，如此往复，神话故事依照着一种熟悉的模式演进发展。对土地的争夺代替了对拥有无上神力的争夺、对具有魔力的神器的争夺等。这样的替代造成了神话中无法化解的内部矛盾。达纳神族既是迁移至爱尔兰岛的外族人又是当地居民——弗魔族的后人。在我们对第二次摩伊图拉战争最重要的描述中，这种奇怪的现象解释了对弗魔族与达纳神族血统关系的刻意抑制。

尽管如此，囊括丰富宗谱数据的《爱尔兰之书》仍对弗魔族与达纳神族的亲近关系进行了清楚说明。

宗谱关系数据应该小心处理。[②] 这当中有许多矛盾，一个人居然能在宗谱中位于毫不相干的几个位置。女神的位置尤其难以确定。有一些女神，譬如摩里岗就同时是达纳神族几位最重要的神的母亲、妻子、姐妹和女儿。

德·瑞斯指出人们认为所有国王的妻子都是埃利欧（Eriu），她是爱尔兰的冠名女神。[③] 达娜、摩里岗、艾丝琳（Ethniu）等都是这

---

① S. O'Brien, "Indo-European Eschatology: A Model," in *The Journal of Indo-European Studies*, Vol. 4, No. 4, 1976.

② Macalister et al., *Lebor Gabála Érenn = The Book of the Taking of Ireland*, Dublin: The Educational Company of Ireland [etc.], 1938.

③ J. De Vries, *Keltische Religion*, Stuttgart, 1961, p. 128; Aiwyn Rees and Brinley Rees, *Celtic Heritage*, London, 1976, p. 74.

样的女神。而伊拉坦与艾瑞、达格达与摩里岗的性关系在第二次摩伊图拉战争之前都起到了巩固伊拉坦以及他王朝统治的作用。

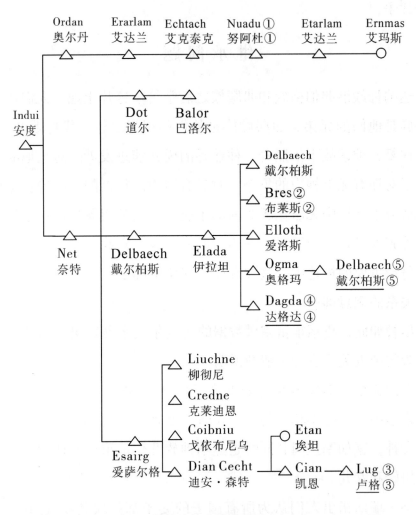

达纳神族的诸位君王

《里斯传》认为国家的主权都由女神掌握，这种看法展开了一幅有趣的图景，同时引起不少问题。国家主权实际上是由国王掌握的。女神的名字说明她代表了土地，那么国王与女神的关系就是国王与土地的结合。女神接受国王做她的配偶也就暗示着她接受国王的统治，因为在凯尔特文化中王权与生育是紧密联系的。[1]

在有关解决王权继承争端的凯尔特神话中，许多频繁出现的人名都与埃利欧或艾丝琳有关联。卢格是艾丝琳或恩雅的儿子，布莱斯则是艾瑞的儿子。通过母亲继承王位就预示着一个新的朝代即将建立。如果国王的王位传给了女婿、外甥、外孙，以及任何一个外戚，那么一个新王朝即将建立。对于那些与王室没有父系关联的家庭，娶一位王室的女性为妻意味着他也有了得到王权的潜在能力。

《爱尔兰之书》中的宗谱数据显示出了达纳神族诸国王之间的继承关系。这些宗谱关系可能是在后期才被系统归纳出来的。人们都认为安度（Indui 或 Alldui）是诺亚的继承者，但那些能把他与这位老祖先联系起来的人名对我们来说却是完全陌生的。[2] 我们对安度、奈特、奥尔丹（Ordan）、爱萨尔格（Esairg）、戴尔柏斯（奈特的儿子）、道尔（Dot）、艾达兰（Etarlam，奥尔丹之子）都知之甚少，他们在众神之战中也没有发挥过什么重要的作用。他们在宗谱中的主要作用应该是将达努族诸位国王与一个共同的祖先联系起来，并且显示出他们的辈分关系。

达纳神族的第一位国王努阿杜与他的继承者布莱斯、卢格和达格达几人共同的祖先是安度。布莱斯和卢格第一位共同的祖先是奈特。在凯尔特社会中，源自共同祖先的亲属关系要延伸四代人。[3] 前三位国王在宗谱中的辈分关系暗示出他们并不认为彼此是近亲关系。

① D. A. Binchy, *Celtic and Anglo-Saxon Kingship*, Oxford,1970.

② Macalister et al. , *Lebor Gabála Érenn = The Book of the Taking of Ireland*, Dublin：The Educational Company of Ireland［etc.］,1938, p. 127.

③ N. Chadwick, *The Celts*, Harmondsworth, 1978,pp. 113-114.

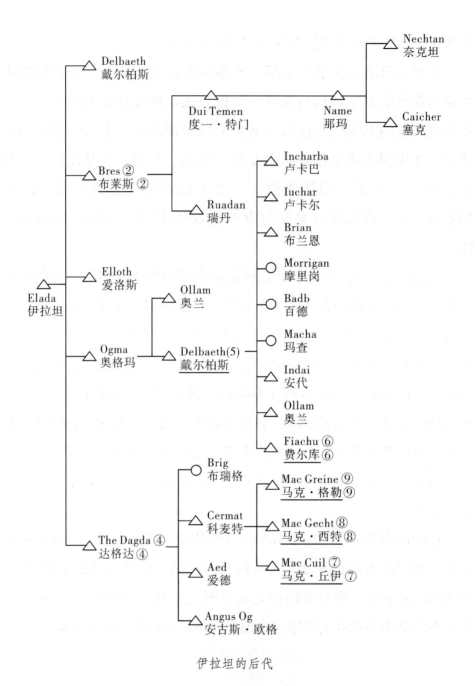

伊拉坦的后代

共有九位国王曾统治过达纳神族：①努阿杜；②布莱斯；③卢格；④达格达；⑤戴尔柏斯（奥格玛的儿子）；⑥费尔库（Fiachu）；⑦马克·丘伊；⑧马克·西特；⑨马克·格勒。他们共同执掌国家。

除了努阿杜和卢格，所有的国王都是伊拉坦的后人。在伊拉坦的后人建立了长久的王朝之前，王位都在不同的亲属族群之间交替。费尔库继承了奥格玛的儿子戴尔柏斯的王位之后才开始了王位父子世袭制，在此之前还没有过儿子继承父亲皇位的例子。

达纳神族最早的君王们

一、努阿杜

努阿杜与弗魔族和弗伯格族既没有血缘也没有亲缘关系。他的亲属也没有参与过杀戮达纳神族人的活动。艾达兰的女儿艾玛斯嫁给了奥格玛的儿子戴尔柏斯。马卡李斯特认为艾玛斯是努阿杜祖父之女[①]，但根据《爱尔兰之书》的实际内容她应是努阿杜之子艾达兰的女儿。[②]她为戴尔柏斯生下了三男三女，分别是：继承了戴尔柏斯王位的费尔库、奥兰（Ollam）、安代（Indai），以及百德（Badb）、玛查和摩里岗。由于与父亲的乱伦关系，摩里岗还为戴尔柏斯生下了三个儿子——布兰恩、卢卡尔和卢卡巴。戴尔柏斯和艾玛斯（Ernmas）的婚姻关系也许是他的统治合法化的重要因素，也把他与达努族的开国之君联系了起来。

努阿杜先是把王位让给了布莱斯，接着是卢格。我们找不到任何他失去大权后愤懑的迹象。他在两次摩伊图拉战争中奋勇战斗，并在第一次战争中失去了臂膀，在第二次战争中献出了生命。德·瑞斯把他与北欧神话中的提尔联系了起来，提尔是战争与正义之神并且也失去了右

---

① Macalister et al. , *Lebor Gabála Érenn = The Book of the Taking of Ireland*, Dublin：The Educational Company of Ireland［etc.］,1938, p.103.

② Macalister et al. , *Lebor Gabála Érenn = The Book of the Taking of Ireland*, Dublin：The Educational Company of Ireland［etc.］,1938, p.131,p.187.

臂。在许多皇室宗谱中，努阿杜都被视为鼻祖。[①]

尽管努阿杜在许多方面都值得人们尊敬，他却没能保住王位。他第一次的失败是由于生理缺陷，第二次则是败在了卢格的手下。他没能战胜敌人。斯瑞恩（Sreng）打败了他，巴洛尔要了他的性命。这都暗示了由于与当地居民没有亲缘关系，他只能胜任达纳神族的国王，却无法统治整个爱尔兰。

二、布莱斯

达纳神族的第二位君王是伊拉坦的儿子布莱斯。普遍认为伊拉坦的儿子们是达纳神族人，但是在第一次摩伊图拉战争神话中布莱斯却是弗魔族人。[②] 欧布瑞恩认为有两个布莱斯，一个是伊拉坦的儿子，另一个是奈特的孙子[③]，但是在《爱尔兰之书》的宗谱中，奈特之子戴尔柏斯这个名字有时却被遗漏，伊拉坦成了奈特之子。[④] 很显然，伊拉坦的儿子布莱斯和奈特的孙子布莱斯实属一人。第二次摩伊图拉战争的神话创作者可能预料到了故事的进展。布莱斯是达纳神族人的养子，他帮助他们对抗弗伯格族人。然而一旦生父认出了他，他就会变成弗魔族人并且加入弗魔族一方，但是在父亲认出他之前他是不会这样做的。伊拉坦的其他四个儿子达格达、奥格玛、爱洛斯、戴尔柏斯均是达纳神族人。他们和希腊、北欧诸神一样都是巨人们的后人。

布莱斯的父母伊拉坦和艾瑞本应是兄妹，伊拉坦的后人也趋向于在同宗人之间寻找配偶，如布莱斯的儿子瑞丹娶了达格达的女儿布瑞格（Brig）为妻，奥格玛的儿子戴尔柏斯和女儿摩里岗之间有乱伦关

---

① J. De Vries, *Keltische Religion*, Stuttgart, 1961, p. 103.

② *First Battle of Moytura*, (FBM), see *Cath Muige Tuired Cunga*, p. 45.

③ S. O'Brien, "Indo-European Eschatology: A Model," in *The Journal of Indo-European Studies*, Vol. 4, No. 4, 1976, p. 306.

④ Macalister et al., *Lebor Gabála Érenn = The Book of the Taking of Ireland*, Dublin: The Educational Company of Ireland [etc.], 1938, p. 99.

系。很显然，尽管伊拉坦的子孙都娶了妻，但他们都没有在别的王室中选择结婚对象（迪安·森特的女儿埃坦和艾达兰的女儿艾玛斯）。这样看来伊拉坦的子孙和北欧神话中华纳神族的人很相似，他们有乱伦现象并且娶巨人的女儿为妻。

布莱斯非常英俊，却因为吝啬丢了王位。他外表完美，心理残缺；而努阿杜则是外表残缺，心理完美。

布莱斯主管生产，尤其是牛类和农业。关于他的死因有许多版本：第一种说他死于第一次摩伊图拉战争，他的四个兄弟替他报了仇[1]；第二种说他死于第二次摩伊图拉战争[2]；第三种说他是为继承其王位的卢格下毒所害。

三、卢格

卢格是巴洛尔的女儿恩雅［或叫艾丝琳（Ethniu）］和迪安·森特之子凯恩的孩子。他也与弗伯格族有着不解之缘，因为他的父亲曾把他过继给伊施德·麦克·厄尔克的遗孀泰尔特（Tailltiu）抚养，而伊施德·麦克·厄尔克正是弗伯格族的最后一位君王。[3] 这样卢格通过他的母亲和过继的经历与这片土地上的前一代居民有了联系，又通过他的父亲与达纳神族有了联系。

卢格的亲属与伊拉坦的后人之间的关系常常是敌对的。卢格杀死了布莱斯，卢格的叔父戈依布尼乌杀死了布莱斯的儿子瑞丹，卢格的父亲凯恩又被奥格玛的儿子戴尔柏斯杀了。卢格杀死了达格达的儿子科麦特·科姆，后来他自己也被科姆的儿子马克·丘伊、马克·西

---

① *First Battle of Moytura*，(FBM)，see *Cath Muige Tuired Cunga*，pp. 47-48.

② Macalister et al.，*Lebor Gabála Érenn = The Book of the Taking of Ireland*，Dublin：The Educational Company of Ireland［etc.］，1938，p. 181.

③ Macalister et al.，*Lebor Gabála Érenn = The Book of the Taking of Ireland*，Dublin：The Educational Company of Ireland［etc.］，1938，p. 117.

177

特、马克·格勒杀死了。卢格可以通过母亲继承弗伯格族和弗魔族的王位，但他却不能通过父亲继承达纳神族的王位。而他之所以成为国王，只是因为他本身无可比拟的能力。实际上，他是努阿杜以及伊拉坦子孙的敌人。卢格继承布莱斯的王位只能成为达纳神族的国王，而他继承弗魔族的王位（巴洛尔、伊拉坦等）却能成为整个爱尔兰的统治者。达纳神族通过母系继承从弗魔族手里夺得爱尔兰的统治权。如果他回归本身的角色，他将再次成为达纳神族的敌人，参见他在特瑞尔·比克里欧（奥格玛的儿子戴尔柏斯）的儿子们之死中的角色。如此看来卢格与北欧神话中的洛基有相似之处，一旦卢格死亡，王位就会回到伊拉坦后裔的手中（通过父系继承）。

四、达格达

在第二次摩伊图拉战争的准备阶段，达格达扮演了重要的角色（与摩里岗发生关系，喝了海量的米粥）。当他在尤纽斯河见到摩里岗时，她一只脚在河之南，一只脚在河之北。很显然，她是一个巨人，她是弗魔族的一员，和摩里岗的性关系使达格达有了得到王位的可能性。

达格达的大部分作为与生产而非战争有关。战争之后他用小母牛吸引来了全爱尔兰的牛群，如此使得达纳神族食物充裕、人民富足。布莱斯也与生产相联系，但相比达格达的慷慨大方，布莱斯却十分小气。没有哪个宾客离开达格达的大锅时不是心满意足的。他把自己最好的一份食物分给了爱讽刺别人的克瑞登布尔，尽管最后这个可憎的人为此而送了命。然而是不是伊拉坦所有的儿子都与生产有关联，我们就无从得知了，因为在被卢格打败之前，奥格玛是众神之首的战神。

在第二次摩伊图拉战争中达格达被凯瑟琳（Cethlenn）的标枪所伤，而后不治而亡。这样就形成了一个传统，即把努阿杜和伊拉坦三子的死归因于第二次摩伊图拉战争。之后，兄弟之一的奥格玛之子戴尔柏斯得到了王位。

作为第一位国王的努阿杜与岛上从前的统治者并没有任何血缘关系。第二位国王布莱斯通过他的父亲与弗魔族的先王们都产生了联系，但事实证明他并不是一位贤明的君主。第三位国王卢格通过母亲与弗魔族的先王有了关联，但他却不能通过父亲成为达纳神族的君王。第四位国王达格达通过父亲与弗魔族联系了起来，他慷慨大方且让人民充裕富足。

第一位和第三位国王（努阿杜和卢格）都与战争相联系，而第二位和第四位国王（布莱斯和达格达）与生产相联系。在前四位国王统治期间，王权在战争和生产之间交替。之后永久地归于伊拉坦的子孙后代，对于后五位国王的继承模式，我们由于缺乏数据而无从得知。在伊拉坦王朝当政期间，关于国王的神话主要解决的是王位继承问题。奥格玛的儿子戴尔柏斯被布莱斯的后人那玛（Nama）杀了。在下一章，我们将研究罗马国王的神话故事，也遵照着相似的模式展开。皇权在象征着生产与宗教的勇士与统治者之间更替，最终落到塔克文家族（Tarquinians）的手中。

第八章　罗马国王

引　言

杜梅兹勒曾以确实可信的笔法将罗马神话作为罗马早期历史载入史书。对诸多"史实"的记录，如罗马城的建立、罗马人与萨宾人的第一场战争，以及与伊特鲁里亚人（Etruscans）和其他敌对者的争斗，都与印欧神话中诸神之战的模式相似。当然，在这段如神话般灿烂的历史中，英雄的个性也与印欧神话中的众神极为相近。

罗马人对本民族的历史兴趣浓厚，史学著作颇丰。其中最著名的当数李维著于公元前 1 世纪的《罗马史》。作为一位审慎的史学家，李维为了保持故事原貌，对同一事件总是有多个版本的著述。于他而言，对罗马过去的研究不仅是科学实践，也是道德实践。古罗马社会在他笔下是一个理想化的世界，先祖们崇高的精神在当下已无迹可寻。

李维深知古老的历史故事中掺杂了许多神话成分。尽管在其著作的前言部分，他声明自己在著书过程中会秉持一个史学工作者应有的态度，不褒不贬，不做主观判断，客观记录，可事实上，他不自觉地对很多故事的真实性表现出一定的关注。如霍拉提乌斯·科克利斯（Horatius Cocles）在寡不敌众的情况下只身守桥，与伊特鲁里亚人殊死搏斗的事件，就曾引起过他的怀疑。[①] 就目前而言，重要的不是实际发生了什么，而是李维对罗马建立的"经典历史"的论述。罗马的真实

---

① Livy,*Books I and II*,Cambridge(Mass.)/London, 1976.

历史和最初的神话都没有争议。笔者将以李维的文本为例，分析其结构，以揭示故事模式的组织原则。

罗马的建成

罗马的历史始于埃涅阿斯（Aeneas）的海上漂泊。女神维纳斯与特洛伊英雄安喀塞斯结合，生下了罗马人的祖先——埃涅阿斯。特洛伊城被攻陷后，埃涅阿斯引领他的战船寻找着一片栖息之地。最后他到达了意大利，经过最初的激战，特洛伊人和当地的拉丁人结成联盟。劳伦迪乌斯国王拉丁努斯（Latinus）将自己的女儿拉维尼亚（Lavinia）许配给了建立拉维尼乌姆城的埃涅阿斯。后来，他们生下了阿斯卡尼俄斯（Ascanius）。在这次婚姻之前，拉维尼亚曾与儒图利部落的君王图尔努斯（Turnus）订婚。图尔努斯因拉维尼亚另嫁他人受辱而被激怒。他率军前往，与特洛伊和拉丁人联军开战。联军获胜，可是国王拉丁努斯却战死沙场。图尔努斯逃往伊特鲁里亚的美赞提乌斯（Mezentius）处避难，因美赞提乌斯曾经许诺帮助他。埃涅阿斯宣布与他同到意大利的特洛伊人改称拉丁族，与当地拉丁族人合二为一，对共同的国王尽忠。伊特鲁里亚人后被击败。埃涅阿斯死后被葬在努米库斯河，被后世尊为"朱庇特"——种族的缔造者。

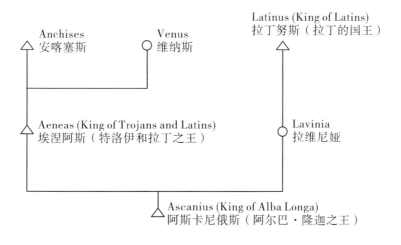

埃涅阿斯

181

阿斯卡尼俄斯成年后离开了由母亲统治的拉维尼乌姆城，在位于拉丁和伊特鲁里亚边地的阿尔布拉河畔建立了新城——阿尔巴·隆迦（Alba Longa）。阿斯卡尼俄斯王位的后继者是生于树林里的西尔维乌斯（Silvius）。以后阿尔巴·隆迦的历任国王都继承了西尔维乌斯的名号〔这可能与西尔瓦努斯（Silvanus）神有关〕。李维列出了西尔维乌斯之后的历任国王，对他们的生平却所述甚少。他们是埃涅阿斯·西尔维乌斯、拉丁努斯·西尔维乌斯、阿尔巴（Alba）、阿提斯（Atys）、卡皮斯（Capys）、卡培图斯（Capetus）、台伯里努斯（Tiberinus，此人渡阿尔布拉河时溺死，此河遂改称台伯河Tiber），然后是阿格里帕（Agrippa）、罗穆洛·西尔维乌斯（Romulus Silvius，此人后被雷电击中），之后是阿芬提努斯（Aventinus，此人死后葬在以他的名字命名的山丘之上），然后是普罗卡（Proca）。普罗卡有两个儿子，分别是努弥托耳（Numitor）和阿穆利乌斯（Amulius）。努弥托耳是长子，却被次子阿穆利乌斯篡位，努弥托耳的儿子也被杀死，女儿瑞亚·西尔维亚（Rhea Silvia）担任维斯塔的女祭司。这样她就得终生保持贞洁，不能有后代子嗣，最后将悲惨地死去。

瑞亚·西尔维亚声称为战神玛尔斯生下一对双胞胎。她被投入大牢，孩子则被下令淹死。这对双胞胎被遗弃在台伯河畔后被一匹狼救下抚养。国王的牧人浮斯图路斯（Faustulus）发现了他们，并将其留在身旁抚养成人。

两个孩子一个叫罗穆洛，一个叫瑞摩斯，他们长大后成了牧民，常与偷盗牲畜的强盗打斗。一次在牧神节的庆祝仪式上，强盗布下陷阱想要抓住两兄弟，可是只逮住了瑞摩斯。他们把他带到了阿穆利乌斯的面前，指控他篡夺了努弥托耳的土地。阿穆利乌斯将他移交给努弥托耳治罪。努弥托耳发现这对双胞胎竟是他的外孙。有了两兄弟的帮助，努弥托耳准备推翻阿穆利乌斯的统治。兄弟俩召集牧羊人协助外祖父攻打王城，杀掉了阿穆利乌斯。努弥托耳重新获得了阿尔巴·隆迦的统治权。

兄弟俩决定在幼时获救的地方建一座新城。二人都想成为新城的统治者，为此罗穆洛杀掉了他的弟弟。根据这一事件最广为人所知的版本所述，瑞摩斯被杀是因为他轻蔑地跳过了罗穆洛率人建造用来驻防的围墙。这座城市名随罗穆洛，被称作罗马[①]。

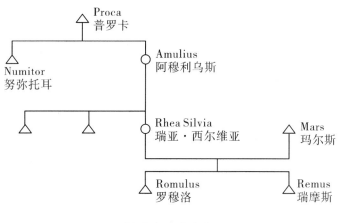

罗穆洛和瑞摩斯

故事的第一部分显而易见地采用了许多神话故事的共有模式：英雄与国王的女儿成婚，接受了国王半壁江山的馈赠，又在国王死后继承了另外一半的国土。在有关埃涅阿斯的记述里情况要复杂一些，因为埃涅阿斯本人就是一位首领。故事不只讲述了他继承国王拉丁努斯的王位，还提到了他将当地居民和外来者联合在一起的功绩。这一点在印欧神话里起到了举足轻重的作用（参看前几个章节中提到的攻占爱尔兰和底比斯的建立），特洛伊人和拉丁人首次通过婚姻缔结了联盟，接受统一领导。特洛伊人骁勇善战，却没有土地，他们与当地人

---

① Livy, *Books I and II*, Cambridge(Mass.)/London, 1976.

联姻，获赠土地，修建了拉维尼乌姆城。埃涅阿斯死后被该地人奉若神明。本土人的思想与外来国王的观念被完美融合。

埃涅阿斯的儿子未能跻身于拉丁诸王之列。阿斯卡尼俄斯离开了拉维尼乌姆，在一片无人之境建立了他自己的领地。他为什么没有成为拉丁人的首领，我们尚不清楚。李维曾提出他可能是父亲前一次婚姻所诞下的孩子。[①] 埃涅阿斯以妻子的名字为他的城邦命名，或许意味着这座城邦的所有者就是她，而阿斯卡尼俄斯没有留居拉维尼乌姆是因为阿斯卡尼俄斯并非她的儿子。在凯尔特神话中，布莱斯的父亲也是一个外来者，布莱斯在他母亲的领地建立了要塞，却被臣民驱逐出境。阿斯卡尼俄斯离开母亲的城邦，开创自己的领地。迈锡尼和罗马建成的神话在这一点上相一致。珀耳修斯和罗穆洛是国王之女和天神的儿子。他们都去国离乡，另建家业，自立为王。阿斯卡尼俄斯的母亲是国王之女，父亲是天神之子，他在死后成为天神。当罗马人接受了希腊神话之后，埃涅阿斯成了罗马神话中的天神朱庇特。

阿尔巴城先期的国王分别是埃涅阿斯·西尔维乌斯和拉丁努斯·西尔维乌斯。如果埃涅阿斯确实成了朱庇特神的话，我们就能得出一个熟悉的神话模式。王族的血脉都来自身为神明的父亲。他的儿子自然是万众之主。埃涅阿斯·西尔维乌斯和拉丁努斯·西尔维乌斯的故事可能的确是阿尔巴城先期国王的事迹，却与罗马建城的神话拥有共同的模式。

罗穆洛和瑞摩斯的神话融合了兄弟交恶（努弥托耳和阿穆利乌斯）与杀害母系先辈（阿穆利乌斯）的主题。同样的融合可见于迈锡尼建立的神话中，珀耳修斯杀害了他的外祖父阿里克西俄斯，阿里克西俄斯和他的兄弟普洛托斯曾为了王位爆发争执。罗马神话不

---

① Livy, *Books I and II*, Cambridge(Mass.)/London, 1976.

184

仅仅是对希腊神话的模仿，它略有改变，因为罗穆洛和瑞摩斯杀害的并不是他们的外祖父，而是外祖父的兄弟。凯尔特神话中卢格与巴洛尔之争可能也是这组主题变奏中的一支。在以后的爱尔兰民间故事里我们可以看到巴洛尔把他的女儿囚禁在狱中（参见达娜厄和瑞亚的故事），但是却没有为外孙所杀。尽管巴洛尔和堂兄伊拉坦之间并无敌意，可是他们子嗣之间的冲突却是凯尔特神话的源起。有关珀耳修斯的希腊神话以及有关罗穆洛和瑞摩斯的罗马神话向人们揭示了威名显赫的城邦如何兴起，又如何赶超了他们母系先辈的城邦。在凯尔特神话中，卢格的胜利暗示了达纳神族对爱尔兰的攻占。

上古时期兄弟弑血的主题在印欧神话体系中普遍存在。神话里民族始祖被兄弟杀害的事件表明了一个为人所熟知的观念——兄弟之间无法共享永生、土地、王权等荣光。他们中的一人不得不死去，二人必将在生死之间各担其一。这种分配原则以不同的形式在不同的故事里得以展现（参看第三章第四部分）。

罗穆洛和瑞摩斯不仅有一位人类的母亲，还拥有一个动物担当他们的养母。母狼的故事反映出一个古老的理念——狼或狗是人类的先祖。克雷奇马尔曾指出狼或狗被认作是人类的先祖，甚或充当着人在死后通往冥界的引路者，这一理念在欧亚大陆甚至是北美的神话中广泛传承。[1] 罗穆洛和瑞摩斯与狼的关系被进一步强化，因为他们在牧神节的祭供仪式上涂抹了祭祀牲口的鲜血，赤裸着身体四处奔跑，伪装对人群发出攻击，特别是女性，这被视作是能带来丰产的祥兆。[2] 神话和仪式的背景暗指这些年轻人代表着狼族先祖，作战军阵也会举

① F. Kretschmar, *Hundestammvater und Kerberos I-II*, Stuttgart, 1938.

② H. J. Rose, *Religion in Greece and Rome*, New York/Hagerstown/San Francisco/London, 1959 (1946), p. 206.

行这种仪式。[①] 与狼的亲密关系表明罗穆洛和瑞摩斯是该民族的始祖，同时说明了他们好战的天性。

罗马人与萨宾人

罗马的人口构成中，大多数为男性。罗穆洛提名指定了一百位元老院议员和要员，构成贵族阶级的雏形。很多逃跑的奴隶、逃亡者、底层民众来到罗马，使其人口数量上升。但女性人口却极度贫乏。其他城邦的居民不愿把女人嫁到罗马这个蛮夷之地，罗穆洛想出一个计谋，他以祭祀海神的名义把很多邻邦人和全体萨宾人请到罗马，其间掳走了他们的女儿、姊妹。

凯尼那人率先发起报复行动，被罗马人击败。他们的国王战死，盔甲则被罗穆洛拿来祭祀朱庇特。科鲁斯图米努姆（Crustumium）和安特姆奈（Antemnae）人也被击退，他们的部分人口纳入罗马，一些罗马人移居到了战败一方的失地。

萨宾国王提图斯·塔提乌斯（Titus Tatius）的攻击对罗马人构成了最大的威胁。由于塔尔佩娅的背叛，罗马重地失守，但罗马人仍坚守沙场。萨宾妇女的介入制止了两方的战斗。她们亲自上阵调停，一面说服自己的丈夫，一面哀求父兄，双方最终停战和解，结成联盟。罗马获得了统治权，罗马人效仿萨宾的库里斯（Cures）市确立了市民阶层。全体人民被分成三十个区域，并以萨宾妇女命名。分为三个序列的骑士百人团此时诞生：以罗穆洛命名的拉姆南塞斯百人团，以提图斯·塔提乌斯之名命名的提提安塞斯百人团，以及现在无法溯源的鲁克勒斯百人团。罗穆洛和提图斯·塔提乌斯联手执政。

---

① R. A. Ridley, "Wolf and Werewolf in Baltic and Slavic Tradition," in *The Journal of Indo-European Studies*, Vol. 4, No. 4, 1976.

在拉维尼乌姆城暴乱中，提图斯·塔提乌斯阵亡。罗穆洛拒绝卷入这场纷争，他并未因提图斯·塔提乌斯的死发起报复行动，而是与拉维尼乌姆缔结盟约，一人独统罗马。

罗穆洛在战场上所向披靡，他连续击败了费德奈和维爱的军队，长期统领着名为克莱勒斯（Celeres），由三百人组成的元老院。一天，当他视察马蒂乌斯大营时，忽然之间风雨交加，乌云蔽日，罗穆洛神奇地消失了。从此在罗马人中流传着罗穆洛化作天神的传说。

此后，出现了短暂的空位期。罗马人不愿接受元老院的统治。于是经过商讨，平民获准推选出一位国王，但推选结果必须经得元老院的同意方能生效。来自库里斯的萨宾人努玛·庞培利乌斯（Numa Pompilius）接任了罗穆洛的王位。他的即位曾获得过上天的神谕。即位之后，他建立了许多项宗教和法律制度（如将一年划分为十二个月，在庙宇中确立多项行为规诫）。据说他与女神埃格里亚（Egeria）有着非同一般的亲密关系，正是她引领国王改革弊政。李维将罗穆洛和努玛·庞培利乌斯各自比作战争之王与承平圣主，因为在努玛·庞培利乌斯统治时期人民安居乐业。

努玛·庞培利乌斯过世后古罗马出现了历史上的第二个空位期。在罗马人与萨宾人的征战中曾有一位阵亡的英雄名叫霍斯图斯·霍斯提利乌斯（Hostus Hostilius），他的孙子图鲁斯·霍斯提利乌斯（Tullus Hostilius）继承了努玛·庞培利乌斯的王位。他是一个骁勇好战的国王，在他统治期间阿尔巴·隆迦被罗马人攻占。相互掠夺牲畜是导致战争的直接原因。双方都派出使者表示愿意归还盗取的财物。图鲁斯授意他的使者让阿尔巴·隆迦方面先提出条件，同时，他却迟迟不向阿尔巴·隆迦使者亮出底牌。结果对方拒绝赔偿，图鲁斯·霍斯提利乌斯名正言顺地向阿尔巴·隆迦开战。

双方的决定性战役发生在来自两个城镇的勇士之间：来自罗马的

霍拉提伊（Horatii）三兄弟与来自阿尔巴·隆迦的库里亚提伊（Curiatii）三兄弟。起初，库里亚提伊一方占到上风，霍拉提伊家族的两兄弟阵亡，库里亚提伊三人均不同程度受伤，只有霍拉提伊兄弟中的霍拉提乌斯（Horatius）毫发未损。他佯装逃跑，库里亚提伊三兄弟紧追不放，但是因有伤在身，三人首尾难顾，各自为战，霍拉提乌斯将他们逐个歼灭。

当霍拉提乌斯回到罗马时，遇见了他的妹妹，她与库里亚提伊兄弟中的一位订有婚约。看到哥哥向众人炫耀，肩头披挂着爱人的战袍，她忍不住失声痛哭。霍拉提乌斯被此举激怒，当场将她刺死。如果没有父亲为他求情，他将为此被处以极刑。后来，他不得不戴着一顶枷锁，象征认罪伏法，这种枷锁被后世称为"姐妹枷"。

阿尔巴·隆迦军队被并入罗马一方，可是他们的首领麦提乌斯（Mettius）憎恨投降的举动，和费德奈人布下了一场阴谋。在接下来的战斗中，麦提乌斯坐山观虎斗，打算谁赢了就站在谁那边。图鲁斯·霍提利乌斯赢得了战争，假装没有看出麦提乌斯的投敌行为，却等到第二天包围了阿尔巴的军队，迫使其卸甲投降。麦提乌斯因叛国罪被二马分尸。阿尔巴·隆迦政权彻底崩塌，只有庙宇保留了下来。

图鲁斯还战胜了萨宾人。罗马在意大利成了仅次于伊特鲁里亚的第二大城邦。后来，天降凶兆。一场石雨落在了阿尔巴山上，严正地警告阿尔巴人恢复祖辈的信仰，就此确立了历经九天的祭祀大礼。可是没过多久，一场瘟疫爆发了。图鲁斯模仿努玛，秘密进行了一次祭祀朱庇特的仪式，但却出了一些差错，宫殿被一道闪电击中，图鲁斯消失在烈焰中。李维对图鲁斯·霍提利乌斯的执政能力持肯定态度，但是却对他的宗教态度和祭祀方式进行了否定。

努玛·庞培利乌斯的外孙安库斯·马尔西乌斯（Ancus Marcius）继承了图鲁斯·霍提利乌斯的王位。他使一度混乱的国家宗教得到恢复，制定了宣战制度。拉丁人认为安库斯痴迷于宗教信仰，便想乘虚而入向罗马发动攻击。结果拉丁城镇波利托里乌姆（Politorium）失守，其人口迁徙罗马。

在安库斯统治期间，有一个人叫卢库莫（Lucumo），他是来自科林斯湾的希腊人德玛拉图斯（Demaratus）的儿子，他的妻子塔娜奎尔（Tanaquil）出身于伊特鲁里亚族。他们离开伊特鲁里亚人的城镇塔尔奎尼伊（Tarquinii），来到罗马。天降祥兆预示卢库莫有朝一日会成为罗马国王。因为善于巧妙地利用财富，卢库莫成就了一番伟业，成为安库斯儿子的导师。安库斯死后，卢库莫，或称塔克文（这是他后改的名字），安排国王的儿子外出狩猎，趁机自立为王①。我们可以明显地看出王位是在罗马人和萨宾人之间更替的。罗穆洛、图鲁斯·霍提利乌斯是罗马人；努玛·庞培利乌斯是萨宾人；安库斯·马尔西乌斯的母亲是萨宾人，他父亲的出身不得而知。罗马国王明显地与战争相联系，而萨宾国王则与宗教相联系。相比于图鲁斯·霍提利乌斯，罗穆洛与宗教的关系较为密切，同时，相比于努玛·庞培利乌斯，安库斯·马尔西乌斯与战争的关系比较密切。

罗马人与萨宾人之间的分立还是较为明显的。起先萨宾人的地位较高，拒绝把女儿嫁往罗马。他们显然更为富有，塔尔佩娅就曾对其黄金垂涎不已。在两方近乎强制联姻的关系中，萨宾人作为被掳掠的一方，与宗教和财富相联系；而罗马人作为实施掳掠的一方，则与战争和贫穷相连。

前四任国王交替，分别象征着战争和宗教，在凯尔特神话中也存在相似的模式。达纳神族的第一任和第三任国王（努阿杜和卢格）与战争联系紧密，第二任和第四任国王（布莱斯和达格达）则与丰产相

---

① Livy, *Books I and II*, Cambridge（Mass.）/London, 1976.

联系。在斯堪的纳维亚神话中，我们可以看到阿萨神族与华纳神族之间的对比：前者是巨人的后裔，和战争相关；后者与巨人的女儿结婚，与财富和丰产相关。杜梅兹勒认为阿萨神族担负了"第一职能"和"第二职能"，华纳神族相应地担任了"第三职能"（参考第二章第三部分）。在《鹰铃萨迦》第五章中，华纳神族则为可以通神的祭司。像萨宾人一样，他们象征着宗教、财富、丰产。依照杜梅兹勒的三分法，罗马和斯堪的纳维亚神话都没有将第一、第二职能与第三职能对立，而是把第一、第三职能与第二职能对立。与战争相联系的国王和与丰产、财富相联系的国王，这两者之间的更替模式也出现在斯堪的纳维亚神话里。

罗马的前四任国王先后之间并无父系血缘关系。如图鲁斯·霍提利乌斯是罗马英雄霍斯图斯·霍提利乌斯的孙子，安库斯是努玛·庞培利乌斯的外孙。在这种关系模式里，罗穆洛是一个典型代表。父亲并非人类的罗穆洛杀死了他的兄弟，显然，他也无子嗣，姻亲关系也不尽如人意。凯尼那人的首领死在他的手下，被用来祭祀朱庇特。他拒绝为提图斯·塔提乌斯复仇，而后者看重宗族利益，并为此被杀。淡漠亲情常常是获得永生者的共性，前面章节提到过的埃涅阿斯、罗穆洛都在死后化作神祇。

埃涅阿斯和罗穆洛都曾为两个部族的融合立下功勋。他们掳掠妇女，联合贫穷好战的部族向拥有财富、土地、女性的部族发起战争。当女性人口输出方的国王去世后，他们就成了唯一的统治者。在这种情况下，国王会命他的国民接受女性人口输出方的族称。由此特洛伊便成了拉丁，罗马便成了奎里特斯（Quirites，也是罗马市民的尊称）。可是融合之后，新城邦的首府却并不在库里斯，而是在罗马。结果，罗马的大名相传于世，而萨宾作为一个部族融入罗马帝国，隐匿于历史的长河。

罗穆洛联合两个部族的手段是强制联姻，图鲁斯·霍提利乌斯则因其是罗马人和阿尔巴人的后裔而使两个部族联合。罗穆洛从母亲手中继承了阿尔巴的王位，换言之，阿尔巴城是他自母系一方所得。李维将这次战争称为内战①，先辈和晚辈，以及兄弟之间相互征战。阿尔巴是罗马前身的一部分，因此罗马勇士和阿尔巴勇士源于一脉。一般而言，印欧神话体系中的兄弟之战强调对等关系，阿尔巴与罗马之战也不例外。双方互掠牲畜、互派使者表明对掳掠行为负责，但阿尔巴人却远不及图鲁斯聪明。

霍拉提伊兄弟与库里亚提伊兄弟之间的战斗行为表现出相似的模式。双方在年龄、力量方面势均力敌。李维承认他无法确认这两组三兄弟各属于哪一城池。② 阿尔巴人又一次处于下风，罗马在对方几乎得胜之时打败对手。阿尔巴军队被罗马收编，当他们的军事指挥官企图背叛罗马人时被残忍地处死，阿尔巴人被迁徙至罗马。

相比于罗马人和萨宾人的成功融合，阿尔巴的归顺瓦解带来了很多负面影响。凶兆、瘟疫随之而来。罗穆洛通过婚姻使民族融合，升天化作神祇；图鲁斯毁坏了罗马城的祖地，遭到天谴，被天雷击中。

罗马人与萨宾人靠婚姻的方式联合成一体，但是却与阿尔巴人之间无通婚行为。相反，一名罗马女性在爱人阵亡之后被自己的兄弟杀死。罗马人娶萨宾妇女为妻，萨宾人把贪图财富的塔尔佩娅用盾牌压死。罗马人还将背叛盟约的麦提乌斯分尸。分尸是印欧神话中杀死部族成员的一种普遍方式（参照断头主题，特别是希腊神话中狄奥尼索斯被分尸吞噬的故事）。一个人的身体被分裂从某种意义上讲暗示着对亲缘关系的否认，对女性身体的摧毁则意味着对婚姻关系的否定。

---

① Livy, *Books I and II*, Cambridge (Mass.)/London, 1976.
② Livy, *Books I and II*, Cambridge (Mass.)/London, 1976.

在斯堪的纳维亚神话的众多部族中，阿萨神族与战争相关，华纳众神则和乱伦相关。罗马人杀死了来自阿尔巴的亲属和自己的姊妹。他们与萨宾人和阿尔巴人的关系沿袭了印欧神话熟知的模式：姻亲之间的争斗以婚姻与平等共享收场，同宗族之间的争斗会导致死亡与不平等。

战争之后阿尔巴人在罗马的历史进程中没有发挥进一步的作用，而萨宾人在军事部门的建立和社会秩序方面做出了贡献。百人团和以萨宾妇女之名建立起的库里亚家族联盟被确立。

罗穆洛作为罗马的第一任国王不为亲缘关系所累，而与他联合执政的萨宾人却过多地顾念亲属利益。还有一个重要的对比：罗马妇女贪图财富，妄想从同族那里获得同情，她们都以死亡收场；萨宾妇女在罗马与萨宾联合的过程中成功地发挥了调停的作用，制止了战争的扩大。

罗马人和萨宾人的相互较量状态曾经持续很久。李维指出在塔克文的继任者——赛尔维乌斯·图利乌斯（Sevius Tullius）统治期间，一位萨宾人牵了一头小母牛来到罗马。如果有人用这头牛祭祀，那么便预示着他将获得无上的权力。一名罗马的祭司听闻这则预言，吩咐萨宾人在祭祀之前到台伯河沐浴。当萨宾人还在洗澡的时候，这名祭司迅速地自行以小牛举行了祭祀仪式。[1]

欺诈是罗马人取胜于萨宾人、阿尔巴人及他们的亲戚的主要手段，而这些人都曾经拥有比罗马人更高的地位和权力。罗穆洛欺骗了他的萨宾客人，掳走了萨宾妇女。图鲁斯欺骗了阿尔巴使者，私下备战。

---

① Livy, *Books I and II*, Cambridge(Mass.)/London, 1976.

塔克文王朝

当卢西乌斯·塔克文·普利斯库斯（Lucius Tarquinius Priscus）登上王位时，他从一些较小的家族中遴选了一百名唯其马首是瞻的新成员加入元老院。他打败拉丁人和萨宾人，占领了科拉提亚，将其置于侄子埃格里乌斯（Egerius）的管辖之下。埃格里乌斯是塔克文的已故兄弟阿伦斯（Arruns）之子，在其出生之前，他的父亲阿伦斯就已过世，德玛拉图斯把所有的钱财都留给了塔克文。李维把埃格里乌斯的名字与动词需要（egeo）联系在一起。但是埃格里乌斯的名字与引领努玛·庞培利乌斯改革弊政的女神埃格里亚相关的可能性更大。塔克文强化了罗马的统治，他在卡皮托尔山上修建了朱庇特神庙。他的子孙众多，但是他却中意赛尔维乌斯·图利乌斯，把他当作王位的继承人。他是一名奴隶或外国王后的儿子。当他还是一个孩子的时候，他的头顶曾燃起熊熊烈焰。从那时起他就得到了塔娜奎尔和塔克文的支持，并把他们的女儿许配给了他。

安库斯的儿子们痛恨塔克文对他们实施的诡计。作为安库斯的合法继承人，他们害怕王权落入一名奴隶之手。在一次朝会上，他们派出两名奴隶杀死了塔克文。塔娜奎尔隐瞒死讯，让赛尔维乌斯·图利乌斯做了代政王。利用这段时间，赛尔维乌斯·图利乌斯巩固了他的地位，做好了继位的准备。安库斯的儿子们逃离了罗马。

赛尔维乌斯·图利乌斯把女儿嫁给了塔克文的儿子或是孙子，但是却没有娶对方的任何一个女儿。像他的前任一样，他证明了自己是一位称职的国王，其执政能力得到了李维的高度肯定。他击败了维爱人，以阶级和财富重新划分了罗马的人口。他加筑城防，和拉丁人一起修建了狄安娜（Diana）神庙。这座神庙的建造表明，罗马人取得了高于邻邦拉丁人的地位。

又过了一段时间，卢西乌斯·塔克文·普利斯库斯的儿子（或孙子）卢西乌斯·塔克文·苏帕尔布斯（Lucius Tarquinius Superbus）四处散布国王的谣言。野心勃勃的苏帕尔布斯与他忠厚老实的兄弟阿伦斯各自娶了赛尔维乌斯·图利乌斯的女儿图利娅（Tullius）姐妹。阿伦斯的妻子小图利娅粗野放荡，很快便与卢西乌斯·塔克文·苏帕尔布斯发生了奸情。他们决定联手害死阿伦斯和卢西乌斯·塔克文·苏帕尔布斯的妻子，而后两人成为夫妇。受到小图利娅的蛊惑，卢西乌斯·塔克文·苏帕尔布斯开始在贵族中拉拢培养自己的势力，如同他的父亲一样，特别培植小家族力量。最后，他率武装力量来到广场，坐于王座之上，诽谤国王，向元老院宣布就职。当赛尔维乌斯·图利乌斯得到消息，他火速赶往元老院。卢西乌斯·塔克文·苏帕尔布斯将年迈的国王打翻在台阶上，杀死了他。小图利娅驾车碾过父亲的尸身向丈夫道贺，卢西乌斯·塔克文·苏帕尔布斯拒绝为老国王举办国丧。

傲王卢西乌斯·塔克文·苏帕尔布斯是罗马的第七任也是最后一任国王，虽能力超群，却凶狠残暴，迫害驱逐元老院成员。他与拉丁人往来甚密，将女儿嫁给了对方的首领——图斯库鲁姆的奥克塔维乌斯·马米利乌斯（Octavius Mamulius）。来自阿里西亚的图尔努斯·赫尔多尼乌斯（Turnus Herdonius）企图挫败傲王对拉丁部落的吞并，可是被对方领先一步，判其叛国罪，将其溺死。而后拉丁被征服，归于罗马的统治。傲王的儿子塞克斯图斯·塔克文（Sextus Tarquinius）为了讨好父亲，潜入盖比伊，铲除了他们的首领，把盖比伊城献给了父王。

傲王对宗教事业投入了很大的热情，他完成父亲的愿望，在卡皮托尔山上修建了朱庇特神庙。后来，王宫里出现了难以解释的征兆，大殿内的一根木柱里爬出一条蛇。傲王塔克文派他的儿子提图斯和阿伦斯以及外甥布鲁图斯（Brutus）前往德尔斐神庙破解征兆的含义。此前布鲁图斯的兄弟被塔克文杀害，出于畏惧，他佯装愚钝。因此塔克文对他毫无戒心。神谕得到了破解，谁第一个亲吻他的母亲，谁便是下一任国王。提图斯和阿伦斯抽签决定谁将第一个吻到他们的母亲。可是，布鲁图斯对此另有理解。他假装摔倒，偷偷亲吻了大地这位万物之母。

他们回到家，国王正在筹划对卢图利安人的战争。在战争期间，王子塞克斯图斯、埃格里乌斯的儿子科拉提努斯（Collatinus）和其他年轻人在营房饮酒，吹嘘着各自妻子的贤德，决定突然回家，轮流对妻子进行考验。只有科拉提努斯的妻子鲁克蕾提娅恪守妇道，对丈夫忠诚无比。塞克斯图斯爱上了这名女子，几天后返回奸污了她。鲁克蕾提娅向父亲、瓦莱里乌斯（Valerius）、丈夫、布鲁图斯实情相告后自尽。他们揭竿而起，王后图利娅逃离王宫。布鲁图斯乘胜追击到傲王塔克文·苏帕尔布斯驻守的阿尔德亚。傲王返回罗马，发现城门紧闭，而布鲁图斯受到了阿尔德亚守城将士的热烈欢迎。傲王的儿子们被驱逐出大营，他们逃往了伊特鲁里亚的卡埃里。塞克斯图斯逃往盖比伊城，殒命于此。

罗马王位制度被废除。布鲁图斯和科拉提努斯当选为头两位执政官。布鲁图斯命令人们宣誓永远不会再有国王。他恢复了元老院，而后，恳请科拉提努斯离开王城，因为其是皇室曾经的一员，负有塔克文的家族之名。这个建议让科拉提努斯颇感震惊，当他的岳父斯普里乌斯·鲁克雷提乌斯（Spurius Lucretius）表示支持布鲁图斯时，他只好屈服，自愿流放于拉维尼乌姆。瓦莱里乌斯接替了他执政官的职务。

后来，一群年轻贵族掀起了王朝复辟的运动。维特利（Vitellii）兄弟和阿奎利（Aquillii）兄弟是最初几个参与到王朝复辟计划中的罗马贵族。维特利是布鲁图斯妻子的兄弟，并劝布鲁图斯的儿子也参与进来。后来一个奴隶把这一阴谋告知布鲁图斯。处理完塔克文的财产后，布鲁图斯就该审判叛国者。他首先审问了参与复辟阴谋的两个儿子，砍下了他们的头颅。

傲王几次三番妄图在罗马恢复王位，维爱人决定支持他们。在阿西安（Arsian）密林之战中，傲王的儿子阿伦斯与布鲁图斯双双阵亡。罗马取得了战争的胜利。根据故事的另一个版本，森林农牧之神西尔瓦努斯听到了密林里的战事，宣布伊特鲁里亚人比罗马人多损失一人，于是罗马获胜。斯普里乌斯·鲁克雷提乌斯被选为执政官，可是几日后便去世了。

傲王塔克文一行来到伊特鲁里亚的克鲁希姆寻求援助，他哀求克卢西乌姆的国王波塞纳（Lars Posinna）再次帮他们夺回王位。他们对新政权的围剿以失败告终，其间罗马一方英雄辈出。独眼英雄霍拉提乌斯·科克利斯英勇地站在了台伯河的桥头阻挡敌众。穆基乌斯·斯凯沃拉（Mucius Scaevola）想要刺杀波塞纳，被俘后，他将自己的右臂放在火中炙烤。被释放时，他告诉波塞纳有三百名罗马勇士发誓要干掉他。一位叫克罗莉娅（Cloelia）的女孩一天带领一群同为人质的女孩骗过伊特鲁里亚的看守，游过台伯河，逃回罗马和家人团聚。最后，波塞纳撤军，但是傲王继续派出儿子阿伦斯和一支先遣队攻打阿里西亚。这次出征以伊特鲁里亚失败告终，阿伦斯阵亡。

傲王年迈时进行了最后一次复辟之战。他幸存的儿子加入拉丁人的阵营。在雷吉路斯湖战役中，罗马人以惨重的代价将叛军击败。自此，我们再也没有在史书上看到傲王的身影。①

罗马的前四任国王在罗马人和萨宾人之间更替，后三位则都是外

---

① Livy,*Books I and II*,Cambridge(Mass.)/London, 1976.

邦人。人们普遍认为塔克文家族是特伊鲁里亚人，李维却认为塔克文·普利斯库斯是希腊人德玛拉图斯的儿子，遭到过伊特鲁里亚人的歧视，为此，他离开故地到罗马成就事业。塔克文·普利斯库斯的继任者赛尔维乌斯·图利乌斯也是一个外乡人。塔克文·普利斯库斯依靠财富获得王位，赛尔维乌斯·图利乌斯则依靠婚姻。塔克文·普利斯库斯成功地骗过安库斯的儿子篡改了王位继任者。显然，父子相承的王位世袭制在当时是存在的，不然安库斯的儿子们也不会被设法赶出城去。安库斯的儿子们认为他们才是法定的继承人，只有当塔克文·普利斯库斯明确表示会把王位传给女婿时，他们才采取了行动。李维认为他们选择杀死塔克文·普利斯库斯而不是赛尔维乌斯·图利乌斯，是怕国王会给女婿报仇，再选一名新的女婿继任。这是一个新奇有趣的观点，女婿原来也有继任权。

塔克文·普利斯库斯的子孙并不承认赛尔维乌斯·图利乌斯对王位的继承。李维不能确认卢西乌斯·塔克文和他的兄弟阿伦斯是否为塔克文·普利斯库斯的儿子或孙子，原因可能在于赛尔维乌斯·图利乌斯和塔克文家族复杂的婚姻关系。赛尔维乌斯·图利乌斯娶了塔克文家族的女儿，又把自己的女儿嫁给塔克文家族的儿子。结果，塔克文兄弟娶了自己父亲的外孙女。卢西乌斯·塔克文既是他的前任赛尔维乌斯·图利乌斯的女婿，同时是塔克文·普利斯库斯的儿子。因此，他拥有王位的理由充分，从未被质疑。

妇女在上述故事里扮演了相当重要的角色。塔娜奎尔说服丈夫到罗马开辟自己的事业，并成功地帮助赛尔维乌斯·图利乌斯登上王位。图利娅无法忍受塔娜奎尔计谋得逞的事实，于是引诱丈夫推翻父王的统治。这两个女人之间有着极其相似之处。李维强调塔娜奎尔为了丈夫的事业离开她的家乡塔尔奎尼伊，显然较于她的儿子而言，她更喜欢女婿。图利娅为了丈夫背弃父亲。她们都与姻亲相近，而与血亲相疏。

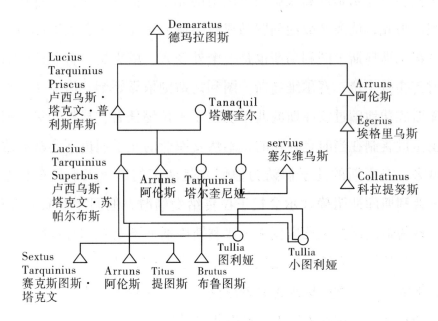

塔克文王朝

　　塔克文·普利斯库斯继承了安库斯的王位，悖逆了王位父子相承的法则，后被安库斯的儿子杀死。赛尔维乌斯·图利乌斯继承塔克文·普利斯库斯的王位同样悖逆了这一法则，像塔克文·普利斯库斯一样，他也为其前任的儿子所杀。赛尔维乌斯·图利乌斯娶了塔克文·普利斯库斯的女儿，在联姻所赋予的荣耀下获得继承权。他又试图通过将自己的女儿嫁给塔克文的儿子巩固自己的地位，但这一步棋显然未能得手。一个奴隶或外邦人的儿子通过婚姻获得王位，又因为他女儿的婚姻失去王位，并且不得安葬。在生命的起点和尽头，他都是一个没有地位名分的底层人。

　　罗马的第五任和第六任国王都悖逆了王位在父系血亲内传递的规则，而是通过财富和婚姻获得王位。他们都不得善终。最后几位国王和他们的儿子，因为不同的继承法则产生了结构性的冲突，构成故事的主要矛盾。最重要的冲突存在于傲王卢西乌斯·塔克文·苏帕尔布斯的儿子和他姐姐的儿子布鲁图斯之间。这次冲突在德尔斐神庙之行中被清晰地刻画，布鲁图斯智胜了他的对手。

科拉提努斯也起到了至关重要的作用。他出身于塔克文家族中一支败落的旁系。旁系和嫡亲王室构成一组对立关系。首先因为塔克文·普利斯库斯继承了父亲所有的财产，阿伦斯与其后人的财产继承权自然被剥夺，当塞克斯图斯欺辱鲁克蕾提娅后，阿伦斯一脉的妻子也被对手夺走。我们现在不清楚双方究竟哪一方较为年长，但是在印欧神话相似的故事模式里，长子总是被幼子抢夺财产和女人，依此，我们推断阿伦斯一方应为长子。在布鲁图斯的帮助下，科拉提努斯得以复仇，可是一旦摆脱与父系家族的联系，他显然无法与布鲁图斯抗衡。当他的岳父在这场权力斗争里倒向布鲁图斯的阵营时，他无奈地离开了罗马，其政治命运就此以失败告终。

鲁克蕾提娅受辱一事被布鲁图斯利用。此事助推塔克文家族内部同室操戈，布鲁图斯达成了自己的目的，这暗示着乱伦关系的强奸事件直接导致了塔克文王朝的覆灭。国王被处置，他姐姐的儿子和另一位父系家族成员获得统治权。科拉提努斯的势力而后又被铲除，布鲁图斯与瓦来里乌斯共享统治权。我们可以明显地看出，布鲁图斯是当时罗马最大的强权人物，德尔斐神庙的神谕得到了印证。

塔克文王朝的溃败并非自外而内，而是源于家族内部的争斗。塔克文家族杀死了赛尔维乌斯·图利乌斯和布鲁图斯的兄弟，又在血亲内部展开争斗（比如谋杀阿伦斯——塔克文·苏帕尔布斯的兄弟，科拉提努斯和父系家族内部的斗争，布鲁图斯和阿伦斯在阿西安之战中的相互杀戮）。布鲁图斯推翻了舅舅的统治，他的儿子又在舅舅（维特利兄弟）的教唆下背叛了他的统治。布鲁图斯把儿子处死，其大义灭亲的行为常常被后人称道。但是这和英雄霍拉提乌斯的父亲为唯一幸存的儿子求情的动人场景形成了鲜明的对比。布鲁图斯是罗马共和制之父，和罗穆洛一样，他的成就很大程度上来源于对亲族关系的漠视。他杀死了塔克文家族的主要成员，最终将这个王朝送入坟墓。这一点在阿西安之战里通过阿伦斯、布鲁图斯两位表兄弟之间的殊死对决被明白无误地表达出来。年轻一代战死，老一辈却存活于世。

斯普里乌斯·鲁克雷提乌斯，科拉提努斯的岳父接替布鲁图斯，当上执政官，几天之后就去世了。女婿获得江山暗示着王朝的更替。岳父获得统治权表明塔克文王朝大势已去，但新的统治阶级尚未形成。塔克文·苏帕尔布斯在儿子死后虽活在世间，象征着罗马王朝最后的神迹，但是他明显已经无力回天。在雷吉路斯湖一役中，他已是垂老之人。我们无法得知他最后的结局。

由此，我们得出了一个为人熟知的故事模式：亲族之间的权力之争往往会是一场此消彼长的拉锯战，权力的归属会在两方之间跳转。年轻一代英年早逝，年老一代幸存于世，于是白发人送黑发人，而不是黑发人送白发人（参看凯尔特神话的魔锅之争，它遵循了同一模式）。

纵观罗马王朝的历史，不同的即位方式一一得到体现：通过母亲获得王位，通过婚姻获得王位，接替舅舅获得王位。父子之间的直接传承从未得以实现，尽管这才是神话的理想状态。王朝的覆灭是权力之争的排他性所导致的。塔克文王朝的覆灭表明了背弃王权父子继承制所造成的危险，因为那才是罗马社会的理想境界。

在印欧神话体系里，我们会发现王朝内部自我瓦解这一模式的各种变体（例如希腊神话中的底比斯、迈锡尼故事模式，还有凯尔特神话中达纳神族王朝的消亡）。这种神话模式可以用不同的王位继承制之间的冲突来解读。罗马国王的历史始自兄弟相残，终于姑表亲两兄弟的相互杀戮，它成为印欧神话里王朝内部自我瓦解这一主题最清晰的案例。

塔克文家族的三次复辟之战（阿西安密林之战、波塞纳之战、雷吉路斯湖之战）是宇宙天界之战和末世之战的一部分。杜梅兹勒把独眼英雄霍拉提乌斯·科克利斯与奥丁和卢格相联系，把独臂英雄穆基乌斯·斯凯沃拉与努阿杜和提尔相联系，将克罗莉娅和《摩诃婆罗多》的黑公主（Draupadi）相联系。这场宏大的战争被看作是罗马众神胜利推翻父权统治的表达。斯堪的纳维亚神话中的众神之战导致了世界的毁灭，凯尔特神话的第二次摩伊图拉战争导致了同样的后果。我们在当中依旧可以看到乱伦和兄弟弑血的乱象。

拉丁人在雷吉路斯湖之战中起到了至关重要的作用，这一点需要特别指出。罗马人和阿尔巴人均源于这一族脉。在塔克文·苏帕尔布斯和图尔努斯之争中，后者告诉前者，儿子必须遵从父亲的意志，否则会自食其果。[①] 这暗示着拉丁人是罗马人之祖，应被赋予尊荣。我们看到姻亲之间可以共享权力富贵（如特洛伊人和拉丁人，罗马人和萨宾人），而宗族血亲却无法做到。阿尔巴人被收服，首领被杀，拉丁人的遭遇也是如此。图尔努斯被杀，他的臣民被罗马人征服。

罗马国王的历史与凯尔特神话中达纳神族国王的历史有着极其相似之处。在两组神话中前四位国王交替履行不同的职能，相隔的两位属于同一王朝。当我们把分享王权的最后三位凯尔特国王——马克·丘伊、马克·西特、马克·格勒，纳入考虑范围时，会发现两个神话体系中的两个王朝都历经了七位国王的统治。

---

① Livy, *Books I and II*, Cambridge(Mass.)/London, 1976.

第九章　德操尽失的国王

引　言

理想中的印欧国王首先是一位战斗首领，是侪辈之冠，有自己的侍从，为人慷慨，与战士们共享财富。侍从则应该对国王尽忠，不惜任何代价保护国王的生命。在战场上，如果国王先他而死，这将被视为耻辱。

和平时期，国王的职责是引领国家发展生产，走向昌盛。根据《马比诺吉昂》记载，马瑟（Math）是威尔士国王麦森威（Mathonwy）之子，除非在战时，否则他只有站在处女的膝盖上方能存活，然后自如行动。[①] 在印欧神话中，脚对生和死有重要的象征意义。因此，战争中国王难免经受奔袭之苦，和平时期则安然坐镇王廷。如果今年的收成不好，勃艮第国王可能会被废除王位。[②] 按照《鹰铃萨迦》第十八章的记载，斯堪的纳维亚的国王多马尔迪因为饥荒以身祭天。正如凯尔特和罗马神话中交替的王权所暗示的那样，双重王权制度最初是与战争的功能以及宗教或者富饶程度相关。然而，在历史上，双重形式的王权合二为一了。

很多的印欧神话都在讲国王和他侍从之间的故事。一般来说，国王

[①] *The Mabinogion*, Harinondsworth, 1976, pp. 98-99.

[②] J. M. Wallace Hadriil, *Early Germanic Kingship in England and on the Continent*, Oxford, 1971.

在品德和勇气上都不如那些效忠于他的大英雄。在恺·考斯（Kai Kaus）和鲁斯塔姆（Rustam）（波斯神话），坚战和阿朱那（印度神话），欧律斯透斯和赫拉克勒斯（希腊神话），康纳尔和库丘林（凯尔特神话）等神话系列中，英雄往往比国王更勇猛，更讨女人的欢心。相反，国王的表现经常不光彩。例如，阿伽门农夺走了阿喀琉斯的妾室；爱尔兰的国王布莱斯剥削战士，最终因为吝啬失去王位；阿尔斯特的康纳尔背信弃义，杀害了乌斯纳克的儿子，只为了爱尔兰最美丽的女子迪尔德丽（Deirdre）。

中世纪史诗

权力日益增长的德国国王在中世纪史诗中被给予了特别的关注，许多历史事件在史诗中得以再现。例如，德国中世纪的叙事诗《尼伯龙根之歌》和它的变体斯堪的纳维亚诗集《埃达》，都是根据勃艮第人在国王古恩狄卡利乌斯（Gundicarius）统治时期被匈奴人打败后，移民法国这一历史事实写成的。亚瑟王传奇是以英格兰人、盎格鲁－撒克逊人和罗马人之间的战争为依据的。《罗兰之歌》则是基于查理曼大帝的军事行动和历史上的隆塞沃之战。虽然这些史诗涉及一些历史事件和人名，但它们却很少有重要的历史意义。艾因哈德（Einhard）和口吃诗人诺特克（Notker the Stammerer）都曾写过查理曼大帝传记，但这两本书中对这位帝王的描述和史诗中的截然不同。史诗的结构带有神话的色彩，即使它们不能成为可靠的历史考据来源，但也反映了中世纪贵族看待历史的方式。

《埃达》中关于西古尔德（Sigurd）的神话是从传统英雄神话到中世纪史诗的一个过渡。神话的第一部分讲述了父系亲属互相杀戮的现象。斯堪的纳维亚神奥丁、霍尼尔和洛基曾杀害了赫瑞德玛（Hreidmar）的儿子欧特（Otr），于是不得不给赫瑞德玛大量黄金作为赎罪献礼。赫瑞德玛拒绝和他的儿子法夫尼尔（Fafnir）、雷金（Regin）共同享有这笔财富。之后，法夫尼尔杀了他的父亲，夺走黄金并化身为龙保护这些黄金。法夫尼尔逼迫雷金离开住处。雷金收养了沃尔松·西古尔德（Volsung Sigurd），欲教其去杀了法夫尼尔。他的目的是之后再杀掉西古尔德，这样就能把财富据为己有。雷金让西古尔德杀了法夫尼尔后把他的心脏挖出来烤给他吃，但却禁止西古尔德吃它，因为谁吃了心脏，谁就会成为最聪明的人。当西古尔德试探心脏是否烤熟时不留神烫了手，出于本能他急忙把手指放入口中，无意中先尝到了法夫尼尔的心脏，突然间发现自己竟能通晓鸟语。通过鸟儿们的讨论，西古尔德获悉雷金的阴谋，先动手杀掉了雷金，拿走了他的财宝（《叙事诗雷金》《叙事诗法夫尼尔》）。

神话的第一部分再现了一个古老的主题。父系成员不能够共享财富，年轻一代清除老一代的阻碍。其结果是赫瑞德玛和他的儿子全部死亡。雷金的养子西古尔德独自拥有了这笔财富。之后，神话故事的焦点开始向联姻转变。

西古尔德来到被火包围的城堡，他越过火墙进入城堡遇见了国王布德利（Budli）之女布伦希尔德（Brynhild），随即与她订婚。但是在吉尤基（Gjuki）的王宫里，王后让他喝了一种神奇的药水，使他忘了布伦希尔德，和吉尤基的女儿古德伦（Gudrun）结了婚。古德伦的哥哥贡纳尔（Gunnar）想娶布伦希尔德为妻，但却没有勇气过那面火墙。于是西古尔德就扮成贡纳尔的样子进入城堡，布伦希尔德就这样嫁给了贡纳尔。

之后，古德伦和布伦希尔德之间为了权势和地位而产生了一场纠纷。古德伦告诉布伦希尔德跨过火墙的是西古尔德而不是贡纳尔，所以是她嫁给了更伟大的英雄，因此地位更高。西古尔德的背叛得罪了布伦希尔德，她唆使贡纳尔去杀西古尔德。可是，贡纳尔和他的弟弟霍格尼（Hogni）曾发誓效忠于西古尔德，所以他就让那时年纪尚幼没有发誓的弟弟古托尔姆（Guttorm）趁西古尔德熟睡时刺杀他。然而，西古尔德在临死前也杀死了古托尔姆。听到西古尔德被杀的消息，布伦希尔德也自杀了。他们的尸体被一起火化，在灰烬中合为一体。

古德伦的哥哥们又把古德伦嫁给了布德利的儿子阿特利（Atli），把西古尔德的黄金藏在莱茵，而阿特利想得到这笔财富，所以就邀请他们前往王廷。两兄弟带了众多侍从，却还是被阿特利擒获。贡纳尔拒绝透露藏宝之地，说只要同为知情者的兄弟霍格尼还活着，他就不会泄露这个秘密。霍格尼被杀之后，贡纳尔告诉阿特利他现在是唯一知道宝藏在哪儿的人，并且永远都不会把它说出来。不久，贡纳尔也被杀了。古德伦和霍格尼之子尼伯龙根（Niflung）又杀了阿特利，烧了他的宫殿（参见《叙事诗布伦希尔德》）。

在神话的第二部分中，姻亲互相杀害对方。西古尔德被他的小舅子杀死。贡纳尔和霍格尼则死于他们的第二任妹夫之手，因为他们拒绝与其共享财富。正如凯尔特神话中的魔锅之争一样，姻亲之间的战争最终导致两败俱亡，神物丢失。尼伯龙根的财富丢失了，无法挽回。阿特利杀死了他的客人，表现得很不光彩。像阿尔斯特的康纳尔一样，阿特利也是一位德操尽失的国王，为了财富和女人违背自己的承诺。

虽然这则神话来源于德国，但较斯堪的纳维亚同一主题的神话版本而言，其年代并不算最为久远，然而它却能更清楚地反映中世纪的价值观。斯堪的纳维亚神话版本中一个值得注意的变化就是对英雄妻子的描述。在《埃达》中，古德伦杀死了她的丈夫阿特利为哥哥们报仇。在德国的版本中，克里姆希尔德（Kriemhilde）为给她的第一任丈夫西格弗里德（Siegfried）报仇，设计杀害了她的兄弟巩特尔

（Gunther）和哈根（Hagen）。当她为杀害他们而请其入宫的时候，她的现任丈夫埃策尔（Etzel）还被蒙在鼓里。从这我们可以看出，对兄弟的忠诚已经完全转化为对丈夫的忠诚。这种变化在国家形成和史诗发展的过程中反映了家族关系的变化，这种变化存在于大多数印欧文化中。

在希腊神话中，海伦（Helena）曾引起了一场战争。她是双生子狄奥斯库里——卡斯托尔和波吕丢刻斯的妹妹，这两兄弟同生共死。有这样一个古老的传说，雅典的英雄忒修斯曾经抓了海伦，后来被她的哥哥们救了回来。[①] 但在史诗《伊利亚特》中却没有双生子狄奥斯库里这对弟兄，书中解释说他们已经死去，葬在拉凯戴孟尼亚。[②] 狄奥斯库里在神话中的角色被墨涅拉俄斯（Meneloas）即海伦的丈夫和迈锡尼的国王阿伽门农这两兄弟代替。墨涅拉俄斯把背叛他的妻子从遥远的特洛伊救回，从此过着幸福的生活。阿伽门农从特洛伊回到迈锡尼后，却被他的妻子，也就是海伦的姐姐，和她的情人杀死。这两兄弟和双生子狄奥斯库里一样同生共死。《伊利亚特》中，两个角色地位对等的男人，一个是她的丈夫，一个是丈夫的哥哥，替代了女主人公两个亲哥哥的位置，但其本质不同（一方是人，一方是神）。

丈夫对妻子的责任（而不是哥哥对妹妹）是《伊利亚特》的中心议题，就像尼伯龙根故事中妻子对兄弟的忠诚取代了对丈夫的忠诚。因此，人们可能会猜想是否一种相似的转变也决定了印度史诗《罗摩衍那》中罗摩（Rāma）和大力罗摩（Balarāma）如何从恶魔罗波那（Rāvaṇa）手里救回拉玛的妻子悉多（Sītā）。

另一种结构性冲突，即忠于家族还是忠于国王，是德国史诗中讨

---

① Apollodorus, *The Library 1 and 2*, Cambridge（Mass.）/London,1976.

② *The Iliad of Homer*,Houghton, Mifflin & Co., Riverside Press ,1905, pp. 239-240.

论的一个主题。埃策尔的封臣鲁德格尔（Ruedeger）把自己的女儿许配给巩特尔和哈根的兄弟吉泽尔赫（Giselhër）。鲁德格尔十分矛盾，不知该忠于国王还是他的家族。按照理想的道德观念，臣子应首先效忠国王，于是他最终选择尽忠于国王，后被勃艮第人杀死。[①] 相似的主题在系列神话如亚瑟王和他的圆桌骑士，查理曼大帝和他的十二勇士中都具有重要意义。

亚瑟王和圆桌骑士

亚瑟是国王尤瑟·彭德拉根和意格琳（Ygraine）的儿子。意格琳怀上亚瑟的过程极其特别。在城堡的一次宴会上，尤瑟·彭德拉根爱上了哥洛亚斯（Gorlois）公爵的妻子意格琳。哥洛亚斯是康沃尔的公爵，尤瑟的封臣。对此哥洛亚斯又惊又气，于是带着妻子逃到了康沃尔。他把意格琳藏在廷塔杰尔城堡里，自己躲在迪米里奥克的防事工御处避难。国王尤瑟带领军队赶到康沃尔，想要抓回他心爱的女人。爱情困扰着他，他害怕终有一天会被相思折磨至死。一个叫梅林（Merlin）的巫师给他吃了一种仙丹妙药，把他变成了哥洛亚斯的模样。尤瑟进入廷塔杰尔城堡，意格琳以为他是自己的丈夫，与他发生了关系。意格琳怀上亚瑟的那个晚上，哥洛亚斯死于战场。尤瑟·彭德拉根虽为他的去世感到悲哀，可还是娶了他的妻子。[②]

根据马洛礼（Malory）记载，亚瑟由贵族埃克特（Ector）爵士抚养成人，他继承王位简直是一个奇迹。尤瑟·彭德拉根死后，在坎特伯雷大教堂的院子里发现了一把插在巨石中的宝剑，宝剑上镂刻着一

① *The Nibelungenlied*, Harmondsworth, 1973, pp. 265-275.

② Geoffrey of Monmouth, *The History of the Kings of Britain*, Harmondsworth, 1976, pp. 205-208; Wace and Layamon, *Arthurian Chronicles*, London/NewYork, 1978, pp. 27-40; Sir Thomas Malory, *Le Morte d'Arthur*, New York, 1962, pp. 21-23.

行金字："拔出此剑者当为不列颠之国王。"亚瑟把剑拔了出来，与此同时他王子的身份大白于天下。但亚瑟身份的合法性受到了国王罗得（Lot）和他领导的另外几位王子的质疑。罗得国王是亚瑟母亲的妹妹莫高斯（Morgawse）的丈夫。经过一系列的斗争，亚瑟最终被大家认可，成了合法的国王。

亚瑟后来娶了国王李奥多格兰（Leodegreaunce）的女儿吉娜薇（Guinevere）。他的岳父李奥多格兰把一张圆桌作为女儿的陪嫁送给了亚瑟。当骑士们没有任务时，他们就围坐在圆桌旁议事，入座这张圆桌象征着获得了亚瑟近臣的身份。亚瑟王的婚姻、他所肩负的天命都与圆桌骑士关系紧密，只要天赋使命还存在，这个王国就能够平安和谐，繁荣昌盛。

当兰斯洛特（Lancelot）——最伟大的英雄骑士和吉娜薇坠入爱河，不列颠统一的天赋使命就落空了。他们的关系被发现后，兰斯洛特从王宫中逃跑了，王后被处以火刑。兰斯洛特和他的勇士强袭刑场，劫走吉娜薇，杀了罗得和莫高斯的两个儿子加里斯（Gaheris）和加雷斯（Gareth）。他们的弟弟高文（Gawain）发誓要为哥哥们报仇。兰斯洛特带王后去了他所在的法国城堡，在那里，他遭到了亚瑟和追兵的围攻，不得不把王后还给亚瑟，但短暂的停歇之后，战争又开始了。高文不断地向兰斯洛特发起挑战，可惜每次都以失败告终，直到最后受到兰斯洛特的致命一击。

亚瑟离开英格兰时，把王后和整个国家都委托于他的侄子莫德莱德（Mordred）。实际上莫德莱德是亚瑟和他的姨母莫高斯的儿子，或者是亚瑟和他同母异父的姐姐的儿子。但当他带着军队回来时，莫德莱德已经篡夺了王位并抓了王后。在接下来与莫德莱德的斗争中，很多圆桌骑士都牺牲了。亚瑟和莫德莱德在一场对决中同归于尽。亚瑟的尸体被埋在魔幻岛阿瓦隆。吉娜薇当了修女，而兰斯洛特做了修道士。在得知吉娜薇死后，兰斯洛特也伤心抑郁而死。而对于亚瑟，人们都相信他终有一天会回到英格兰重担大任。

马洛礼的《亚瑟王之死》主要是依据《散文兰斯洛特》（*Prose Lan celot*）写成的，它是亚瑟王传奇组诗中描写最详尽的作品之一。亚瑟王传奇还有很多其他的版本，虽然这些版本在很多方面都有分歧，但大多数作品对于亚瑟如何出生和如何死亡的描写是一致的。

亚瑟王是婚生子。尤瑟·彭德拉根是他的父亲，可是他母亲怀他的方式却在一定程度上表明，康沃尔公爵也是他的父亲。他继承王位时遭到了质疑，然而，他最终还是继承了王位，不是以王子的身份，而是因为他拔出了插在石头里的剑。

根据蒙茅斯的杰佛里（Geoffrey of Monmouth）的观点，亚瑟之后，其表弟君士坦丁（Constantine）——康沃尔公爵卡多尔（Cador）的儿子，继承了王位。这一事件意义重大。英国国王统治的这个时代被认为源于罗马。三位国王中后两位的名号都衍生于第一位君士坦丁，分别是君士坦提乌斯（Constantius）和君士坦斯（Constans）。很多康沃尔公爵后来都成为英国的国王。据蒙茅斯的杰佛里的记载，亚瑟接受了卡多尔公爵的妻子吉娜薇，并让她成为王后。她是他的家族中唯一的罗马人。[①] 非常明显，康沃尔的王室和英国紧密相连，最初他们是同一家族中两支敌对的旁支（参见塔克文家族中的旁支）。

文本中，亚瑟和康沃尔公爵的关系被描写成国王和贵族之间的关系。他一生中的主要事件可以简要地概括为国王和显赫贵族之间的两次冲突，而这两次冲突皆因女人而起。首先，国王尤瑟引诱了一位贵族的妻子。之后，另一位贵族兰斯洛特和国王的妻子私奔。第一次导致了亚瑟的出生，第二次导致了他的死亡。圆桌骑士这一史诗循环的

---

① Geoffrey of Monmouth, *The History of the Kings of Britain*, Harmondsworth, 1976, p. 131.

开始和结束都存在一系列的对立：

尤瑟·彭德拉根传说	兰斯洛特传说
国王占有了某一贵族的妻子	某个贵族抢走了国王的妻子
贵族被杀	国王被杀
国王哀悼贵族之死	贵族救助已死的国王
尤瑟·彭德拉根和意格琳生了亚瑟	兰斯洛特和吉娜薇无果而终：王后当了修女而骑士成了修道士

破碎的婚姻是圆桌骑士故事的重要事件。它始于破碎的婚姻，终于破碎的婚姻。亚瑟自己也卷入了通奸事件。他和他的姨母莫高斯，或者和他同母异父的姐姐摩根娜，即意格琳和哥洛亚斯的女儿，生了他的私生子莫德莱德。然而根据蒙茅斯的杰佛里的观点，高文和莫德莱德都是罗得国王和亚瑟的姐姐安娜（Anna）的儿子[1]，并且这种传统在亚瑟王传中不断重复。因此，莫德莱德有着两个相互矛盾的身份，一个是国王的儿子，一个是国王姐姐的儿子。不管是两者中的哪一个，他都是一个冷漠无情的人。对于此，亚瑟也不是毫无过失。据马洛礼记载，他曾试图杀害还是婴儿的莫德莱德，把莫德莱德和所有那年5月1日出生的贵族的孩子一起放在船里，浮在水面上，让海水冲走。但是他的计划失败了，船漂到了岸边。一个平民救了莫德莱德并将其抚养成人。[2] 在马洛礼的文本中，莫德莱德对于揭露兰斯洛特和吉娜薇的罪行作用重大。当亚瑟围攻兰斯洛特的城堡时，莫德莱德

---

① Geoffrey of Monmouth, *The History of the Kings of Britain*, Harmondsworth, 1976, p. 209.

② Sir Thomas Malory, *Le Morte d'Arthur*, New York, 1962, p. 43.

就继承了王位，控制了王后，接管了整个国家。据蒙茅斯的杰佛里的观点，王后也违背了对婚姻的誓言。[①] 所以，国王和王后都没有能够维持他们的婚姻，也因此破坏了整个国家的安定和繁荣。国王和他的私生子互相残杀，王位传给了他的表弟君士坦丁。

在蒙茅斯的杰佛里的叙述中，没有兰斯洛特这个人，他很有可能是之后才加进来的人物。姐姐的儿子引诱他舅舅（即国王）的妻子，这一现象却在凯尔特神话中反复出现。在《马比诺吉昂》的第四个分支中，葛威迪恩（Gwydyon）和葛尔维瑟（Gilvaethwy）设计强奸了他们舅舅即圭奈德郡（Gwynedd）王马瑟的妻子。他们因此受到了严厉的惩罚，但最终马瑟还是原谅了他们。[②] 在特里斯丹（Tristan）和绮瑟（Ysolt）的传说中，特里斯丹与他舅舅康沃尔国王马可（Mark）的妻子私通。可与此同时，他还是打算对国王尽忠。另外，马卡尔（Markale）指出我们找到很多迹象表明吉娜薇和高文私通。[③] 如此看来，莫德莱德的故事也遵循凯尔特神话的共有模式。许多文本都把高文描写成亚瑟的忠实拥护者，莫德莱德却是一个背信弃义的恶棍，但他俩同时都代表着凯尔特神话中姐姐的儿子这一结构歧义。

这一故事结构与凯尔特神话中有关破碎婚姻传说的一般模式相符合。如果婚姻中的一方毁坏婚姻，那就会损坏神物和与之相关的部分（参见第五章中库·罗伊·麦科黛尔抢夺大锅和里尔之女布隆温的传说）。在喝梅林的神水之前，意格琳一直忠于自己的丈夫，所以她和尤瑟·彭德拉根的婚姻并没有完全失败，吉娜薇和兰斯洛特或莫德莱德的关系也是如此。但这却导致莫高斯或摩根娜的报复，她引诱亚瑟犯下乱伦罪，生下要杀他的儿子。

---

① Geoffrey of Monmouth, *The History of the Kings of Britain*, Harmondsworth, 1976, p. 256.

② J. Markale, *Le roi Arthur et la societe celtique*, Paris, 1977, pp. 263-264.

③ J. Markale, *Les Celtes et la civilisation celtique*, Paris, 1979.

查理曼大帝

查理曼大帝传主要围绕姻亲之间的斗争而非通奸展开。在荷兰传说《查理曼大帝和矮子客人》中，天使要求查理曼大帝去偷东西。前两次，查理曼大帝都拒绝了。但当天使第三次提出这个要求时，他同意了。路上，他遇到了一个奇怪的骑士，两人打斗起来，他赢了。陌生人告诉查理曼他叫依莱哥斯特（Elegast），曾经是个骑士，后来被查理曼大帝流放，现在以偷窃为生。查理曼大帝对他隐藏了自己的身份，告诉他自己也是一个贼，两人决定一起合作，他们闯入艾哲家族艾哲瑞克（Eggeric）的城堡，艾哲瑞克实际上是查理曼的姐夫。依莱哥斯特偷听到艾哲瑞克告诉妻子他要杀了她弟弟，妻子反对，他就用拳头打她。依莱哥斯特把这些告诉给他的同伴，查理曼说他会把这些告诉皇帝的。第二天，查理曼把艾哲瑞克关进监狱，而依莱哥斯特住进了他的城堡。艾哲瑞克被控叛国罪，在与依莱哥斯特的决斗中，他输了，被判处死刑。查理曼把他的姐姐嫁给了依莱哥斯特。[①]

在这个故事中，查理曼的姐夫背叛了他的君主即查理曼，而依莱哥斯特，即使他被驱逐也一直对查理曼忠诚。遭到姐夫的背叛也是《罗兰之歌》的核心问题。

查理曼大帝和撒拉逊人（Saracens）的战争长达七年。萨拉戈萨（Saragossa）的马席勒（Marsiliun）国王愿称臣议和，这遭到了查理曼的侄子罗兰（Roland）的反对，却得到了罗兰继父加内隆（Ganelon）的拥护。在罗兰的建议下，查理曼派加内隆作为代表去谈议和条件。加内隆认为他此去就意味着死亡，但查理曼有令，他不得不去。在萨拉戈萨，他出卖了罗兰和法兰克人。他还说服查理曼让罗

---

① J. Janssens ed. , *Ridderverhalen uit de Middeleeuwen*, Amsterdam/Brussel, 1979, pp. 10-61.

212

兰带领后卫部队，保护他们从西班牙撤离。一些伟大的英雄，国王的亲信如奥利弗（Oliver）和主教特平（Turpin）要求加入罗兰的部队。然而，这支后卫部队遭到了大批撒拉逊人的袭击。罗兰吹响号角提醒查理曼，但加内隆劝说查理曼不要理会这声音。最终，当查理曼决定返回的时候，为时已晚。罗兰和他的英雄们有的已牺牲了，有的受了致命伤。查理曼击败撒拉逊人，并以叛国罪处死了加内隆。[①] 加内隆和他的继子互相如此敌视，他被指派完成任务时内心的焦虑也是人之常情。当他去和谈时，撒拉逊人想杀了他，他只有出卖罗兰和法兰克人才能保住自己的性命。离开萨拉戈萨之前，加内隆把他所有的财产都给了他与查理曼姐姐所生的儿子布迪文（Baudevin），作为继子的罗兰什么也没得到。

《雷诺之歌》中的故事也是围绕查理曼国王和他的姐夫以及姐姐的四个儿子之间的关系展开的。这本书是关于埃蒙（Aymon）爵士四个儿子的事迹。埃蒙爵士娶了查理曼的姐姐，但他却不想要孩子，因为他曾经发誓要杀死国王所有血亲。然而，他的妻子艾（Aye）偷偷地怀了四个孩子，最终还是得到了埃蒙的认可。当他们四个来到查理曼的王宫，勒诺（Renaut）——四个儿子中年纪最长、最英勇的英雄制造了许多事端，可是却一直得到查理曼的原谅，直到有一天他杀死了查理曼的王子，一系列的冲突随之发生。最后国王查理曼和埃蒙爵士的四个儿子相互谅解。[②]

在所有的神话中，总有某个封臣娶了国王的姐姐或妹妹，可依然对国王怀有敌意。国王的侄子们都是伟大的英雄，他们或像罗兰一样忠于国王，或像勒诺一样，开始和国王有所冲突，但最终得以和解。

---

① *The Song of Roland*, New York, 1970, pp. 62-67.

② J. Janssens ed., *Ridderverhalen uit de Middeleeuwen*, Amsterdam/Brussel, 1979, pp. 62-67.

一般来说，在中世纪的史诗中，国王的侄子不会继承王位。帕尔齐法尔却是个引人注目的例外。开始，他没能够提出正确的问题来帮助他的叔叔即圣杯国国王。后来，他成功地帮助了国王，并和他冰释前嫌。可是，圣杯国国王与其说是世俗的国王，不如说是一位精神领袖。帕尔齐法尔的父亲和兄弟都战死沙场，他们代表了骑士精神，而他的叔叔们（一位是森林里的隐士，给予他精神指导；一位则是守护圣杯的渔王）代表了更为高深的大境界。因此，帕尔齐法尔与其说是继承了王位，不如说是承担了一项精神义务。①

童 话 故 事

最早的印欧神话发生在这样的社会中——社会特征不明确且很大程度上难以确实地再现。对于理解当时的社会现实而言，神话所能提供的指导并不可靠，因为通常情况下神话采用反转、倒置、夸张的想象等方法。人们的注意力只能放在神话中一些经常出现的主题上，尤其是处于相对地位的姻亲和血亲两组关系中，这些主题反映了人们所真正关注的问题。与神话相反，史诗发生在早期欧洲封建时代某个确定的、为人们所熟知的社会背景下，其主题也和同时代的热点政治问题相关，如政治集权、国王和贵族的关系、战争及对骑士精神的推崇。然而笔者也曾指出，虽然叙事的语境发生了变化，但史诗仍然扼要地重述了最早神话中的主题和情节，并在其中加入了传统印欧文化所熟悉的象征意义。

城市化和书写文化对印欧传统的影响可谓复杂。在希腊，城市文化的发展致使戏剧和哲学中的神话发生变化。在中世纪的欧洲，它们

---

① Chretien de Troyes, *Perceval ou le Roman du Graal*, Paris, 1974；Wolfram von Eschenbach, *Parzival*, Harmondsworth, 1980.

成为新城市文化的一部分，为流行戏剧和音乐提供主题。口传文化得以生存，至少在大多数目不识丁的农民阶级中，民间传说特别是童话使这种口头文化流传至今。

最著名的童话故事集要算是由法国作家佩罗（Perrault）和德国格林兄弟〔威廉·格林（Wilhelm Grimm）和雅各布·格林（Jacob Grimm）〕编辑的作品了。这些故事经过他们的修改，变得更加有趣。威廉·格林经常在他集子的再版中给故事加入新的细节描写。[①] 正因为如此，这些童话故事不能够直接地反映德国农民的精神世界，甚至是在一些受到现代城市读者喜爱的版本中，也保留了很多古老的主题。童话中的国王一般都吝啬狡诈，企图欺骗将要娶他女儿并且未来继承王位的王子。

童话中所表现的社会编码通常要比神话中所表现得落后些。亲属关系比较简单，只限于核心家庭。很多故事都开始于有父亲、母亲、儿子或女儿这样的一家人，结束于幸福的婚姻。父母一方与孩子的矛盾反倒促成了一桩婚事。父母经常是国王或者王后，但是那时的国王不是其随从的领导。他象征着权利与财富。通常情况下，男主人公或女主人公是可怜的孩子，他们或是发现了埋藏的宝藏，或是有一桩幸福的婚姻。如果主人公是王子或公主，他们在故事开始时会变得贫穷。婚姻，在史诗和神话中经常制造麻烦，在童话中却能使一切问题都迎刃而解。从此，王子和公主过着幸福的生活，最终也将成为国王和王后。

越级婚姻可以解决任何问题。穷人家的男孩或女孩和富有的王子或公主结婚。亲生父亲没有给可怜的主人公留下什么遗产，但他结婚时将会继承其岳父一半的财产，另一半在国王去世时还将由他继承。

---

① Grimm, *De sprookjes van Grimm*, Utrecht, 1941.

很明显对于贵族读者来讲，这可不是一个让人高兴的结局。同样，越级婚姻也理所当然不是中世纪史诗的特点。相应地，在童话世界里，这种婚姻不会造成复杂的王室问题。

婚姻使贫困的孩子变得富有强大，这无疑是一个圆满的结局。没有涉及两个家庭的联姻。他就这样继承了其岳父的王位和财产，童话中也不会提及公主的兄弟阻挠他继承王位。

然而，国王和贫穷的恋人之间的对立关系常出现在童话中，国王都会要求追求者去完成一项基本上不可能完成的任务。如果他失败了，就要失去生命；如果成功了，就会赢得他的新娘。

虽然婚姻是完美的结局，但故事常常开始于家庭矛盾。父亲派儿子去完成危险的任务，母亲（继母）阻止女儿（继女）的婚姻。男主人公的两个兄弟认为他很愚笨，出卖他，女主人公有一两个姐妹（继姐妹）嘲笑侮辱她。男女主人公无不例外地实现了自己的目标，而他们对手的阴谋都失败了并受到应有的惩罚。因此，男主人公和其父亲兄长之间关系不融洽（父系亲属不能够共同承担），女主人公和其母亲（继母）姐妹（继姐妹）之间的关系也如此。

继母代表着母亲的负面形象，正如白雪公主里的皇后。她嫉妒白雪公主比她美丽，并试图杀死她。在大多数情况下，继母之前婚姻的女儿总试图篡夺女主人公的位置。她们一方面企图赢得继父的宠爱，一方面欺负他的女儿（参见灰姑娘）。父亲是爱他的女儿的，但却迷迷糊糊的，没有能力保护女儿使她免受伤害。值得注意的是，几乎所有童话故事都把继父置于显著地位，给予细致的描写。在遗产由儿子继承的社会中，有继父并不会引起矛盾，儿子总是会继承父亲的财产。但是有一位继母就会制造各种各样的麻烦，因为她的孩子和她新任丈夫的孩子在财产继承方面已成为潜在的竞争对手。

甚至童话故事中的亲生父母也会对孩子很残忍。当汉赛尔

（Hansel）和格莱特（Grethel）没能力养活孩子时，就把他们留在森林里，想把他们饿死。可是这两个孩子杀了巫婆，带着财宝回家了。关于这个主题，有很多种变体。通常，主人公都会离开父母家，在森林、地狱、地穴等地方度过一段艰难的时间。他会遇到敌人（如巨人、巫婆等），也会遇到意想不到的朋友（如小矮人、会说话的动物等），还挽救了他的生命。危急关头，他总是一人面对，没有任何家人的帮助，只有成功地闯过危机，他才能够缔结婚约或者找到宝藏。

同性家庭成员之间趋向相互敌视，异性家庭成员之间却相互吸引。[①] 但是这种吸引往往引起故事的跌宕起伏，正如千皮兽（Manypelt）的故事中女主人公千皮兽离开城堡只因为她的父亲想要娶她。一个故事中常常只强调一种家庭关系。

对于西方文化而言，童话仍然是儿童基础教育的一部分。许多现代的儿童书和连环画都以类似的不完整的核心家庭为特点，以一种和童话密切联系的方式讲述基本的家庭关系。相对而言，这些书的中心议题毫无创造性。比如童话《杜松树》中没有吃掉孩子的父母[②]，或者书中关于父亲和女儿之间的乱伦（参见千皮兽）等，这些连环画和漫画故事比童话可差远了。

印欧神话的发展

在这章中，我只是简要地介绍了史诗和童话中的一些主要问题。表面上看，这和众神之战这个中心主题没什么关系，但是仔细观察后，你会发现无论从历史上还是结构上它们都和古代神话息息相关。它们不仅为我们研究印欧神话的发展提供了一个重要的视角，还保留

---

① Grimms, *Household Stories*, London, 1882, pp. 26-31, pp. 85-92.

② Grimms, *Household Stories*, London, 1882, pp. 185-194.

了古代神话的很多建构原理。

古代神话反映了万神殿里众神之间的关系，万神殿不代表一个国家或王国，而是由众神之父掌管的一个家庭。不同神族之间的联系都基于亲属关系。因为印欧的亲属团体不是由血统或共同组织决定的，而是基于自我为中心的亲族，所以，不同神族（如斯堪的纳维亚神话中的阿萨众神和华纳众神，或印度神话中的提婆和阿修罗）不能够被认为是血统或共同组织的代表。神族之间的冲突更应该从印欧社会组织中，不同亲属集团的不同原则所造成的结构冲突这方面来理解：世袭与联盟，母系继承与父系继承。

几个世纪来，神话故事基本上没什么变化，但对它的解释却在变。古代的众神之战被转化成了善恶之间的宇宙大战，而不是亲族间的结构性冲突。这种趋势在古老的波斯宗教中表现得很明显：提婆和阿修罗的对立构成了宇宙的善恶两级。有趣的是，随着伦理道德标准的发展，万神殿众神的意识模式似乎已经颠覆了原本的神话结构。像印度神话里的巨蛇弗栗多、斯堪的纳维亚神话里的芬里尔巨狼这样的大恶魔最终为诡计所害。通过废黜和谋杀，众神篡夺了之前国王（事实上是其长辈）的王位。如果我们把神话中含糊的道德含义归于神话，那么恶人是众神，而非他们的前辈。

诸神经常会犯弑亲、乱伦等罪，神话中并没有对他们的所作所为给予道德上的评价。众神之战的两方不代表善与恶、秩序与混乱，而是在道德方面保持中立的血统组织的不同分支。老的一代无疑将被新的一代打败。一般来说，娶妻子的一方比嫁女儿的一方地位低，财富少。只有在斯堪的纳维亚神话的阿萨神族和华纳神族之间，这种关系发生了明显的倒转，但这里通过婚姻达成的结盟关系本身被颠倒了（交换男人而不是交换女人）。

过去，不同神族之间的冲突可能有很多其他特点。因此，年长众神（如阿修罗、泰坦、巨人）通常有很强的通灵能力，而年轻众神常有控制天气如风、雨、雷的力量或者是控制大地和海洋的力量。嫁娶双方的关系一方面和宗教与丰产的对立相关，一方面和战争相联系。这种对立关系在双重王权概念中有所阐释。

在国家出现之前，万神殿仍然保留了一些重要的神话动物（蛇、狼、狗等），它们曾经扮演着更为重要的角色（蛇是水神和雨神，狗是祖先和地狱之神），可是众神让这些动物失去了这种神力。

古代众神追求象征着终极权力的智慧和永生。神话的结构由不同血亲家族之间的关系决定（父系亲属、母系亲属、姻亲）。祖先把地位和财富都留给后代。娶妻的一方曾参加过战争，他迎娶有宗教信仰和有财富一方的女儿。很多类似的传说都是关于神话中的国王，他们争夺土地和与宗教财富相关的神物。故事的重点也由血亲家族之间的关系转变为亲属之间的关系。但是，神话本身展示了相同的结构——父系亲属互相竞争，互相排斥；姻亲或者同甘共苦，或者相反地，拒绝互相分担。

创作于传统王国形成过程中的伟大史诗一般讨论的是兄弟之间的战争（如《摩诃婆罗多》中的七勇士远征底比斯）或俘获女人（《罗摩衍那》《伊利亚特》）。这些早期的国家是一个相对松散的组织，主要依靠国王和随从间的个人关系。他们政治和意识形态的中心就是国王的城堡。

伊里亚德（Eliade）用很多笔墨来描述世界中心在很多宗教中的象征意义的重要性。[①] 在印欧宗教文化中，世界中心和世界树、宇宙山、水源之井相关。神蛇和神鸟（通常是鹰），这对天敌不仅和世界中心，也和神话中的断头相联系。在斯堪的纳维亚神话中，米米尔拥有智慧之源，他的头却被华纳神族的人砍掉了。在印度神话中，世界

---

① M. Eliade, *Beelden en symbolen*, Hilversum, 1963.

树和巨蛇在搅拌长生水的神话中具有重要意义，也和阿修罗、罗睺之死有关。

这一系列古代的象征被转移到国王的城堡或都城。它通常建在山上，附近有井或河。它的墙是众神（特洛伊）或神圣的祖先建造的（罗马，参见凯尔特和斯堪的纳维亚神话中神殿的建造），其他的墙都不能比它高（参见瑞摩斯之死），只有城堡里的居民才能摧毁它（参见特洛伊木马），只有遭到背叛它才会被占领（参见塔尔佩娅）。一颗被砍掉的头埋在城堡中央，确保它的力量［参见埋在罗马卡皮托尔山的头①，或埋在伦敦的布隆之头，或巴黎的圣·丹尼斯（St. Denys）之头］。

伟大的史诗描写人们想要占领希腊神话里出现的一些城堡。在七勇士远征底比斯中，这种尝试失败了，但在《伊利亚特》中成功了。很明显，《伊利亚特》是这两首史诗中较晚的一个，其中有七勇士的儿子。我已经讨论过阿伽门农和墨涅拉俄斯有可能代替双子神狄奥斯库里。同时，《伊利亚特》是古代叙述众神冲突这种神话传统的变体。当众神起来反抗宙斯时，忒提斯救了宙斯。作为惩罚，海神波塞冬和太阳神阿波罗不得不建造特洛伊城的城墙。众女神因忒提斯和珀琉斯的婚姻产生纷争，进而引发了特洛伊战争，忒提斯的儿子阿喀琉斯是特洛伊战争中的大英雄。要攻占特洛伊，有一个先决条件，那就是从希腊人的特洛伊城里偷走雅典娜神像。② 因此，《伊利亚特》似乎是对古代神话加以改造，重点是忒提斯、雅典娜和维纳斯，因为一个女人而攻占圣地。大体说来，它是华纳神族攻占阿斯加尔德或者说萨宾人攻占罗马的变体，但是这首史诗里的神话故事发生了很大的变化，已

---

① J. Zonaras, A. Jacobs, *Die byzantinische Geschichte bei Joannes Zonaras in slavischer Übersetzung*, Muünchen: Wilhelm Fink. ,1970.

② Livy, *Books I and II*, Cambridge(Mass.)/London,1976,pp. 20-21.

无法恢复至原始的版本。主题不再是婚姻，而是国王及其最伟大勇士间的竞争，这在阿喀琉斯的愤怒这则神话中就有所阐释。所以说，伟大的史诗都是古代神话的变体，但却表达了在国家发展过程中具有重要政治意义的新想法和价值观。

传统观念上的王国是由于被征服而建立的。于是，这个时期的神话尝试去解决外来统治者和外来臣民通过亲属关系而形成的对立（参见希腊神话卡德摩斯或罗马神话埃涅阿斯）。移民的联合，通常是通过本国国王和外来国王之女的联姻。国王从他岳父那里接管了整个国家。在关于夺取盟友之国土、祖先之权利的古代神话中，一种结构性张力也由此而生。这一点在凯尔特神话中表现得很明显，比如，弗魔族人既是达纳神族的祖先，也是其盟友。

不同的神族被变成不同民族和城邦（参见凯尔特和罗马神话）。随着神话家族的不断壮大，继承问题变得更为复杂。新兴贵族的产业也是父子相传，他们常声称这是神圣的祖先的意愿，父系家谱也因此越来越长。

古代关于土地的神话逐渐消失了，占领土地这种丰功伟绩不再属于众神。其他与财富、永生相连的东西代替了土地。伟大的英雄，如希腊神话里的赫拉克勒斯和伊阿宋或凯尔特神话里的特瑞尔·比克里欧都想要拥有财富，获得永生。从古代年轻勇士共同拥有土地变成国王及其随从共有，国王的随从这个时候成了拥有土地的贵族，但他们仍然想要如同理想的勇士那样不在乎土地和财富，只要荣誉和勇气。

在童话故事中，男女主人公获得财富，婚姻幸福。故事的重点缩小至核心家庭中的矛盾以及越级婚姻。神话远离了能够决定世界命运的激烈的宇宙冲突。

我之前所描述的模式是最必要、最基本的。这些模式提供了故事大纲，并为更加详细的分析提供了理论框架。对这些基本模式的检验以及对复杂神话变体的解释要靠研究印欧不同领域的专家。我已经把印度神话、希腊神话等作为一个统一的整体进行了分析，但是通过更详尽的分析就会发现个体之间的本质区别，这也是合情合理的，如在希腊神话的大框架下，古希腊神话、雅典神话和比奥提亚（Boiotian）神话等的区别。

我们应当做更多关于这些地区和时期的研究。这些地区和时期有大量的人种学和历史数据资料，供我们研究神话和其他文化领域的关系。再现国家形成前的社会环境和重述文化传统的发展是很困难的。对很多早期王国，尤其是西欧一些国家的社会和政治状况我们还是比较了解的，因此对这些国家的研究有希望出成果。考察这些国家王室的政治神话对了解神话和政治社会秩序间的关系有很大帮助。

译　后　记

　　加里奇·G.奥斯腾教授，生于 1945 年，长期任职于荷兰莱顿大学文化人类学与社会发展学研究所，是欧洲社会人类学家协会创始成员之一。他一生致力于宗教学、神话学以及人类学等领域的研究，尤其是对因努伊特文化的研究在学术界具有重要地位。《众神之战——印欧神话的社会编码》是其神话学研究论著中颇具影响力的一本。

　　《众神之战》最早出版于 1985 年，是一部剖析神话结构的著作，重点描述了印欧神话体系的社会和政治问题。奥斯腾教授在书中讲述了古代印欧众神如何争夺最高权力，如何不懈追求无上的智慧和不朽的神力，通过分析众神间的战争模式，阐述了这些战争在时间和空间上的相似性。他详细描述了古代神话循环如何被打破，并转化为英雄传奇和史诗的过程。同时，书中展示了许多传统神话编码，如蜂蜜酒神话、魔锅、断头故事等，以此说明不同时期的社会编码是基本一致的。奥斯腾教授通过印欧神话神权分化转变的过程和英雄传奇、史诗中王权更迭的故事，指出王权的政治性掩盖了亲属关系的社会属性。《众神之战》中关于社会编码的研究方式为印欧神话的研究和发展提供了一个新的视角，对于从事神话学、人类学研究的读者朋友来说，是一本非常具有参考价值和学术意义的著作。

　　本书初稿由西安外国语大学翻译小组完成，具体分工如下。前言：刘宏，第一章：程斐，第二章：闻文，第三章：伍雪菲，第四章：后黎，第五章：米晓燕，第六章：封晨、苗雅丽，第七章：周瑷雪，第八章：景岚，第九章：刘宏。鉴于对出版质量的要求，西安外国语大学刘一静、葛琳对全书进行了为期近三年的重译。在《众神之战》的翻译过程中，叶舒宪教授给予了悉心指导和帮助，对我们的翻译工作提出了许多宝贵意见。此外，中国海洋大学袁荃博士也参与了书稿的部分校译工作，对译稿提出了很多有益的建议。同时，我们得到了陕西师范大学王文教授、张亚婷教授、郭英杰副教授，西北大学梅晓云教授，西安电子科技大学刘建树副教授，西安外国语大学聂军教授、印地语专业教师邸益芳，荷兰莱顿大学聂羽西博士，西安外国语大学硕士生谢一榕等专家学者和师长朋友的热情帮助和大力支持，在此表示最衷心的感谢！另外，《众神之战》的顺利出版，离不开陕西师范大学出版总社编辑的辛勤劳作和多方协调，在这里一并致谢！

印欧神话是一个庞大而又复杂的系统，涉及的时间范围长，空间跨度大，本书的作者旁征博引，用到多种语言，且因著作出版时间较早，注释格式不甚规范，部分文献在原著中无法查找到对应出处。对此，译者们根据原著随文注逐一进行了查证、还原，虽已竭尽全力，但因能力有限，难免有不足之处，敬请各位专家学者、广大读者批评指正。欢迎将您的意见反馈至 liuyijing@xisu.edu.cn，我们将不胜感激！

刘一静

2018 年 5 月于西安